勝ち馬がわかる
血統の教科書

亀谷敬正 著

⑤ 池田書店

はじめに

　競馬予想において、「人気順通りに当たる予想」とは「競馬の教科書通りの予想」に近い。多くの競馬予想のプロと呼ばれる方々は、まさに「競馬の教科書」に書いてあるような予想方法を積み重ねる。

　ボクはそんな「教科書通り」の予想をブチ破り、高配当を的中させるのに効率的な予想ファクターこそが「血統」だと確信して、競馬と向き合ってきた。幾多の高配当を手にしながら、楽しい日々を過ごさせてもらって20年以上が過ぎようとしている。

　そんなある日、池田書店から「『血統の教科書』を出してみないか」というオファーを受けた。池田書店といえば、『勝ち馬がわかる　競馬の教科書』という名著を送り出した出版社。「教科書破り」を追求し続けたボクの活動を「教科書」にしたいというのだから、おどろきだ！

　しかし、オファーを受けて冷静に考えてみると、「血統」を通じて競走馬、ひいては競馬を知ろうとするプロセスは、「教科書」という形にできるのだと納得した。

　競馬の主役である競走馬は「血統」によって、設計されている。芝ダート適性、距離適性、コース適性、成長時期……、「血統」は競馬を予想するすべてのファクターに影響を及ぼす。一見、「血統」とは関係がないように思えるファクターの

多くも、「血統」を通じて分析することでコクと深みが増す。

「前走芝1600mのレースで10着に惨敗した馬が、今回ダート1400mに出走」

このようなパターンの馬も、本書に載っている「血統」の基礎知識を知って分析するだけで、激走する可能性があるのかどうかが見えてくる。コクと深みが増す。予想が何倍も楽しくなる。前走惨敗馬は、馬券に絡めば高配当になることが多いから、高配当を狙って買う楽しみも増すことだろう。

さて、本書では「血統」を日本型・米国型・欧州型といった国タイプに分ける方法、祖先の系統ごとによる血統の分類を紹介する。そこが血統予想の1つの基本になる。さらに、このような国タイプ分け、血統分類をどのように競馬予想に活かしていくかもきちんと解説する。

「血統」の成り立ちとしくみを知ることによって、競走馬の「能力の方向性」が理解できるようになる。競走馬の差が「能力の方向性」の違いであることがわかれば、人気順に惑わされず、激走馬を見抜くことができるようになるだろう。

本書が「血統」を通して、さらなる競馬の奥深さと面白さを味わう一助になれば幸いである。

亀谷 敬正

CONTENTS

はじめに …………………………………………………………………………… **2**

血統 KEY WORD ………………………………………………………………… **8**

序章　**血統予想で激走馬を見抜く**

レース条件が変われば、激走馬は変わる ………………………… **10**

第1章　**血統の基礎知識**

競馬は究極のブラッド・スポーツ ……………………………………… **22**

血統とサラブレッドの一生 ……………………………………………… **24**

血統は３つの要素で決まる ……………………………………………… **27**

種牡馬の過酷なサバイバル ……………………………………………… **29**

リーディングサイアーの条件 …………………………………………… **31**

良血馬と配合の基本 ……………………………………………………… **33**

血統表の見方 ……………………………………………………………… **36**

牝系と牝系図の見方 ……………………………………………………… **38**

競馬コラム**01** 芦毛と白毛の不思議 ………………………………… **40**

※原則として、本書は 2018 年 12 月末時点の情報に基づいています。
※原則として、本書の表記は下記のように行います。
・2000 年度以前の競走馬の年齢も、すべて現行のルールで表記する。
・JRA 賞等の表彰も、現行ルールの年齢に合わせたものにする。
・レース名等はすべて、実施当時の名称で表記する。
・一部のレース名は、S（ステークス）、C（カップ／クラシック）、H（ハンデキャップ）、CS（チャンピオンシップ）、CT（チャレンジトロフィー）、SC（スプリングカップ）、AH（オータムハンデキャップ）、SD（サマーダッシュ）、WC（ワールドカップ）、G（ギニー）、BC（ブリーダーズカップ）、GC（ゴールドカップ）、GJ（グランドジャンプ）などと略称で表記する。なお、キングジョージⅥ世＆クイーンエリザベスステークスは「キングジョージ」と表記する。
・啓衆賞（1954 ～ 1971 年）、優駿賞（1972 ～ 1986 年）も、すべて JRA 賞統一する。
・原則として、海外レースの距離もすべて m（メートル）で表記する。
・JpnⅠ・JpnⅡ・JpnⅢも、すべてGⅠ・GⅡ・GⅢと表記する。

第2章 血統で馬の能力を見抜く

そもそも血統とは何だろうか ································· 42

コースの特徴と求められる能力 ··························· 44

能力は「主流／反主流」で見抜く ························· 46

日米欧で異なる主流血統 ································· 48

日本・米国・欧州型の見分け方 ··························· 50

サンデー系は3タイプで把握する ························· 56

凱旋門賞を血統で読み解く ······························· 58

日本の主流血統は"2強"だ ····························· 62

競馬コラム02 ウマとヒトとの父子制覇 ····················· 68

第3章 レース条件から激走馬を予想する

血統で勝ち馬を予想する ································· 70

能力には相反する要素がある ····························· 72

　レース条件① 芝が向くか、ダートが向くか ··············· 75

　レース条件② どんな芝コースが向くか ··················· 77

　レース条件③ どんなダートコースが向くか ··············· 81

　レース条件④ どんな距離が向くか ····················· 84

　レース条件⑤ 直線が長いか、短いか ··················· 88

　レース条件⑥ 坂があるか、ないか ····················· 91

　レース条件⑦ 距離の短縮か、延長か ··················· 94

　レース条件⑧ 芝からダートか、ダートから芝か ··········· 96

　レース条件⑨ 早熟か、晩成か ························· 98

　レース条件⑩ 鉄砲駆けか、叩き良化か ················· 102

　レース条件⑪ ハンデ重賞に向く血統 ··················· 104

　レース条件⑫ 牡馬が走る血統、牝馬が走る血統 ··········· 106

　レース条件⑬ 新馬戦に向く血統 ······················· 108

第4章 予想に直結する主要種牡馬事典

父系 "11 大系統 " で予想する ……………………………………… **112**

大系統❶ ナスルーラ系 …………………………… **114**
ナスルーラ系① グレイソヴリン系 ……………………………… **116**
ナスルーラ系② プリンスリーギフト系……………………………… **122**
ナスルーラ系③ ボールドルーラー系 …………………………… **126**
ナスルーラ系④ レッドゴッド系 ………………………………… **130**
ナスルーラ系⑤ ネヴァーベンド系 ……………………………… **134**
ナスルーラ系⑥ ネヴァーセイダイ系 …………………………… **138**

大系統❷ ネイティヴダンサー系 …………………… **140**
ネイティヴダンサー系① ネイティヴダンサー系 ………………… **142**
ネイティヴダンサー系② レイズアネイティヴ系 ………………… **146**

大系統❸ ミスタープロスペクター系 ……………… **150**
ミスタープロスペクター系① キングマンボ系 ………………… **152**
ミスタープロスペクター系② フォーティナイナー系 ………… **158**
ミスタープロスペクター系③ ファピアノ系 …………………… **164**
ミスタープロスペクター系④ その他Ⅰ ………………………… **168**
ミスタープロスペクター系⑤ その他Ⅱ ………………………… **176**

大系統❹ ターントゥ系 …………………………… **180**
ターントゥ系① ヘイロー系 ……………………………………… **182**
ターントゥ系② ロベルト系 ……………………………………… **186**
ターントゥ系③ サーゲイロード系 ……………………………… **192**

大系統❺ サンデーサイレンス系 ………………… **196**
サンデーサイレンス系① ディープインパクト系 ……………… **200**
サンデーサイレンス系② フジキセキ系…………………………… **204**
サンデーサイレンス系③ ステイゴールド系 …………………… **206**
サンデーサイレンス系④ アグネスタキオン系 ………………… **208**
サンデーサイレンス系⑤ ゴールドアリュール系 ……………… **210**
サンデーサイレンス系⑥ ネオユニヴァース系 ………………… **212**
サンデーサイレンス系⑦ ハーツクライ系 ……………………… **214**

サンデーサイレンス系⑧ その他 ……………………………… **216**
サンデーサイレンス系⑨ 名牝系 …………………………… **222**

大系統❻ ノーザンダンサー系 …………………………… **224**
ノーザンダンサー系① ニジンスキー系………………………… **226**
ノーザンダンサー系② ヴァイスリージェント系 ………………… **232**
ノーザンダンサー系③ リファール系 ………………………… **236**
ノーザンダンサー系④ ノーザンテースト系 ………………… **240**
ノーザンダンサー系⑤ ヌレイエフ系 ………………………… **244**
ノーザンダンサー系⑥ ダンチヒ系 …………………………… **248**
ノーザンダンサー系⑦ ストームバード系 ……………………… **256**
ノーザンダンサー系⑧ サドラーズウェルズ系 ……………… **262**
ノーザンダンサー系⑨ その他 ………………………………… **270**

大系統❼ エクリプス〜ハンプトン系 …………………… **274**
大系統❽ エクリプス〜セントサイモン系 ……………… **278**
大系統❾ エクリプス〜マイナー系 ……………………… **282**
大系統❿ ヘロド系（バイアリーターク系） …………… **288**
大系統⓫ マッチェム系（ゴドルフィンアラビアン系）…… **292**

競馬コラム**03** 世界から注目を集めるオーストラリア血統 ……… **296**

第**5**章 血統の歴史とサラブレッドの未来

血統は競馬の世界の共通言語 …………………………………… **298**
血統の世界地図 …………………………………………………… **300**
サンデーサイレンス系の誕生 …………………………………… **303**
３大始祖から現代競馬へ ………………………………………… **307**
世界を旅する名馬の血筋 ………………………………………… **310**
世界に挑むサンデーサイレンス系………………………………… **314**

11大系統分類表 …………………………………………………… **316**
種牡馬（系統）さくいん ………………………………………… **318**

7

血統 KEY WORD

血統に関わる基礎的な用語をまとめました。本書を読むうえでの参考にしてください。

種牡馬（しゅぼば）

サラブレッドを生産するために種付けをする牡馬のこと。サイアーとも呼ばれる。競走成績が優れた馬、血統の優れた馬のみが選ばれる。

繁殖牝馬（はんしょくひんば）

種牡馬と交配して、サラブレッドを産む牝馬のこと。肌馬とも呼ばれる。

父系（ふけい）

競走馬の父、その父（父の父）、さらにその父（父の父の父）とさかのぼっていく血筋のこと。サイアーラインとも呼ばれる。

母系（ぼけい）

競走馬の母、その母（母の母）、さらにその母（母の母の母）とさかのぼっていく血筋のこと。ファミリーや牝系とも呼ばれる。繁殖牝馬は1年に1頭しか仔を産めないため、繁殖牝馬の特徴はファミリー全体を見て判断される。

近親（きんしん）

その馬のファミリーに含まれる馬のこと。具体的には全兄弟・全姉妹（父も母も同じ）、半兄弟・半姉妹（母が同じ）、おじ・おば（母の兄弟・姉妹）、いとこ（おばの仔）などを指す。

母の父（ははのちち）

繁殖牝馬の父のこと。競走馬は父と母から50％ずつ血を受け継ぐと考えられるため、血統予想において母の父の特徴を見ることも大切になる。ブルードメアサイアー、BMSともいう。

リーディングサイアー

1年を通じて、産駒が獲得した賞金の合計額がもっとも高い種牡馬のこと。競馬を開催する国・地域ごとで集計され、サイアー・ランキングとして発表される。種牡馬の優秀さをはかる重要な物差しとなる。

インブリード

父系・母系の5代前までに、同一の祖先を持つ配合のこと。インブリードさせた血の特徴を、強く受け継いだ産駒が出やすくなると考えられている。

アウトブリード

父系・母系の5代前までに、同一の祖先を持たない配合のこと。特定の血が濃くなりすぎるのを避け、血統を活性化させる効果があるといわれている。

序章

血統予想で
激走馬を見抜く

人気馬が馬群に沈み、人気薄が激走――

競馬場には怒号と悲鳴がこだまし、

万馬券を握りしめたわずかな人だけが歓喜の雄叫びをあげる。

そうした勝者になるために頼るべきは、"運"ではない。

"血統"だ。血統は能力の設計図。

血統にはレースの勝ち馬をあぶり出すためのヒントが隠されている。

さあ、血統予想で、今日のレースの激走馬を見抜こう！

序章

レース条件が変われば、激走馬は変わる

現在のリーディングサイアー・ランキングではサンデーサイレンス系の種牡馬、中でもディープインパクトが圧倒的に強い。ただし、ディープインパクトといえども、芝の短距離やダート、小回りコースでは、ほかの種牡馬に遅れをとることがある。なぜなら、レース条件によっては、ディープインパクト以上に強さを発揮する種牡馬がいるからだ。そうした適性を読み解くカギとなるのが「血統」である。

種牡馬として不動の地位を築きつつあるディープインパクト。そんなディープインパクトでも、強い支配力を及ぼせないレース条件が存在する。

ダービー馬の父＝
トップサイアーという図式

　2009 〜 2018 年のダービー馬 10 頭の血統は、サンデーサイレンス系が7頭、キングマンボ系が3頭。種牡馬別ではディープインパクトが4頭、キングカメハメハが2頭の父となっている。

　キングカメハメハは 2010 〜 2011 年のリーディングサイアーで、2012 年以降はディープインパクトが1位、キングカメハメハが2位という2強時代となっている。ここ数年はステイゴールド、ハーツクライ、ダイワメジャー（いずれもサンデーサイレンス系）が2強を追いかける構図が続いている。

2008〜2017年のダービー馬

年	馬名	父（系統）
2009	ロジユニヴァース	ネオユニヴァース（サンデーサイレンス系）
2010	エイシンフラッシュ	キングズベスト（キングマンボ系）
2011	オルフェーヴル	ステイゴールド（サンデーサイレンス系）
2012	ディープブリランテ	ディープインパクト（サンデーサイレンス系）
2013	キズナ	ディープインパクト（サンデーサイレンス系）
2014	ワンアンドオンリー	ハーツクライ（サンデーサイレンス系）
2015	ドゥラメンテ	キングカメハメハ（キングマンボ系）
2016	マカヒキ	ディープインパクト（サンデーサイレンス系）
2017	レイデオロ	キングカメハメハ（キングマンボ系）
2018	ワグネリアン	ディープインパクト（サンデーサイレンス系）

ディープ産駒が走らなかった
ダービーは？

　まさに圧倒的な強さを見せるディープインパクトだが、いかなるレースでも無敵を誇るわけではない。

ディープインパクトの初年度産駒が３歳クラシックを迎えたのは2011年だが、それから７年間でダービー３着以内に１頭も入らなかったことが２回だけある。不良馬場だった2011年と、上位３頭が４コーナーですべて６番手以内にいた2014年である。

　前者は道悪馬場、後者は前残りの展開と、いずれもディープインパクト産駒が最大の武器とする爆発的な末脚が使えない馬場・展開だった。**このようにリーディング上位馬の産駒がそろって凡走するような馬場を、本書では「反主流馬場」と呼ぶ。**

　たとえば、次のようなケースがある。

レース例　2017年8月12日(土)
2回小倉5日 4R 3歳未勝利・牝馬限定（芝2000m／晴・良）

　小倉芝2000mは欧州型、とくに父欧州型ノーザンダンサー系が走りやすい条件。このレースの１・２番人気は、サンデーサイレンス系のディープインパクト産駒とステイゴールド産駒だった。

着順	馬名	人気	タイム・着差	血統のポイント
1	カンガルールブタン	11	2.01.0	父ローエングリン（欧州型・ノーザンダンサー系）
2	プライムタイム	8	クビ	父ファルブラヴ（欧州型・ノーザンダンサー系）
3	ハートクレスト	10	1 1/4	父ワークフォース（欧州型・ミスタープロスペクター系）

単勝：6,430円　馬連：47,250円　馬単：103,990円
3連複：210,670円　3連単：1,351,750円

出走馬18頭中、3頭しかいない父ノーザンダンサー系（大系統）が1・2・4着し、3着馬も父欧州型。1・2番人気馬とも2ケタ着順に大敗し、3連単は135万馬券。**上位人気の主流血統が揃って馬券圏外に消え、反主流血統が上位を独占すると、こうした大万馬券が出現する。**

主流馬場か反主流馬場かで結果は変わる

反主流馬場とは反対に、**リーディング上位馬が勝ちやすい馬場を「主流馬場」と呼ぶ**。一言でいうと、次のような馬場だ。

中央コースの芝1600、2000、2400mの軽い馬場

たとえば、日本ダービーやジャパンカップ、あるいは安田記念や天皇賞・秋など、各路線の王者が決まるレースに多い馬場（コース）である。**こうした大レースに強いからこそ、リーディング上位馬はその地位を得ることができるわけだ。**

反対にダートや道悪などの馬場は反主流馬場となる。あるいはコース形態（直線の長さ、坂の有無）によっても傾向は変わる。

また、競走馬は血統により、成長力（早熟型か、晩成型か）、ローテーション（鉄砲駆けタイプか、叩き良化タイプか）、前走からの条件変更（距離延長・短縮、芝ダート替わり）への適応力に違いがある。これらについて、詳しくは第3章で解説する。

すべての血統は日本型、米国型、欧州型に分けられる

すべての血統はどの国・地域で強さを発揮するかによって、「日本型」

激走馬を見抜く

13

「米国型」「欧州型」に分けることができる。詳しくは第２章で解説するが、それぞれの特徴は次のとおりだ。

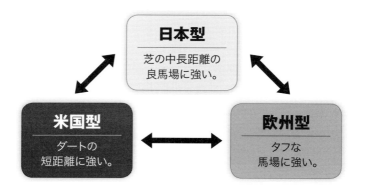

それぞれ日本型はサンデーサイレンス系、米国型はミスタープロスペクター系、欧州型はサドラーズウェルズ系やダンチヒ系が代表格となる。**このように国・地域によって強い血統が異なるのは、それぞれ国・地域の競馬によって、求められる能力の方向性が異なるからだ。**

そのため、日本競馬においては日本型が主流血統、欧州型・米国型が反主流血統になり、次のような構図が成り立つ。

つまり、前述の小倉未勝利（芝2000m）はタフな反主流馬場にも関わらず主流血統である日本型に人気が集まったことで、欧州型が大穴をあける大波乱のレースとなったのだ。

ディープインパクト産駒でも
能力全開とはいかない条件がある

　日本型であるディープインパクト産駒のうち、新馬勝ちした馬や良血馬（母系に活躍馬がいる馬）は人気になりやすい。そうしたディープインパクト系の人気馬は、主流馬場ならあっさり勝たれて不思議はない。

　しかし、反主流馬場なら話は別。道悪、ダート、小回り、スローペース以外の展開など、ディープインパクト産駒が能力全開とはいかない条件がいくつかある。

　人気馬が馬券圏外に消えれば、黙っていても好配当がついてくる。**本書で解説する「日米欧」を切り口にした血統予想法を理解すれば、そうした波乱の予兆を見逃すことなく、人気に関係なく好走する可能性が高い馬を見抜けるようになるはずだ。**

　さっそく実践例を見てみよう。

レース例	2017年10月21日（土） 4回京都6日8R　3歳以上500万下（芝・外2200m／雨・重）

STEP 1　馬場（レース条件）をチェックする

まずは芝ダートや距離、馬場状態などを確認する。

コース	京都競馬場の芝・外回り2200m	直線の距離	長い（約400m）
馬場状態	重馬場（かなり時計がかかる）	直線の坂	なし

この開催はあまり天候に恵まれず、しかも3日間開催を含んでの6日目で、朝の時点でかなり時計がかかっていた。芝は稍重でスタートしたが、**雨が降り続いたため、5Rから重馬場発表となり、さらに時計のかかる馬場になった。**

今回は芝の中距離で、直線が長いコース。良馬場なら道中で脚をためて直線で末脚を爆発させるサンデーサイレンス系（日本型）が強い。**しかし、今回は道悪なので道中からスタミナをロスしやすく、直線でスピードを発揮できない。こうした馬場では、スタミナと馬力に優れる欧州型が台頭する。**

いわゆる反主流馬場で、ディープインパクトを含むサンデーサイレンス系以外の馬券になる可能性が高くなったと判断できる。

STEP2 上位人気馬の血統をチェックする

上位人気馬の父、母の父の血統を見て、そのレースに合うかどうか検討する。ぴったり合うなら、おそらく波乱なく勝つ可能性が高いと考えられるが、今回は反主流馬場なのでとくに疑ってかかる。

1番人気 ムーヴザワールド（×危険な人気馬）

ディープインパクト産駒の3歳牡馬。タッチングスピーチ（ローズS）の全弟という良血馬で、新馬勝ち後に東京スポーツ杯2歳Sと共同通信杯でともに3着の実績がある。

コース	○	ディープインパクト産駒は、直線の長いコースが得意。
距離	▲	ディープインパクト産駒は根幹距離のほうが得意。今回の2200mは非根幹距離。
馬場状態	△	母系は重厚な欧州血統ならタフな馬場が向くが、ディープインパクト産駒は母系が重厚でも重い馬場ではパフォーマンスを落としやすい。
ローテーション	△	ディープインパクト産駒は、勢いに欠ける人気馬の期待値が低い。前走の条件戦で敗退している人気馬（500万下7着）なので、信頼できない。

16

> ### 2番人気 レッドコルディス （×かなり危険な人気馬）
>
> ハーツクライ産駒の3歳牝馬。フローラS（GⅡ）5着があり、オークスに出走（15着）。
>
> | コース | ○ | ハーツクライ産駒は、直線の長いコースが得意。 |
> |---|---|---|
> | 距離 | ○ | ハーツクライ産駒は、芝2200m以上の長距離は歓迎。 |
> | 馬場状態 | △ | ハーツクライ産駒は軽い芝を得意とする馬が多い。とくに母の父が米国型の場合、軽い馬場を好む。レッドコルディスの母の父は米国型ミスタープロスペクター系。 |
> | ローテーション | △ | ハーツクライ産駒は好走した次走で人気になりやすいが、前走から大幅に人気が上がるパターンは信頼できない（前走10番人気で2着）。 |

STEP3 その馬場（レース条件）に適した血統の馬を探す

　今回のレース条件において、激走する可能性が高い欧州型の血を持つ馬を探す。**まずは、父（父系）と母（母系）の血統を見るのが基本。**

父の血統

　父が欧州型の馬は、次の4頭。⑤⑫は父キングカメハメハ（キングマンボ系）、③⑥は父ハービンジャー（ダンジグ系）である。

> ◎ ⑤スティルウォーター（3人気）　　◎ ③アウステルリッツ（7人気）
> ◎ ⑫マルカブリスク（8人気）　　　　◎ ⑥テーオーフォルテ（5人気）

母の血統

　競走馬の適性は、父馬の血統だけでもおおいに参考になる。ただし、血統の半分は母馬なので、母や母父、祖母の血統や戦歴も参考になる。また、上級条件では、母馬のスケール（上級条件での実績）もチェックしたい。

　4頭とも母父は日本型（サンデーサイレンス系）だが、⑤スティルウォーターは母父ステイゴールドが凱旋門賞2着馬を2頭出した実績を持つ。母母父は欧州型のネヴァーベンド系（ミルリーフ系）。母ソリッドプラチナムも、重馬場の芝2000m重賞で3着がある。

　⑫マルカブリスクの祖母ケイウーマンも、芝2000mの重賞で上がり39秒というタフな馬場で2着の実績がある。⑥テーオーフォルテは母グッデーコパが重賞3着馬で、母母父は欧州型のトニービン（グレイソヴリン系）。

一方、③アウステルリッツは母父、母母父ともに欧州型の血がない。フサイチリシャール（朝日杯FS）、フサイチエアデール（桜花賞2着）の一族で、スピード決着に実績がある牝系。これらは、今回のレース条件ではマイナスに働く。

	母父	祖母父	母 （母系の実績）	トータル
⑤スティルウォーター	日本型	○	○	◎
⑫マルカブリスク	日本型	○	○	○
⑥テーオーフォルテ	日本型	○	○	○
③アウステルリッツ	日本型	△	△	△

レース結果と父・母父・母母父・父母父の比較

着順	馬番	馬名	タイム・着差	人気	父	
1	5	スティルウォーター	2:18.5	3	キングカメハメハ （キングマンボ系）	欧州型
2	12	マルカブリスク	3/4	8	キングカメハメハ （キングマンボ系）	欧州型
3	6	テーオーフォルテ	クビ	5	ハービンジャー （ダンチヒ系）	欧州型
4	1	エーティーラッセン	1 1/4	4	サマーバード （ファピアノ系）	米国型
5	9	ムーヴザワールド	クビ	1	ディープインパクト （Tサンデー系）	日本型
6	2	アンセム	クビ	6	ディープインパクト （Tサンデー系）	日本型
7	7	ニホンピロカーン	1 1/4	10	リンカーン （Dサンデー系）	日本型
8	10	ファスナハト	3/4	11	マンハッタンカフェ （Tサンデー系）	日本型
9	3	アウステルリッツ	クビ	7	ハービンジャー （ダンチヒ系）	欧州型
10	8	ミスディレクション	2 1/2	9	ミスキャスト （Tサンデー系）	日本型
11	4	レッドコルディス	3/4	2	ハーツクライ （Tサンデー系）	日本型
12	11	ユキノタイガ	2 1/2	12	ハイアーゲーム （Dサンデー系）	日本型

激走馬を見抜く

結果 ▶ **欧州型×日本型×欧州型×欧州型の3頭で決着！**

　ミスディレクション（9番人気）が後続を離して平均ペースで逃げ、後続馬群の前目に位置していた⑥テーオーフォルテが押し上げて直線で先頭をうかがう。その内から⑤スティルウォーターが抜け出して1着。大外を回った⑫マルカブリスクが、⑥テーオーフォルテを交わして2着を確保した。上がり最速は⑤スティルウォーターの36秒3と、かなりかかった。1番人気ムーヴザワールドは直線で伸びず5着。

　主流馬場で主流血統が勝つのが競馬の本流だとしたら、反主流馬場で、反主流血統が勝つのもまた本流だ。リーディング上位の産駒が、常に強いわけではない。**その日の馬場に求められるのはどんな才能なのか、血統という絶好のツールを使えば、それが自ず と見えてくるだろう。**

母父		母母父		父母父	
ステイゴールド （Tサンデー系）	日本型	クリエイター （ネヴァーベンド系）	欧州型	ラストタイクーン （ノーザンダンサー系）	欧州型
サンデーサイレンス （サンデーサイレンス系）	日本型	ラストタイクーン （ノーザンダンサー系）	欧州型	ラストタイクーン （ノーザンダンサー系）	欧州型
マンハッタンカフェ （Tサンデー系）	日本型	トニービン （グレイソヴリン系）	欧州型	ベーリング （ネイティヴダンサー系）	欧州型
アグネスタキオン （Pサンデー系）	日本型	ニジンスキー （ニジンスキー系）	欧州型	サマースコール （ストームバード系）	米国型
サドラーズウェルズ （サドラーズウェルズ系）	欧州型	アイリッシュリヴァー （ネヴァーベンド系）	欧州型	アルザオ （リファール系）	欧州型
キングマンボ （キングマンボ系）	欧州型	サドラーズウェルズ （サドラーズウェルズ系）	欧州型	アルザオ （リファール系）	欧州型
スニッツェル （ダンチヒ系）	欧州型	シアトリカル （ヌレイエフ系）	欧州型	トニービン （グレイソヴリン系）	欧州型
ヘクタープロテクター （ミスタープロスペクター系）	欧州型	ノーザンテースト （ノーザンテースト系）	日本型	ローソサエティ （リボー系）	欧州型
サンデーサイレンス （サンデーサイレンス系）	日本型	ミスタープロスペクター （ミスタープロスペクター系）	米国型	ベーリング （ネイティヴダンサー系）	欧州型
スカイクラシック （ニジンスキー系）	欧州型	カボウティ （ボールドルーラー系）	米国型	トニービン （グレイソヴリン系）	欧州型
スマートストライク （ミスタープロスペクター系）	米国型	ダンチヒ （ダンチヒ系）	米国型	トニービン （グレイソヴリン系）	欧州型
タバスコキャット （ストームバード系）	米国型	ミスタープロスペクター （ミスタープロスペクター系）	米国型	ローソサエティ （リボー系）	欧州型

血統表から
４Ｌ（ライン）をチェックする

①父、②母父、③母母父、④父母父の４系統をここでは４Ｌ（ライン）と呼ぶ。４Ｌそれぞれの国タイプと小系統をチェックすることで、その馬の能力の方向性を探ることができる。

スティルウォーター（2013年生 牝 黒鹿毛 日本産）の3代血統表

今回のレースで1着だったスティルウォーターの4Lを見てみると……

- ❶ 「父」**キングカメハメハ＝欧州型**…リーディングサイアー2位の万能型。
- ❷ 「母父」**ステイゴールド＝日本型**…リーディングサイアー上位の常連。重い芝である欧州の凱旋門賞でも実績あり。中長距離向き。
- ❸ 「母母父」**クリエイター＝欧州型**…仏GI2勝馬。日本では重賞勝ち馬2頭を輩出。父ミルリーフ（ネヴァーベンド系）は欧州の重い芝に実績がある系統。
- ❹ 「父母父」**ラストタイクーン＝欧州型**…サトノクラウンの父マルジュは、洋芝の香港で実績あり。

重い芝は反主流馬場になりやすく、**欧州型の血を持つ馬が走りやすくなる**。1着のスティルウォーターは4Lのうち3Lが欧州型で、重い芝が得意。このレースで好走する可能性が高い1頭と判断できる。

※血統表の詳しい見方は P.36。

競馬の世界は、
優秀な血だけが生き残る過酷な淘汰の世界である。
その淘汰のスピード、つまり一生のサイクルは人類の比ではない。
第1章では、サラブレッドの生涯はどのように決まるのか、
種牡馬・繁殖牝馬とは何か、
その優秀さはどう評価されるのかなど、
血統を読み解くうえで必要な基礎知識を解説する。

[血統の基礎知識]

競馬は究極のブラッド・スポーツ

競馬はブラッド・スポーツ（血統のスポーツ）といわれる。生まれた仔馬はすべてスタッド・ブック（血統書）に記録され、そのことがサラブレッドである証しとなる。血統はサラブレッドそのものであり、競馬の過去や現在、そして未来を垣間見るための、非常に大切な手がかりとなる。

1 競馬予想に血を通わせる"血統"というファクター

競馬の予想には馬体や状態、調教タイム、馬場状態、枠順、展開予想、ローテーションなど、さまざまな要素がある。こうした競馬すべての要素に絡まるのが「血統」である。

競馬の予想を、より血が通ったものにするためのファクター、それが血統だ。

たしかに、血統を知らなくても競馬の予想はできる。反対にどんなに血統に詳しくても、必ずしも勝ち馬を当てられるとは限らない。それでも**競馬の予想に血統というファクターが欠かせない理由、それはサラブレッド（競走馬）とは血統そのものだからである。**たとえば、速いタイムを出すこと、枠順による巧拙、最適なトレーニング（調教）も、すべて血統によって傾向が出る。

2 進化のスピードは人間のはるか先を行く

サラブレッドは人間のアスリートよりもはるかに厳しい基準で淘汰が行われている。そして、その進化のスピードは、人間のアスリートの比ではない。人間の世界で経済的成功を収めた人びとが競馬の世界に魅了されるのも、**人生のサイクルが人間の何倍速ものスピードで進むためではないだろうか。**

たとえば、いまもアメリカで絶大な人気を誇るセクレタリアトは1970年生まれ（1989年死去）。もし存命なら2018年時点で48歳、人間の世界では働き盛り。アメリカの名馬の中にはセクレタリアトの血を継ぐ馬が多いが、現役競走馬の中には孫すらおらず、曾孫の世代も数

えるほどしかいない。

このように、競馬においては血統が与える影響は非常に大きいものでありながら、その淘汰のスピードは人間のはるか先を行く。それと同時に、生まれた仔馬たちはすべてスタッド・ブック（血統書）に記録され、そのことがサラブレッドである証しとなり、脈々と続く競馬の歴史の一部となっていく。

血統――それは知れば知るほど謎めく"迷宮"のようなものかもしれない。しかしこの迷宮は、競馬の歴史や未来を垣間見ることができる魅力的な世界でもある。

それこそ、競馬が究極のブラッド・スポーツ（血統のスポーツ）といわれる所以でもある。

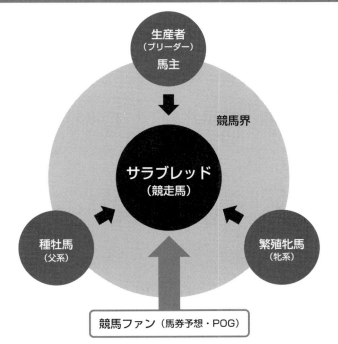

生産者や馬主の意向で種牡馬と繁殖牝馬が配合され、サラブレッドが産まれる。競馬ファンはそのサラブレッドに、自身の予想や思いをのせて応援する。

[血統の基礎知識]

血統とサラブレッドの一生

サラブレッドの一生は、常に血統とともにある。優れた競走成績を残した競走馬はもちろん、たとえ競走成績がふるわなかった競走馬であっても、兄弟やファミリー（→ P.38）に優れた馬がいれば、繁殖入りを果たすことがある。その判断材料になるのが、血統である。

1 サラブレッドが持つ"血統"という共通言語

　サラブレッドは、その誕生に至るまでの血筋と競走成績の記録の積み重ねによって存在している。この記録こそが血統であり、世界中の生産者（ブリーダー）は活躍馬の血統を読み解き、それを手がかりにしてより強い馬を産み出そうと努力を重ねている。

　ヨーロッパやアメリカをはじめ、世界各地で多種多様な競馬が行われているが、**サラブレッドは"血統"という共通言語を持つことで、国境を越えて進化をとげてきたのである。**

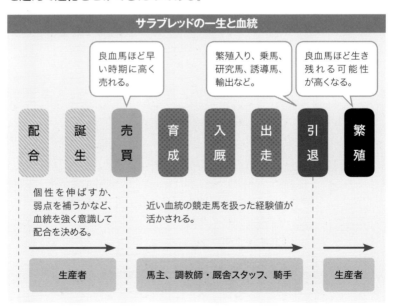

サラブレッドの一生と血統

2 生産から引退まで、サラブレッドの経済性

☑ 配合・誕生：人気種牡馬のほか、全兄弟馬にも人気が集まる

良血馬ほど高額で売れる可能性が高いが、**人気種牡馬になるほど、種付料も高額になる**。そのため、人気種牡馬を配合する際は、流産などのリスクも検討される。

そうしたことから、人気種牡馬の全兄弟馬に人気が集まることがある。**血統構成が同じなので、代替種牡馬として評価されるのだ**。場合によっては、半兄弟でも血統を買われて種牡馬になれるケースがある。

☑ 売買：良血馬ほど早い時期に売却先が決まる

日本では生産者と馬主が直接売買する「庭先取引」が大半を占めていたが、近年は市場（セリ）出身の活躍馬も増えている。どちらであれ、**いわゆる"良血馬"は生まれる前から注目されている**。

良血の当歳馬の多くは、夏までに庭先取引で売却先が決まる。7月から秋にかけて開かれるセリでも良血当歳馬が高値で落札されるが、セリでの取引頭数は1歳馬のほうが多い。10月後半以降は、主に地方競馬に入厩（にゅうきゅう）する1歳馬の取引が行われる。それでも売れ残った明け2歳馬のため、4〜5月にトレーニングセールが開かれるが、ここまでくると血統に加えて、馬の動きや走破タイムも価格に大きく影響する。

☑ 育成・入厩・出走：人間関係か、厩舎の経験値か

育成先や入厩先は生産者や馬主の人間関係によって決められるが、**近い血統の馬は同じ育成施設や厩舎に預けられることが多い**。過去にその競走馬の父母馬や兄姉馬を担当したことで、その経験値によって育て方を工夫したり、出走レースを選定したりすることができるからだ。

競馬ファンがサラブレッドに触れるのは、現役競走馬の期間だけ。ただし、近年はPOG（ペーパー・オーナー・ゲーム）などを通して、競馬＝馬券ではなく、血統のロマンを追い求め、より深みを持って競馬と向き合うファンが確実に増えている。

☑ 引退・繁殖：種牡馬になれるのは1世代で1％未満

血統が最大の影響力を発揮するのが、引退のタイミングである。ここ

で繁殖入りするか、乗馬や研究馬、使役馬などになるかが決められる。

　とくに種牡馬になれるのは1世代で1%にも満たない。 人間のスプリンターにたとえれば、ウサイン・ボルト以外の男性は誰も父親になれないことになる。一方、繁殖牝馬は比較的高い割合で繁殖入りできる。基本的にサラブレッドが、1年間で1頭しか産駒を産めないためだ。

　このように競馬とは究極の一夫多妻制度で成り立つスポーツであり、このことがアスリートとしての進化と淘汰のスピードを人間の数倍以上にしている要因といえるだろう。

3 例外的に種牡馬になれるケースとは？

　種牡馬になる例外条件として、"良血馬であること"が挙げられる。 さほど競走馬として活躍できなくても、とくに兄弟馬が活躍していれば、種付料がリーズナブルな代替種牡馬としての需要が見込まれる。つまり、ボルトの弟であれば、たとえオリンピックに出場していなくても種牡馬になれる可能性があるのだ。

　たとえば、GⅠ7勝馬キタサンブラックの父ブラックタイドがいる。ディープインパクトの1歳上の全兄だが、自身の競走成績は22戦3勝（GⅡ1勝）。**種牡馬になれたのは明らかに弟の活躍のおかげだが、その弟の獲得賞金を上回るキタサンブラック（18億7684万円）を出した。**

　当初の種付料は受胎条件で50万円、出生条件で80万円。弟に比べて格安だったため、代替種牡馬として多くの繁殖牝馬を集め、2010年ファーストクロップ・リーディングサイアーとなった。キタサンブラックが年度代表馬となった2016〜2017年はリーディングサイアー10位につけ、2017年の種付料は200万円になった。

　キタサンブラックの2018年の種付料は500万円。今後は同じサンデーサイレンス系種牡馬として、孝行息子もライバルの1頭となる。

	兄ブラックタイド	弟ディープインパクト
セリ値	9700万円（2001年）	7000万円（2002年）
通算成績	22戦3勝	14戦12勝
獲得賞金	1億6207万円	14億5455万円
LS最高位	10位（2回）	1位（7回）
GⅠ／重賞勝ち馬	1頭／5頭	35頭／102頭

※ 2018年末現在。JRA平地のみ。

[血統の基礎知識]

血統は３つの要素で決まる

名馬とは、「その国の主要なレースを勝てる馬」のこと。サラブレッドの血統は、父系（サイアーライン）と母系（ファミリー／牝系）、生産者（ブリーダー）という３つの要素で決められる。どんなに優れた血統でも、選び方（配合）が悪ければ名馬が生まれる確率は低下する。

1 父系（サイアーライン）とは？

　種牡馬とは、サラブレッドを生産するために種付けする牡馬のこと。**競走成績が優れた馬、血統の優れた馬のみが選ばれる。**一般的には、種牡馬のみを集めた種馬場に繋養されている。

　サラブレッドの父、その父（父の父）、さらにその父（父の父の父）とさかのぼっていく血筋のことを、**父系（サイアーライン）**と呼ぶ。血統予想において最優先でチェックすべき情報であり、その競走馬の特徴を把握するための重要ファクターである。

2 母系（ファミリー／牝系）とは？

☑ ファミリー全体で競走成績をチェックする

　母系はファミリーや牝系とも呼ばれ、サラブレッドの母方をさかのぼる血筋のことをいう。**母、祖母、曾祖母らと、その産駒の成績や特徴から、"ファミリー"としての能力や可能性を探る。**種牡馬は毎年多数の産駒を送り出すので、産駒に伝える能力を判断しやすい。しかし、繁殖牝馬は年に１頭しか産めないため、その産駒だけでは血統の特徴がつかみにくいことから、ファミリーをチェックする必要が出てくるのだ。

☑ 同系種牡馬の産駒が増えたら牝系の特徴を把握する

　現在の日本はサンデーサイレンス系種牡馬が多いので、血統予想においては牝系の特徴を把握し、検討することが重要となる。

　母の父はブルードメアサイアー（BMS）とも呼ばれ、文字通り繁殖牝馬の父馬を指す。優れた種牡馬は数多くの繁殖牝馬を送り出すため、

激走馬を見抜く

血統の基礎知識

血統と馬の能力

レース条件別予想

種牡馬事典

血統の歴史と未来

27

母の父としても大きな影響力を持つことが多い。そのため、配合では母の父としての産駒の成績や、父の種牡馬との相性のよさ（ニックス→P.34）も重視される。

3 生産者（ブリーダー）とは？

生産者（ブリーダー）は繁殖牝馬を所有してサラブレッドを生産し、セリ市場や馬主に売却する生産牧場を経営する人のこと。馬主（オーナー）が自ら生産牧場を持ち、生産した馬を走らせる場合をオーナーブリーダーという。**サラブレッドの配合決定には、生産者や馬主の意向が色濃く反映される。**

サイアーライン、ファミリー（牝系）、母の父（BMS）の見方
レイデオロ（2014年生 牡 鹿毛 日本産）の3代血統表

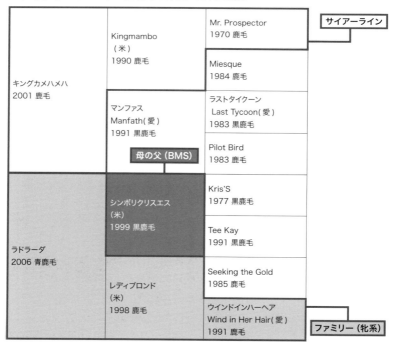

[血統の基礎知識]

種牡馬の過酷なサバイバル

父系の血統評価は、主に産駒の競走成績で決まる。一般的には1年間に産駒たちが獲得した賞金額の多い順に種牡馬をランキングし、上位であるほど高く評価される。ただし、国によって求められる能力の方向性が異なるため、海外で好成績をあげた種牡馬が日本に導入されても、必ずしも成功するとは限らない。

1 種牡馬になれるのはひとにぎり

近年の日本のサラブレッドの登録頭数は、毎年7,000頭弱（輸入された外国産馬、受胎した状態で輸入された持込馬を含む）。その約半数が牡馬と考えて、競走生活を終えて種牡馬となれるのは多い年でも30頭程度にすぎない。

しかも毎年、約250頭いる種牡馬たちが約1万頭の繁殖牝馬を奪い合い、己の子孫を残そうとしのぎを削っている。**その中で200頭以上の繁殖牝馬を集める人気種牡馬がいる一方、いつの間にか姿を消していく種牡馬もいる。**ちなみに日本にいる種牡馬のうち、約60〜80頭は輸入種牡馬である。

日本の種牡馬・繁殖牝馬の頭数（2018年）

	内国産	輸入	合計
種牡馬	182頭	71頭	253頭
繁殖牝馬	8842頭	1663頭	11047頭

単純に平均すれば1頭あたり約49頭だが、人気種牡馬に集中するため、ほとんど繁殖牝馬を集められない種牡馬もいる。ちなみに2018年の種付け頭数1位は、ロードカナロア（294頭）。

2 4つのサイアー・ランキング

1年を通じて、産駒が獲得した賞金の合計額を集計してランキングにしたものをサイアー・ランキングという。**①リーディングサイアー、②ブルードメアサイアー、③2歳リーディングサイアー、④ファーストクロップ・リーディングサイアー**という4つのランキングがある。

ランキング上位にランクインされるとその実績を評価され、よい繁殖牝馬と配合されるようになる。すると、サイアー・ランキングがさらに上がりやすくなるという好循環が生まれる。

❶リーディングサイアー

　1年間で、産駒の獲得賞金がもっとも多かった種牡馬のこと。種牡馬を評価するもっとも基本的な物差しとなる。GⅠをはじめとする重賞レースに強いほど、順位が上がる。

❷ブルードメアサイアー

　1年間で、母の父として孫世代の産駒の獲得賞金がもっとも多かった種牡馬のこと。リーディングサイアー・ランキングとリンクしていることが多い。リーディングサイアーとニックス（→ P.34）がある種牡馬も、順位が高くなりやすい。

❸2歳リーディングサイアー

　1年間で、2歳戦での獲得賞金がもっとも多かった種牡馬のこと。上位になる種牡馬ほど、産駒の仕上がりが早い、つまり早熟血統だと判断できる。馬主からすると、競走馬の購入金や預託料（牧場や厩舎に預ける際に馬主が支払うお金）を早く回収したい心理が働くため、産駒の仕上がりが早く、2歳戦から活躍できる血統が重視される傾向がある。

❹ファーストクロップ・リーディングサイアー

　その年に初めて産駒がデビューした新種牡馬のうち、2歳戦でもっとも多くの賞金を獲得した種牡馬のこと。初年度から活躍馬を出せれば、よりよい繁殖牝馬を集められるようになるため、種牡馬としての将来を大きく左右する。

JRA部門別リーディングサイアー（2018年）

ディープインパクトは 2012 年から7年連続でリーディングサイアーを、サンデーサイレンスは 2006 年から 13 年連続でブルードメアリーディングサイアーを獲得している。ディープインパクトの2歳リーディングサイアーは 2010 〜 14 年に続き8度目（2015 年はダイワメジャーに次ぐ2位）、ジャスタウェイは2歳リーディングサイアーでは総合6位となっている。

部門	種牡馬名	父名
リーディングサイアー	ディープインパクト	サンデーサイレンス
ブルードメアリーディングサイアー	サンデーサイレンス	ヘイロー
2歳リーディングサイアー	ディープインパクト	サンデーサイレンス
ファーストクロップ・リーディングサイアー	ジャスタウェイ	ハーツクライ

[血統の基礎知識]

リーディングサイアーの条件

サイアー・ランキングを上げ、種牡馬としての評価を高めるためには、産駒の勝利数が多く、かつ賞金の高いレースを勝つ馬が多いことが求められる。つまり、重賞レースの勝ち馬を多く出すことが必要になる。一方、故障が少ないなど、コンスタントに走れる競走馬を数多く出す種牡馬も重宝される。

1 距離のカテゴリーは5つに区分される

☑ かつては短距離・中距離・長距離の3区分

かつて JRA は距離区分を短距離、中距離、長距離に分けていた。しかし、現役競走馬の世界的なランキング（ロンジン・ワールド・ベスト レースホース・ランキング→ P.299）を作成するにあたり、距離を5カテゴリーに分ける SMILE が採用されるようになった。

☑ SMILE による距離区分

S＝スプリント（Sprint）＝ 1000 ～ 1300m
M＝マイル（Mile）＝ 1301 ～ 1899m
I ＝インターメディエイト（Intermediate）＝ 1900 ～ 2100m
L＝ロング（Long）＝ 2101 ～ 2700m
E＝エクステンデッド（Extended）＝ 2701m 以上

☑ JRA のGIは芝 1600m、2000m、2400m がメイン

JRA のGIは、2018 年時点で 24 レース（平地のみ）あり、その半分以上が SMILE 区分の M・I・L（1600 ～ 2700m）に該当する。とくに芝の 1600m（8レース）、2000m（5レース）、2400m（3レース）が多い。

2000m はチャンピオン・ディスタンス、2400m はクラシック・ディスタンスとも呼ばれ、格式が高く、賞金額も高い王道レースに多い距離である。これにマイル（1600m）を加えた3距離で優れた成績を収めた競走馬は、高い評価を受ける。リーディングサイアー・ランキングの上位につけるためには、こうした王道レースに強いことが重要となる。

2 格式の高いレースが多い根幹距離

1マイル（1600m）を基本に、400m短い1200m、400m長い2000m、さらに400m長い2400mを根幹距離という。世界の大レースの多くはこの根幹距離のいずれかで競われるため、リーディングサイアーになるには、とくに根幹距離に強いことが重要である。

JRAでも、この根幹距離ごとに各路線のチャンピオンを決めるGIレースが開催される。

根幹距離で行われるGI	非根幹距離で行われるGI
(1200m) 高松宮記念、スプリンターズS	**(1800m)** チャンピオンズカップ
(1600m) フェブラリーS、桜花賞、ヴィクトリアマイル、NHKマイルカップ、安田記念、マイルCS、朝日杯FS、阪神JF	**(2200m)** 宝塚記念、エリザベス女王杯
	(2500m) 有馬記念
	(3000m) 菊花賞
(2000m) 大阪杯、皐月賞、秋華賞、天皇賞秋、ホープフルS	**(3200m)** 天皇賞春
(2400m) オークス、日本ダービー、ジャパンカップ	

※根幹距離でも、芝1200mとダート1600mは主流とはズレたスペシャリティが要求される。

JRAリーディングサイアー（サラ系全馬／2018年）

2017年のトップ10に入った種牡馬のうち、サンデーサイレンス系が5頭を占め、ミスタープロスペクター系が3頭、ノーザンダンサー系が2頭となっている。日本の主流血統がサンデーサイレンス系であることがよくわかる。

順位	種牡馬名	頭数	勝利数	賞金（千円）	父系（大系統）
1	**ディープインパクト**	475	265	6,777,042	**サンデーサイレンス系**
2	キングカメハメハ	282	132	3,509,199	ミスタープロスペクター系
3	**ハーツクライ**	356	144	3,290,415	**サンデーサイレンス系**
4	**ステイゴールド**	231	104	3,184,925	**サンデーサイレンス系**
5	ハービンジャー	243	88	2,574,877	ノーザンダンサー系
6	**ダイワメジャー**	272	115	2,463,225	**サンデーサイレンス系**
7	ロードカナロア	250	110	2,388,875	ミスタープロスペクター系
8	ルーラーシップ	255	100	1,999,189	ミスタープロスペクター系
9	クロフネ	219	81	1,641,791	ノーザンダンサー系
10	**ゴールドアリュール**	256	95	1,501,128	**サンデーサイレンス系**

[血統の基礎知識]

良血馬と配合の基本

父母の繁殖成績や兄姉の競走成績が優秀な競走馬は、生まれながらに"良血"というアドバンテージを与えられ、競走成績がふるわなくても種牡馬や繁殖牝馬になれる可能性がある。ただし、その立場はけっして安泰ではなく、自身の産駒の成績がふるわなければ容赦なく淘汰される。

1 良血馬とは？

　良血馬とは、**実績がある種牡馬と優れた繁殖牝馬の間の産駒のこと**。優れた繁殖牝馬とは、自身の競走成績が一流であるか、その牝系（→ P.38）が優れた競走馬を数多く輩出している場合をいう。良血馬はセリで、高値で取引されることが多い。

2 特定の血を強調するインブリード

　インブリードとは、**父系・母系の5代前までに同一の祖先を持つ配合のこと**。近親交配ともいう。インブリードさせた血の個性を引き継いだ産駒が出る確率が上がるといわれ、同一の祖先馬の優れた性質を引き出すために行う。

インブリードの成功例

馬名	配合	成績
ノーザンテースト	レディアンジェラ3×2（祖父の母＝祖母）	日本 LS10 回
ラムタラ	ノーザンダンサー2×4（祖父＝曾祖母の父）	無敗の欧州3冠
ダノンシャンティ	ヘイロー3×3（祖父の父＝祖母の父）	NHK マイル C など
エネイブル	サドラーズウェルズ3×2（曾祖父＝母の父）	凱旋門賞など

「○○の3×4」「○○の5×4」のように馬名と世代数で表記。「3×4」の部分は、前の数字が父系、後ろの数字が母系の代数を示す。

☑ 名馬を生み出す奇跡の血量

　3代前と4代前に同じ祖先を持つ配合（4×3または3×4のインブリード）は、「奇跡の血量」といわれる。両親から50%ずつ、祖父母か

ら25%ずつ、曾祖父母から12.5%ずつ、4代父母から6.25%ずつ血を受け継ぐと考えられるため、同一の祖先馬から18.75%（12.5%＋6.25%）の血量を受け継ぐ。この血量を持つ名馬が多く生まれたことから古くから伝わる生産格言だが、明確な根拠はない。

3 血統を活性化させるアウトブリード

アウトブリードとは、**父系・母系の5代前までに同一の祖先を持たない配合のこと**。異系交配ともいう。ある特定の血統が濃くなりすぎることを避け、血統を活性化させる効果を期待して行う。

アウトブリードの成功例

馬名	配合	成績
ディープインパクト	サンデーサイレンス×ウインドインハーヘア	3冠などGI・7勝
ステイゴールド	サンデーサイレンス×ゴールデンサッシュ	香港ヴァーズなど
ハーツクライ	サンデーサイレンス×アイリッシュダンス	有馬記念などGI・2勝
ネオユニヴァース	サンデーサイレンス×ポインテッドパス	ダービーなどGI・2勝
ジャスタウェイ	ハーツクライ×シビル	天皇賞秋などGI・3勝

上記の馬は、すべて5代までに同じ馬を持たない。

4 配合の相性を示すニックス

ニックスとは、**種牡馬の血統と繁殖牝馬の父（母の父）の血統の相性がよいこと**。明確な基準はないが、特定の組み合わせで優秀な競走成績を残す競走馬が多数出ると、その組み合わせは「ニックス」と認識され、優秀な競走馬を生み出す配合として定着するようになる。

代表的なニックスの例

父ステイゴールド×母の父メジロマックイーン（ヘロド系）

馬名	生年	母	競走成績
ドリームジャーニー	2004年	オリエンタルアート	宝塚記念、有馬記念など
オルフェーヴル	2008年	オリエンタルアート	3冠などGI・6勝
ゴールドシップ	2009年	ポイントフラッグ	宝塚記念連覇などGI・6勝

ドリームジャーニーとオルフェーヴルは全兄弟。好配合は繰り返し行われることがある。

父ディープインパクト×母の父ストームキャット（ストームバード系）

馬名	生年	母	競走成績
キズナ	2010年	キャットクイル	日本ダービーなど
アユサン	2010年	バイザキャット	桜花賞など
ラキシス	2010年	マジックストーム	エリザベス女王杯など
サトノアラジン	2011年	マジックストーム	安田記念など
エイシンヒカリ	2011年	キャタリナ	香港C、イスパーン賞など
リアルスティール	2012年	ラヴズオンリーミー	ドバイ・ターフ

ディープインパクトとストームキャットの配合は、すでに多くのGⅠ馬を生み出しており、ニックスとして定着している。

5　兄弟馬、姉妹馬とは？

兄弟馬、姉妹馬とは、**同じ繁殖牝馬から生まれた競走馬のこと**。種牡馬だけが同じ場合は、兄弟、姉妹とはいわない。父も母も同じなら全兄弟（全姉妹）、父だけが異なる場合は半兄弟（半姉妹）。

牝系図を見ると、ヴィブロスを中心に見た場合の、それぞれの競走馬との関係性がわかる。血のつながりが濃いほど、似た能力の特徴を持つと考えられる。

近親扱いするのは同じ母系から産まれた競走馬のみで、母の兄弟馬・姉妹馬はおじ・おば、母の姉妹馬の産駒はいととなる。

[血統の基礎知識]

血統表の見方

サラブレッドの配合の原点は、もっとも速い競走馬同士をかけ合わせる「ベスト・トゥ・ベスト」。ただし、配合の決定にはスピードや距離適性、気性、馬格なども考慮される。そのため、代々注ぎ込まれた血統が一目でわかる血統表は、その競走馬の能力の設計図ともいえる。

1 血統表の馬名の書き方

　馬名はカタカナで表記される。外国の競走馬はその国の言語で表記され、日本へ輸入されて登録された場合はカタカナ表記にする。訳し方によって複数のカタカナ表記がされることもある（例：Danzig →ダンチヒ、ダンジグ）。

　輸入馬や外国馬の場合は、生産国を記すことがある。その際、USA（＝米）、GB（＝英）、IRE（＝愛）などと略記されることもある。輸入馬には、馬名の前に「＊」記号を付けて区別することもある。

2 血統表からわかること

　血統表の上部には、馬名、生年（月日）、性別（牡馬・牝馬・せん馬）、毛色、生産国・生産地などが書かれる（順番は決まっていない）。血統表の上半分には父系、下半分には母系（牝系）が記される。右図のレイデオロの場合、キングカメハメハ→ Kingmambo → Mr. Prospector とさかのぼっていくのが父系（サイアーライン）。ラドラーダ→レディブロンド→ウインドインハーヘアとさかのぼっていくのが母系（血統表の最下段に書かれることから、ボトムラインとも呼ばれる）。

　1番左列が1代血統（父母）で、種牡馬名（父）と繁殖牝馬名（母）が入る。母名（ラドラーダ）の下の「2‒f」は、ファミリーナンバー（FNo.）で、5代血統欄の右端に記入されることもあるし、記入されないこともある。

　左から2列目が2代血統（祖父母）で、上から順に父の父、父の母、母の父、母の母。母の父はブルードメアサイアー（BMS）と呼ばれ、

36

血統を見るうえで重視される。左から3列目から順に3代血統、4代血統、5代血統となる。

インブリード（→P.33）に該当する種牡馬や繁殖牝馬を太字表記、斜体字表記、別色表記などで明示する（表外にインブリードを表記することもある）。

5代血統表の例

レイデオロ（2014年生 牡 鹿毛 日本産）

キングカメハメハ 2001 鹿毛	Kingmambo （米） 1990 鹿毛	**Mr. Prospector** 1970 鹿毛	Raise a Native 1961	Native Dancer
				Raise You
			Gold Digger 1962	Nashua
				Sequence
		Miesque 1984 鹿毛	Nureyev 1977	**Northern Dancer**
				Special
			Pasadoble 1979	Prove Out
				Santa Quilla
	マンファス Manfath （愛） 1991 黒鹿毛	ラストタイクーン Last Tycoon 1983 黒鹿毛	トライマイベスト 1975	**Northern Dancer**
				Sex Appeal
			Mill Princess 1977	Mill Reef
				Irish Lass
		Pilot Bird 1983 鹿毛	Blakeney 1966	Hethersett
				Windmill Girl
			The Dancer 1977	Green Dancer
				Khazaeen
ラドラーダ 2006 青鹿毛 FNo.[2-f]	シンボリクリスエス （米） 1999 黒鹿毛	Kris S. 1977 黒鹿毛	Roberto 1969	Hail to Reason
				Bramalea
			Sharp Queen 1965	Princequillo
				Bridgework
		Tee Kay 1991 黒鹿毛	Gold Meridian 1982	Seattle Slew
				Queen Louie
			Tri Argo 1982	Tri Jet
				Hail Proudly
	レディブロンド （米） 1998 鹿毛	Seeking the Gold 1985 鹿毛	**Mr. Prospector** 1970	Raise a Native
				Gold Digger
			Con Game 1974	Buckpasser
				Broadway
		ウインドインハーヘア Wind in Her Hair 1991 鹿毛	Alzao 1980	Lyphard
				Lady Rebecca
			Burghclere 1977	Busted
				Highclere

※ Mr. Prospector 3 × 4、Northern Dancer 5 × 5

[血統の基礎知識]

牝系と牝系図の見方

原則として、能力の影響力は父母から半分ずつと考える。ただし、繁殖牝馬は年に1頭しか産めないため、母からの影響力はその繁殖牝馬だけでなく、牝系全体を見て判断する。牝系としてのポテンシャルが高ければ、競走成績がイマイチだった繁殖牝馬でも、配合次第でよい産駒を出すことがある。

1 牝系で産駒の能力の傾向をつかむ

☑ 牝系図とは何か

　牝系（ファミリー）とは、**母・祖母・曾祖母などの直系に、おじ・おば・おい・めい・いとこなどを加えた母方の近親馬のこと**。生年、毛色、競走成績などを記したものが3～5代程度の牝系図で示される。父系と同じように、活躍馬を多数輩出した牝馬を起点として、「○○系」と呼ぶこともある。

☑ 牝系（ファミリー）全体を見ることが大切

　種牡馬は1頭で多くの繁殖牝馬に種付けできるが、繁殖牝馬は年に1頭しか産めない。そのため、繁殖牝馬が産駒に伝える能力は、年に1頭の産駒でしか判断できない。そこで重要になるのが牝系（ファミリー）。**産駒から能力の傾向をつかむには、牝系全体を見る必要がある。**

　牝系図には、配合された種牡馬名や競走成績、性別も記載されるため、その牝系が「どんな血統の種牡馬と配合されているか」「どんな種牡馬との配合で好成績を残しているか」「どんなレースで好成績を残しているか」「活躍馬に牡馬が多いか、牝馬が多いか」などを確認することもできる。

2 "ウインドインハーヘア系"新しい名牝系の誕生

　2017年のダービー馬レイデオロの曾祖母ウインドインハーヘアは、アイルランド産。独GIなど3勝し、1999年に輸入された。産駒にブラックタイドやディープインパクト、孫にNHKマイルC3着のリルダ

ヴァル、曾孫にクイーンC勝ち・オークス3着のアドマイヤミヤビが
いる。祖母レディブロンドは芝1200mで4勝し、産駒に帝王賞など中
央・地方で10勝したゴルトブリッツがいる。

　すでに2頭のダービー馬（ディープインパクトとレイデオロ）を出
し、ブラックタイドとディープインパクト兄弟が種牡馬として大活躍し
ていることからも、**ウインドインハーヘア系と呼ぶにふさわしいファミ
リーに成長**している。

レイデオロの牝系図

ウインドインハーヘア IRE（牝 1991 鹿毛 Alzao）アラルポカルなど海外3勝（1999年輸入）

┣ ヴェイルオブアヴァロン USA（牝 1997 鹿毛 サンダーガルチ）ドラローズHなど海外7勝

　┣ リルダヴァル（牡 2007 栗毛 アグネスタキオン）NHKマイルC3着など6勝

　┗ ヴォルシェーブ（牡 2011 栗毛 ネオユニヴァース）目黒記念2着など6勝

┣ レディブロンド USA（牝 1998 鹿毛 Seeking the Gold）5勝

　┣ ラドラーダ（牝 2006 青鹿毛 シンボリクリスエス）4勝

　　┣ ティソーナ（せん 2013 黒鹿毛 ダイワメジャー）

　　┣ **レイデオロ（牡 2014 鹿毛 キングカメハメハ）** 日本ダービーなど

　　┗ レイエンダ（牝 2015 黒鹿毛 キングカメハメハ）

　┗ ゴルトブリッツ（牡 2007 栗毛 スペシャルウィーク）帝王賞など10勝（うち地方4勝）

┣ ライクザウインド（牝 2000 鹿毛 デインヒル）

　┗ レディスキッパー（牝 2007 芦毛 クロフネ）

　　┣ グランアルマダ（牡 2012 芦毛 ダイワメジャー）

　　┗ アドマイヤミヤビ（牝 2014 芦毛 ハーツクライ）クイーンC、オークス3着

┣ ブラックタイド（牡 2001 黒鹿毛 サンデーサイレンス）スプリングSなど3勝

┣ ディープインパクト（牡 2002 鹿毛 サンデーサイレンス）日本ダービーなど12勝

┣ オンファイア（牡 2003 鹿毛 サンデーサイレンス）1勝

┣ ニュービギニング（牡 2004 鹿毛 アグネスタキオン）3勝

┣ トーセンレイユ（牝 2010 鹿毛 ネオユニヴァース）エルフィンSなど3勝

┗ モンドシャルナ（牡 2011 鹿毛 ネオユニヴァース）

ウインドインハーヘア系からは直仔のディープインパクト、曾孫のレイデオロという2頭のダー
ビー馬が誕生。ブラックタイドとディープインパクトの全兄弟は種牡馬としても非常に優秀な成
績を残しており、新たな名牝系としての地位を確立しつつある。

芦毛と白毛の不思議

芦毛のほとんどは両親のどちらかが芦毛

　サラブレッドの毛色は鹿毛、黒鹿毛、青鹿毛、青毛、栗毛、栃栗毛、芦毛、白毛の8種類。毛色も血のつながり、つまり遺伝によって左右されるものの1つである。

　8種類の毛色の中でも、とくに面白いのが芦毛と白毛だ。芦毛は生まれたときは有色で、加齢とともに白くなる。一方、白毛は生まれたときから、身体の大半が白い。かつてはGⅠ級の芦毛馬が少なかったが、昭和の終わりに競馬ブームを巻き起こしたタマモクロスとオグリキャップの芦毛対決は、ファンをおおいに湧かせた。

　芦毛は両親のどちらかが芦毛である場合に生まれるとされてきたが、近年は白毛の母から芦毛が生まれた例があり、今後の研究が待たれる。ゴールドシップの芦毛は母ポイントフラッグ、その父メジロマックイーンへとさかのぼる。芦毛の名馬クロフネの産駒は芦毛がほぼ半数で、活躍馬には芦毛が多い傾向にある（ホエールキャプチャ、カレンチャンなど）。

　芦毛馬同士を配合しても、必ず芦毛が生まれるとは限らない。一方、どんな毛色の牝馬と配合してもすべてが芦毛になる特異な種牡馬がおり、日本ではゼダーンやメンデスが知られている。

日本の白毛一族は突然変異で生まれた

　日本の白毛馬は、黒鹿毛のロングエースと栗毛のホマレブルから生まれたハクタイユー（1979年生）が最初。これは突然変異と思われるが、ハクホウクン、ハクバノデンセツへと白毛を伝えた。

　その後、青鹿毛のサンデーサイレンス、鹿毛のウェイブウインドから、やはり突然変異でシラユキヒメ（1996年生）が生まれた。シラユキヒメは白毛を多くの産駒に伝え、ユキチャン、マーブルケーキ、ブチコ、シロニイなどが白毛一族として人気を集めている。

第2章 血統で馬の能力を見抜く

どんなに強い馬でも、すべてのレースに勝つことはできない。
なぜなら、レースによって求められる
能力の方向性が異なるからだ。
すべての血統は能力の方向性によって、
日本型・米国型・欧州型に区分できる。
第2章では、能力の方向性とはどういうことか、
日本型・米国型・欧州型でどんな違いがあるか解説する。

［血統で馬の能力を見抜く］

そもそも血統とは何だろうか

血統とは、その競走馬の血筋のこと。各競走馬の成績は血統だけでなく、調教環境や出走レースなどにも左右される。ただし、競走馬の配合・生産は常に血統を意識して行われる点から、血統は競馬におけるもっとも根本的な要素といえる。

1 主流血統と反主流血統がある

☑ ダービーに勝てる血統が「主流血統」となる

世界のホースマンが目指す最高峰レースは、各国のダービーである。

近年の優勝馬の父系を見てみると、各国でまったく異なることがわかる。まず、日本はサンデーサイレンス系とキングマンボ系（ミスタープロスペクター系）。ヨーロッパは、サドラーズウェルズ系とダンチヒ系（ともにノーザンダンサー系）。アメリカはボールドルーラー系（ナスルーラ系）と、ファピアノ系（ミスタープロスペクター系）となっている。

これらの「その国のダービーに勝てる血統」がその国の"主流血統"であり、人気血統として繁栄していく。

☑ 欧米の主流血統は、日本では反主流血統になる

たとえば、ヨーロッパでは主流のサドラーズウェルズ系やダンチヒ系の競走馬は、日本の王道レースでディープインパクト産駒を含むサンデーサイレンス系に勝てないことが多い。その逆も、しかりである。

このことは、**日本の主流血統が欧米では反主流血統となり、欧米の主流血統が日本では反主流血統となる**ことを意味している。

2 主流血統は細分化していく

各地域の主流血統は種牡馬の数も増えるため、さらに細分化して繁栄していく。

たとえば、欧米ではサンデーサイレンス系種牡馬がほとんどいないた

め、サンデーサイレンス系をひとくくりで捉えてまったく問題ない。

しかし、**日本では、サンデーサイレンス系は「Pサンデー系」「Tサンデー系」「Dサンデー系」と細分化して考えないと、出走馬のほとんどが「サンデーサイレンス系」となってしまい、検討しようがなくなる**（詳しくはP.56）。そのため、各国の主流系統は、さらにタイプが細かく枝分かれしていくのだ。

3 種牡馬の評価は主要レースでの強さで変わる

☑ 主要レースでとにかく強いディープインパクト産駒

父サンデーサイレンスと父子2代にわたり、リーディングサイアーとして日本競馬を牽引（けんいん）するディープインパクトの優秀さは改めていうまでもない。リーディングサイアー・ランキング（→ P.30）で上位になるには、高額賞金レースが多い主要4競馬場（東京・中山・京都・阪神）の芝1600ｍ、2000ｍ、2400ｍのレースで勝つことが必要。**ディープインパクト産駒はこのカテゴリーでとにかく強い。**

しかし、日本競馬の主要レースがこれ以外の条件で行われるようになったら、ディープインパクトがリーディングサイアーの座を守るのは難しくなるだろう。

☑ もし主要レースが小回りのダート戦だったら？

たとえば、主要レースが地方競馬のような小回りのダートコースで行われるとしたら、地方競馬のリーディングサイアーであるサウスヴィグラスがディープインパクトにとって代わるかもしれない（あくまでも仮定の話だが）。

つまり、**主要レースが行われるコースや距離などの条件が変われば、優秀だと評価される種牡馬もまた変わる。**だからこそ、日本とは異なる状況で行われる欧米の競馬では、日本とはまったく異なる血統の種牡馬が活躍しているのだ。

2016年日本ダービーは、マカヒキとサトノダイヤモンドがハナ差の死闘。どちらもディープインパクト産駒。3着ディーマジェスティもディープインパクト産駒だった。

[血統で馬の能力を見抜く]

コースの特徴と求められる能力

サラブレッドは「競馬場」で、「速く走る」ことを求められている。ところが、競馬場（コース）の特徴は国や地域によってまるで異なる。おまけに同じ競馬場でも、天候などによって状態は変わる。こういった要因によってレース条件が変化すれば、勝つために求められる能力も変わってくる。

1 競馬では血統がかたよるもの

☑ レース条件（環境）に適応した血統だけが生き残る

馬はそもそも集団で暮らす動物。一団になって走る競馬は、馬のそうした野生の本能を利用したものでもある。そのため、同条件のレースでも、速く走ろうとする馬が多ければペースが速くなり、ゆったりした気性の馬ばかりだとペースは遅くなる。つまり、出走するメンバーによって展開が変わり、発揮される能力は変わってくる。

そうした中で、いかに速く走れるサラブレッドを育てるか。そこには血統や育成、調教に関する膨大な試行錯誤の繰り返しとノウハウの蓄積がある。そして、**そのレース条件（環境）に適応した血統が強さを示して生き残り、それ以外は淘汰されていく。**

☑ 欧州ではサドラーズウェルズ、日本ではサンデーサイレンス

その結果、ヨーロッパではサドラーズウェルズ系やダンチヒ系の血を持つ馬ばかりのレースが増えた。反対に日本では、サドラーズウェルズ系の血を持つ馬は少なく、サンデーサイレンス系の血を持つ馬だらけのレースばかりになっている。

つまり、サラブレッドに求められる能力はレースが実施される条件・環境、競馬に関わる人びと、対戦メンバーなどによってまったく異なるものとなり、それが血統のかたよりを生み出しているといえる。

2 オンリーワンで万能型に勝つ

リーディングサイアー・ランキングで上位になる種牡馬は、その国の

主要レースに強い血統である。**ディープインパクトは優れた種牡馬だが、すべてのレース条件でナンバーワンというわけではない。**ディープインパクトの力が及びにくいカテゴリーの1つに1200m戦がある。

JRAスプリントGIの勝ち馬（2016〜2018年）

	レース	勝ち馬	父（父系）	ディープインパクト産駒の成績
2016年	高松宮記念	ビッグアーサー	サクラバクシンオー（プリンスリーギフト系）	ミッキーアイル2着 ウリウリ9着 サトノルパン18着
	スプリンターズS	レッドファルクス	スウェプトオーヴァーボード（エンドスウィープ系）	ミッキーアイル2着 サトノルパン7着 ブランボヌール11着 ウリウリ13着
2017年	高松宮記念	セイウンコウセイ	アドマイヤムーン（エンドスウィープ系）	フィエロ5着
	スプリンターズS	レッドファルクス	スウェプトオーヴァーボード（エンドスウィープ系）	出走なし
2018年	高松宮記念	ファインニードル	アドマイヤムーン（エンドスウィープ系）	シャイニングレイ12着
	スプリンターズS	ファインニードル	アドマイヤムーン（エンドスウィープ系）	アレスバローズ14着

　JRAのスプリントGIは、高松宮記念とスプリンターズSの2つ。ここ3年の勝ち馬のうち、セイウンコウセイ、ファインニードルの父はアドマイヤムーン、レッドファルクスの父はスウェプトオーヴァーボードで、ともにエンドスウィープ産駒。つまり、2016年スプリンターズSからエンドスウィープ系がスプリントGI5連覇を果たしている。

　エンドスウィープはフォーティナイナー〜ミスタープロスペクターとさかのぼる父系で、2歳戦にも強いスピード血統。スプリントGIの好走は当然ともいえるが、実はレッドファルクスとセイウンコウセイはともにサンデーサイレンスの血も持つ。**サンデーサイレンスの血をやや薄め、スプリント戦への適応力を高めるフォーティナイナーの血を父系に持つ馬が、日本の芝1200mに強いともいえる。**

［血統で馬の能力を見抜く］

能力は「主流／反主流」で見抜く

配合の基本は、血統を踏まえてその長所を伸ばすか、欠点を補うかである。たとえば、ディープインパクトにスピードタイプの大型牝馬が多く配合されているのは、小柄なディープインパクトの体格を補い、かつスピードを強化するためだ。それが成功すれば、そうした意味合いの配合がますます増えていく。

1 主流血統と反主流血統の捉え方

☑ 個性を伸ばす配合で活躍している種牡馬がいる

　地方競馬（NAR）のトップサイアーであるサウスヴィグラス（父エンドスウィープ）は、JRAでもダート短距離に強い種牡馬として存在感を示している。また、ダートを得意とする種牡馬という認知があるため、ダート路線の活躍馬の母の父としても名を連ねる。これはまさしく、**生産者がダート適性をより高める配合を意識しているから**である。

☑ ディープインパクト＝主流、サウスヴィグラス＝反主流

　中央競馬（JRA）の王道である芝のマイル〜中距離レースに強いディープインパクト産駒を"主流血統"とするなら、サウスヴィグラス産駒は"反主流血統"といえる。

　ただし、もしレース体系が逆で、ダート路線が王道になったとしたら、主流と反主流も入れ替わる。つまり、ディープインパクトが反主流血統となり、サウスヴィグラスが主流血統となるのである。**このことは、血統の違いは能力の優劣だけではなく、能力の方向性の違いであることを示している。**つまり、それぞれで優れた個性が異なるだけで、どちらも種牡馬として高く評価すべきなのだ。

2 足すか、補うかという配合の考え方

　配合を考える際のポイントは、**同じ方向性の能力を持った種牡馬と繁殖牝馬を配合してより個性を伸ばすか、その種牡馬に足りない能力の方向性を繁殖牝馬で補うかの2つ**である。

ただし、たとえば短距離に強いサクラバクシンオー系と芝の中距離チャンピオンであるサンデーサイレンス系を配合すると、芝の1600mを走れる産駒が増える代わりに、本来の得意距離である1200mや中距離以上のレースを苦手とする馬が出やすくなる。**得意距離が広がるのではなく、変わるだけなのだ。**

　ディープインパクトは日本で成功を収めた小柄な種牡馬であり、年々、大型の米国系繁殖牝馬との配合例が増えている。一方、小柄な欧州系繁殖牝馬との配合は敬遠される傾向にある。

ディープインパクト×スピード系牝馬の成功例

馬名	生年	主な競走成績	母（その特徴）
ジェンティルドンナ	2009年	牝馬3冠などG I 7勝	ドナブリーニ（英スプリントG I 馬）
サトノダイヤモンド	2013年	菊花賞、有馬記念など	*オーペン（仏スプリントG I 馬）
アルアイン	2014年	皐月賞など	ドバイマジェスティ（北米チャンピオンスプリンター牝馬）

*＝オーペンは母の父。

3　能力には相反する方向性がある

　競技用の自動車でもF1カーとダカールラリーなど、目的によって理想とするエンジンやギヤに違いがある。自動車に使うエンジンやギヤが物理的に相反するのと同じように、競走馬の能力にも相反するものがある。

おおまかに日本、欧州、米国という3つの地域で分けて考えたとき、日欧は芝向き、米国はダート向きとなる。残念ながら、芝でもダートでもチャンピオンになれるような、完璧なサラブレッドはなかなか生まれない。また、相反する能力の方向性は「芝／ダート」だけでなく、次のようなファクターで見ることもできる。

相反する能力の方向性（例）

芝	⇔	ダート
スピード（短距離）志向	⇔	スタミナ（長距離）志向
トルク（馬力）型	⇔	トップスピード（瞬発力）型
小柄	⇔	大柄
やわらかい筋肉（牝馬）	⇔	かたい筋肉（牡馬）
激しい気性	⇔	穏やかな気性

[血統で馬の能力を見抜く]

日米欧で異なる主流血統

サラブレッド生産の基本は、競走成績を物差しとして優秀な血統を後世に残すことにある。その際、重要視されるのがクラシックレースである。日本はイギリスにならってクラシックレースの体系を整備。クラシックレースの体系は各国で異なるが、そこで好成績をあげる血統が、その国の主流血統となる。

1 スピード能力の発揮のされ方が異なる

　すべての国・地域に共通するのは、競馬は「いかに速く走るか」を競うものであること。そのため、スピード能力の絶対値の高さは、どの国・地域でも共通して求められる。そのスピード能力の発揮のされ方が、各国のコース形態や馬場などの差によって変わってくるのだ。

　日本の主流は、日本ダービーやジャパンカップなどに代表される高速芝コースによる中距離戦。そのため、**道中は余力を残して追走し、最後の直線でスピードを爆発させる瞬発力**が求められる。

　米国の主流は、ケンタッキーダービーなどに代表されるダート戦や短〜中距離戦。そのため、**スタート後すぐにトップスピードに乗る加速力に加え、それをゴールまで少しでも長持ちさせる持続力**が必要になる。

　欧州の主流は、英国ダービーや凱旋門賞などに代表される芝の中距離戦。欧州の競馬場は自然の地形を活かしているために起伏が激しく、日本ほど走りやすい芝ではない。そのため、**そうした凸凹の路面でもスピードを落とさずに走り続けられる馬力と持久力**が求められる。

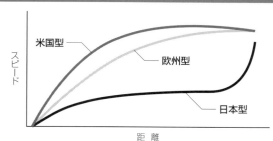

日米欧における能力発揮の違い

2 主流血統は国ごとで異なる

　近年の日本のクラシックレースの優勝馬は父系にサンデーサイレンスの血を持つ馬が多く、種牡馬リーディングの上位を独占している。同じように各国の種牡馬リーディングも同じ父系が上位を占める傾向にある。それが各国の「主流血統」である。

ただし、国によってリーディングの上位を占める父系、つまり主流血統は異なる。

　主要レースが平坦で小回りのダートで実施される米国では、父系にエーピーインディ（ナスルーラ〜ボールドルーラー系）、アンブライドルド（ミスタープロスペクター〜ファピアノ系）を持つ馬がリーディング上位に名を連ねている。いずれもダートに強い父系である。

　一方、自然の地形をそのまま活かした芝コースが舞台となる欧州では、父系にノーザンダンサー系を持つ馬が強い。中でも、ダンチヒやサドラーズウェルズの血を持つ馬がリーディングの上位を独占している。これらは、タフで馬力が要求されるレースに強い父系である。

日米欧で求められる能力の違い

日本型
瞬発力
中距離&高速芝コースが主流で、サンデーサイレンス系が強い。

米国型
加速力
持続力
短中距離&ダートコースが主流で、エーピーインディ系やアンブライドルド系が強い。

欧州型
馬力
持久力
起伏が激しい芝コースが主流で、サドラーズウェルズ系やダンチヒ系が強い。

[血統で馬の能力を見抜く]

日本・米国・欧州型の見分け方

日米欧で主流血統が異なるのは、国・地域ごとで求められる才能が違うからだ。そもそも国・地域によって歴史や成り立ちが異なるため、競馬場やコースに対する考え方・つくり方も異なる。欧米に遠征した日本馬がなかなか勝てないのは、そこで求められる能力の源泉となる「血」を持っていないからである。

1 「走りやすさ」を重視した高速馬場の日本

公営競馬、国営競馬という歴史を持つ日本の競馬はよく整備された人工コースで行われる。アップダウンのある競馬場もあるが、ヨーロッパに比べたらとるに足らない。スピードを落とさずにコーナーを回れるよう、スパイラルカーブを設けたコースもあるなど、「走りやすさ」に配慮されている。また、芝の育成やメンテナンス、ダートコースの整備も行き届いている。

日本の競馬場は競走馬にとって走りやすいコース環境であるため、ヨーロッパの芝と比べると、とにかく速い時計が出る。 それが欧州型の種牡馬が日本で不振だった最大の理由である。それと同時に、スタミナや馬力が不足して、ヨーロッパでは二流の成績しか残せなかった種牡馬の中に日本競馬へ高い適性を示すものがいた要因でもある。

日本の代表的なコース（東京競馬場）

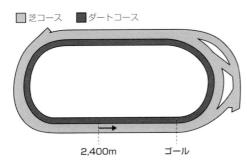

直線距離 525.9m で、高低差 2.7mの左回りコース。広いので走りやすい。最後の直線に入ったところに、やや坂がある。直線が長いので、差し・追い込みが決まりやすく、道中待機から直線一気というレースパターンが主流。そのため、トップスピードの速さ（瞬発力）が重要になる。

代表レース 日本ダービー、オークス、ジャパンカップ（すべて芝 2400m）

2 瞬発力の高さが武器の日本型血統

1990年代後半、爆発的な瞬発力を発揮するサンデーサイレンス産駒が登場するようになると、**能力のある馬ほど道中は待機し、末脚を温存させる戦法で勝つ馬が増えた**。それが道中でスタミナを温存させて直線のスピードで勝負という、昨今の典型的な日本競馬のスタイルを定着させた。

ディープインパクト産駒が増えた現在では、母系からさらにどれだけのスピードを取り込めるか、あるいはディープインパクトよりも先に仕掛けて最後までスピードを持続できる能力を持つか。こういったポイントでの勝負になるケースも増えつつある。

ディープインパクトと父子ダービー制覇を果たしたキズナ。メンバー最速の上がりタイム33.5という末脚を繰り出し、栄光をつかんだ。

日本型の高速芝コース向きの父系・種牡馬

父系(大系統)	主な種牡馬
サンデーサイレンス系	ディープインパクト、ハーツクライ
プリンスリーギフト系(ナスルーラ系)	サクラバクシンオー(2011年死亡)
エンドスウィープ系の一部 (フォーティナイナー 〜 ミスタープロスペクター系)	アドマイヤムーン

3 小回りダートコースと2歳戦が主流のアメリカ

米国競馬の隆盛は、19世紀後半に2歳馬の高額賞金レースが誕生したことに始まった。王侯貴族の趣味や道楽として始まった英国競馬と違

い、米国競馬は利益を追求するビジネスライクな位置づけにある。

　アメリカで2歳戦が重視されるのは、できるだけ早く競走馬を出走させ、早い時期に賞金を得ようという馬主の考え方が優先されているためだ。短中距離戦が主流なのも、レースを多く組むことができ、そのほうがより多くの賞金を稼ぐことができるからである。

　コースに対する考え方もビジネスライク。**小回りのダートが主流なのは、そもそも造成しやすく、1年間通して使えて、保守も簡単だからだ。**

　こうした背景により、アメリカでは芝向きの血統、晩成のステイヤー血統は軽視されている。

米国の代表的なコース（チャーチルダウンズ競馬場）

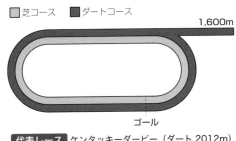

1周 1600m 程度。直線距離約 380m で、起伏はほとんどない平坦・小回りコースであるため、ダートであっても芝並みのスピードが出る。これはチャーチルダウンズに限らず、アメリカの多くの競馬場に共通する特徴。加速力を活かして先行して好位をとり、そのままゴールまで粘り込むレース展開が主流。

代表レース　ケンタッキーダービー（ダート 2012m）

4　加速力、持続力が求められる米国型血統

　アメリカでは、2歳戦から高額賞金レースが組まれる。また、クラシックレースである米3冠戦は、初戦のケンタッキーダービーから1ヵ月足らずの短期間ですべて行われる。古馬も含めると、ブリーダーズカップ・クラシックを頂点とするダート中距離が王道路線だが、トータルでは短距離戦が圧倒的に多い。

　いずれも平坦な小回りコースで行われるため、スピードの絶対値の高さはもちろん、**スタートしてすぐにトップスピードまで引き上げられる加速力、スピードをゴールまで維持する持続力が求められる。**ハイペースに強い分、スピード任せの一本調子になりやすく、追い比べは苦手で底力に欠ける傾向がある。**仕上がりが早く、2歳戦向きの血統でもある。**

米国型の2歳戦・ダート向きの父系・種牡馬

父系（大系統）	種牡馬（日本供用馬）
エーピーインディ系（ナスルーラ系）	タピット
フォーティナイナー系（ミスタープロスペクター系）	フラワーアレイ（サウスヴィグラス　スウェプトオーヴァーボード）
ファピアノ系（ミスタープロスペクター系）	キャンディライド（エンパイアメーカー）
スマートストライク系（ミスタープロスペクター系）	カーリン
ストームバード系（ノーザンダンサー系）	ジャイアンツコーズウェイ（ヨハネスブルグ、ヘニーヒューズ）
ヴァイスリージェント系（ノーザンダンサー系）	ゴーストザッパー（クロフネ）

5　起伏が激しく、荒れた芝が特徴的なヨーロッパ

ヨーロッパの競馬は伝統的に長距離の能力を競う歴史が長く、スピードを追求するようになったのはずっとあとのこと。**競馬場は自然の起伏をそのまま利用していることが多く、起伏が激しいうえに不規則になっている。**

英国ダービーが行われるエプソム競馬場の高低差は40m以上もあり、距離も12F6y（約2420m）と半端である。このようにヨーロッパの歴史や伝統のあるレースには、半端な距離設定のものが多い。

欧州の代表的なコース（エプソム競馬場）

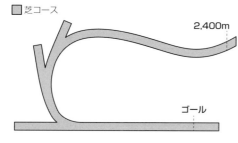

■ 芝コース
2,400m
ゴール

代表レース
英国ダービー、英国オークス（芝2420m）

馬蹄型をした全長2420mの芝コース。最終コーナーからゴールまでは約600m。向こう正面（バックストレッチ）で上り、徐々に平坦になっていき、最終コーナーまで下り、最後の直線200mから急坂を上るというアップダウンの厳しいコース（高低差約40m）。起伏が激しく、荒れた芝でスピードを落とさずに走り続けるための馬力と持久力が求められる。

6 馬力と持久力が求められる欧州型血統

　ヨーロッパの競馬では、タフな芝中長距離戦でペースの緩急に対応できる底力に富み、ゴール前の粘り強さに優れている父系が主流血統となっている。アメリカのようにスタート直後からスピードを上げるケースは少なく、徐々に加速してゴール前の追い比べで勝負が決する。

　そのため、**ヨーロッパの主流血統は馬力と持久力に優れるが、日本の馬場ではスピード不足を露呈し、重馬場限定となることが多い。**

　近年の欧州リーディングサイアー・ランキングの上位はサドラーズウェルズ系やダンチヒ系（ともにノーザンダンサー系）が主流だが、母系に伝統的で重厚なスタミナ型の血を取り込んでいることが多い。

欧州型のタフな芝コース向きの父系・種牡馬

父系（大系統）	種牡馬（日本供用馬）
サドラーズウェルズ系（ノーザンダンサー系）	ガリレオ（メイショウサムソン）
ダンチヒ系（ノーザンダンサー系）	シーザスターズ（ハービンジャー）
シーキングザゴールド系（ミスタープロスペクター系）	ドバウィ（マイネルラヴ）
グレイソヴリン系（ナスルーラ系）	シルヴァーフロスト（ジャングルポケット）
ネヴァーベンド系（ナスルーラ系）	ダラカニ（コンデュイット）
レッドゴッド系（ナスルーラ系）	ルアーヴル（バゴ）
リボー系（エクリプス～セントサイモン系）	プレゼントリーパーフェクト（タップダンスシチー ※直系父系はほぼゼロ）

7 レース条件を読み、それに最適な血統の馬を見抜く

　その国や地域でどのような血統が繁栄してきたかを読み解くことができれば、その国や地域の競馬で求められている能力の方向性がわかる。つまり、**血統とはサラブレッドの「能力の設計図」であるとともに、**

「能力遺伝のデータベース」でもあるといえる。

　こうした能力の方向性は、ここまで解説してきたように日本型、米国型、欧州型の3つの国タイプと、距離別の勝ち星比率（距離適性）だけでおおよそ把握できる。

　世界で行われているすべての競馬のレース条件と、あらゆる血統はすべて日米欧の3タイプに分類することができる。つまり、**日米欧のどのタイプが走るレース条件かを読み、出走馬の中でもっともそのレース条件に適した血統の馬はどれかを見抜くことが、血統予想の基本**となる。なお、レース条件については第3章で、血統については第4章で、それぞれ詳しく解説する。

日米欧のレース条件と血統

日本型　コンディションがよく、走りやすい芝コースが多い。

「瞬発力の高さ」
直線でのスピード勝負に強い血統。

米国型　平坦小回りで、スピードが出しやすいダートコースが多い。

「スピードの持続力の高さ」
スピードを維持し続けられる血統。

欧州型　起伏が激しく、タフな芝になりやすいコースが多い。

「馬力や持久力の豊富さ」
タフな路盤でもスタミナを消耗しない力を持つ血統。

[血統で馬の能力を見抜く]

サンデー系は３タイプで把握する

サンデーサイレンス系は日本だけに広がる系統にすぎない。ただし、日本においてサンデーサイレンスの血を引く種牡馬は、孫世代を含めると150頭を超える勢いで、リーディング上位の種牡馬も数多い。血統予想を行うためには、サンデーサイレンス系種牡馬の特徴を把握することが大切になる。

1 芝ダート適性と距離適性で３タイプに分類

　サンデーサイレンス産駒はJRAで2,698勝（障害レースを除く）しているが、その4分の3が芝。平均勝ち距離は芝が1,760m、ダートが1,620mだから、**芝の中距離馬を多く出したことがわかる。**

　日本では父サンデーサイレンス系の種牡馬が増え、その中でさらに得意な条件が適性ごとに枝分かれするようになった。これは欧州や米国で、ノーザンダンサー系やミスタープロスペクター系が適性ごとに枝分かれしている現象に近い。

　そこで、サンデーサイレンスも種牡馬ごとにグループ分けすれば、より実践的に血統を予想に活用できるようになる。具体的には、**芝の中長距離に強いTサンデー系、芝の短距離〜マイル戦に強いPサンデー系、ダート戦に強いDサンデー系**の3タイプに分類する。

サンデーサイレンス系の分類

	Tサンデー系	Pサンデー系	Dサンデー系
特徴	芝の1800m以上のレースに強い。	芝の1600m（マイル）以下のレースに強い。	ダート戦に強い。基本的に距離は不問。
代表的な種牡馬	・ディープインパクト ・ハーツクライ ・ステイゴールド ・スペシャルウィーク	・ダイワメジャー ・アグネスタキオン ・フジキセキ ・マツリダゴッホ	・ゴールドアリュール ・ネオユニヴァース

2 競走成績と産駒成績は一致しないこともある

☑ 父子で距離適性は異なる場合がある

　ディープやダイワメジャー、ゴールドアリュールなど、一般的には自

身の特徴を受け継ぐ産駒が多い。**ただし、フジキセキやマツリダゴッホのように競走成績が特殊な馬は、産駒の実績のほうがより参考になる。**

　フジキセキ（Pサンデー系）は4戦4勝で引退し、最長勝ち距離は2000m（弥生賞）。一般的に古馬になると中長距離GⅠでは勝ちきれなくなる馬も、3歳前半までなら中距離GⅠで勝ち負けすることができる。また、母にウォーレリック（マンノウォー系）のインブリードがあり、ボールドルーラー（ナスルーラ系）の血を持つ米国型の血統構成であることが影響しているのだろう。

　マツリダゴッホは芝2500mの有馬記念を勝ったが、重賞勝利はすべて中山の芝。つまり、小回りの中山芝だけがズバ抜けて得意なマイラー寄りの馬だった。産駒の平均勝ち距離が芝で1500m弱になるのも、本質的に米国色の強い母系の特徴を引き継いだマイラーだからだろう。

☑ 父子で芝ダート適性が異なる場合もある

　皐月賞と日本ダービーの2冠馬で、菊花賞でも3着になったネオユニヴァース（Dサンデー系）の成績は芝の中長距離馬だった。ただし、重賞勝ちのうち、日本ダービーときさらぎ賞は重馬場、大阪杯は稍重で、パワーのいるレースを得意としていた。

　そのためか、トータルで見ると、産駒は芝よりダートの勝利数が多い。日本のダート中距離はゴールドアリュールのように、芝から転向した二刀流に近いダート馬も活躍できる。ネオユニヴァースはゴールドアリュールほどダート色が強くないが、サンデーサイレンス系の中ではダート色の強いタイプといえる。

　ネオユニヴァース産駒のヴィクトワールピサはドバイ・ワールドカップ勝ち馬。日本では有馬記念、皐月賞と中山芝GⅠで優勝した。産駒の成績を見ると、芝の勝ち馬が7割以上で、平均勝ち距離は1763m。これは母の父がマキャヴェリアン（欧州型ミスタープロスペクター系）で、欧州色の濃い母系の影響を受けている。ネオユニヴァースよりも、ダート中距離芝適性を薄め、その分、芝適性を上げている。ただし、母馬がダート適性の高いタイプと配合すれば、ダート中距離や軽いダート1400m以上で走る産駒が出る下地も残した血統だ。

　このように、サンデーサイレンス系種牡馬は母系の血統構成と現役時代の競走成績から、種牡馬の特徴を推測できる。

[血統で馬の能力を見抜く]

凱旋門賞を血統で読み解く

凱旋門賞は世界最高峰とも称されるレース。近年はノーザンダンサー系が強く、とくにサドラーズウェルズ系、ダンチヒ系が主流。そもそも最近の凱旋門賞は、出走馬のほとんどの父系がノーザンダンサー系で占められる。日本でどんなに強くとも、凱旋門賞に適した血を持たないと厳しいレースとなる。

1 凱旋門賞勝ち馬の血統

現在の斤量（3歳牡56kg、4歳上牡59.5kg、牝馬-1.5kg）に変更された**1995年以降の勝ち馬24頭（連覇のトレヴとエネイブルも2頭としてカウント）の父系は、ノーザンダンサー系19頭、ミスタープロスペクター系2頭、ナスルーラ系が3頭となっている**。なお、ナスルーラ系は2004年のバゴを最後に、勝ち馬を出していない。

ノーザンダンサー系の内訳はサドラーズウェルズ系が8頭、ダンチヒ系が5頭、ニジンスキー系が3頭、その他が3頭。2011年以降で、4勝している。

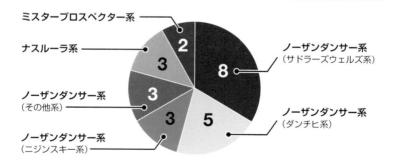

凱旋門賞の父系の割合（1995年以降）

凱旋門賞ではミルリーフ（ネヴァーベンド系）の血も重要。2012年にオルフェーヴルに勝ったソレミアは、父ポリグロートがサドラーズウェルズ産駒で、母の父の父がミルリーフ。2017年の勝ち馬エネイブルや2008年の勝ち馬ザルカヴァは、祖母の父がミルリーフ産駒だった。

2 母子で制した凱旋門賞

　凱旋門賞の父子制覇はモンジューとハリケーンランなど6組が記録。しかし、母子制覇はデトロワとカーネギー、アーバンシーとシーザスターズの2組だけ。近年は牝馬の活躍が目立ち、直近10年中7勝が牝馬。**近いうちにその産駒により、母娘制覇が達成されるかもしれない。**

凱旋門賞勝利馬（2008～2017年）

年	勝ち馬	父	父系
2009年	シーザスターズ	ケープクロス	ノーザンダンサー～ダンチヒ系
2010年	ワークフォース	キングズベスト	ミスタープロスペクター系
2011年	デインドリーム（牝）	ロミタス	ノーザンダンサー～ニジンスキー系
2012年	ソレミア（牝）	ポリグロート	ノーザンダンサー～サドラーズウェルズ系
2013年	トレヴ（牝）	モティヴェーター	ノーザンダンサー～サドラーズウェルズ系
2014年	トレヴ（牝）	モティヴェーター	ノーザンダンサー～サドラーズウェルズ系
2015年	ゴールデンホーン	ケープクロス	ノーザンダンサー～ダンチヒ系
2016年	ファウンド（牝）	ガリレオ	ノーザンダンサー～サドラーズウェルズ系
2017年	エネイブル（牝）	ナサニエル	ノーザンダンサー～サドラーズウェルズ系
2018年	エネイブル（牝）	ナサニエル	ノーザンダンサー～サドラーズウェルズ系

3 日本ダービーと凱旋門賞は対極にある

☑ サドラーズウェルズの血を持たない日本ダービー馬たち

　2017年の凱旋門賞に挑戦したサトノダイヤモンドは、5代血統表にサドラーズウェルズもミルリーフも持っていない。これではどんな馬場状態だったとしても、血統的には狙いが立たない。同じことは、前年に挑戦したマカヒキにもいえる。

　マカヒキを含め、2008～2017年の日本ダービー馬10頭は5代血統表にサドラーズウェルズを持たない。このことは欧州最強であるサドラーズウェルズの血が、日本ではマイナス要素になりかねないことを示している。**日本ダービーを勝つ「スピード」を追求し続けた結果、凱旋門賞を勝つために必要な馬力やスタミナの源となるサドラーズウェルズやミルリーフの血は、遠ざけられてしまったのだ。**

☑ 日本の競走馬が凱旋門賞に勝つためには？

これまでの凱旋門賞を見るかぎり、日本馬の失速は馬力不足によるところが大きい。日本において有利な才能を磨いたことで、欧州の競馬には不向きな才能を獲得してしまったのだ。その結果、日本ではサンデーサイレンス系が出走馬の大半を占め、父ノーザンダンサー系はほとんどいないという、欧州とは対極の血統構成の中でレースが行われている。

日本のチャンピオンホースに、凱旋門賞へ挑戦してほしいと願うのは当然だろう。ただし、血統面で考えると日本での成績に関係なく、**サドラーズウェルズやミルリーフの血を持つサンデーサイレンス系の競走馬が挑戦したほうが、勝利の可能性は高くなると考えられる**。

4 日本に来た凱旋門賞馬

歴代の凱旋門賞馬のうち、日本に種牡馬として輸入されたのは15頭。そのうち、成功といえるのは2頭の天皇賞馬を出したセントクレスピン（1956年生）、ダンシングブレーヴ（1983年生）、トニービン（1983年生）くらい。前評判が高かったラムタラ（1992年生）やパントレセレブル（1994年生）は期待外れだった。

このことは、**凱旋門賞を勝てる血統はヨーロッパでこそ主流血統として強さを発揮できるが、日本では反主流血統となる**ことを示している。

日本に種牡馬・繁殖牝馬として輸入された凱旋門賞馬

勝利年	馬名	父系	LSランキング最高位	日本での代表産駒
1986	**ダンシングブレーヴ**	ノーザンダンサー系	6位	キングヘイロー
1988	**トニービン**	ナスルーラ系	1位	ジャングルポケット
1989	キャロルハウス	ターントゥ系	22位	エイシンサンサン
1994	カーネギー	ノーザンダンサー系	56位	ホオキパウェーヴ
1995	ラムタラ	ノーザンダンサー系	16位	メイショウラムセス
1996	エリシオ	ノーザンダンサー系	22位	ポップロック
1997	パントレセレブル	ノーザンダンサー系	71位	ピュアブリーゼの母の父
2002	マリエンバード	ノーザンダンサー系	66位	グランシング
2004	バゴ*	ナスルーラ系	36位	ビッグウィーク
2010	ワークフォース	ミスタープロスペクター系	39位	アドマイヤウィナー

＊＝現在、日本で供用中。

5 どの血統の馬に適したレース条件かを読む

　日本の生産界はサンデーサイレンスが登場した1990年代から、サンデーサイレンスの血を中心に動いている。2008～2017年のダービー馬10頭はサンデーサイレンス系かキングマンボ系で、ノーザンダンサー系の勝利は2006年（メイショウサムソン）が最後。しかも、10頭すべてがサドラーズウェルズの血を持っていない。

　サンデーサイレンス系の血を活かすため、海外から優れた繁殖牝馬が続々と導入され、中にはサドラーズウェルズの血を持つ名牝も多くいた。**しかし、その産駒はこの10年、日本ダービーを勝てていない。**

サドラーズウェルズ系種牡馬の成功例

馬名	日本での代表産駒（主な勝ち鞍）
シングスピール	アサクサデンエン（安田記念など）
	ローエングリン（マイラーズCなど）
	ライブコンサート（京都金杯など）
オペラハウス	テイエムオペラオー（ジャパンカップなど）
	メイショウサムソン（日本ダービーなど）
	マジェスティバイオ（中山大障害など）

　GⅠ馬こそ出ているが、ときに大物を出す一発屋にとどまり、日本競馬への適性は決して高くない。とくに近年は、オペラハウス産駒がGⅠを勝てた時代に比べ、日本の馬場はさらに走りやすくなった。これより、サンデーサイレンス系は増え、サドラーズウェルズ系は不遇をかこっている。

　同じく、アメリカの主流血統であるエーピーインディ系やアンブライドルド系は、日本の高速芝では「反主流」の父系となる。**ただし、サドラーズウェルズ系、あるいはそれを含むノーザンダンサー系という父系は、雨天などによりヨーロッパのようなタフな馬場になれば、がぜん注目すべき存在となる。**

　つまり血統予想では、どのような血統の馬に適したコースなのか、馬場状態を含めた「レース条件を読む」ことがとても重要になる。

[血統で馬の能力を見抜く]

日本の主流血統は"2強"だ

競馬の祭典ダービーを頂点とするクラシックレースを勝つことは、ホースマンの最高の栄誉とされる。日本のクラシックは、牡馬が2000m・2400m・3000m、牝馬が1600m・2400mで競われる。近年はサンデーサイレンス・ディープインパクト親子 V.S. キングカメハメハの様相を呈している。

1 サンデーサイレンス系が他を圧倒

　ノーザンテースト産駒が初めてクラシックを勝った1982年以降、クラシックレース（桜花賞・皐月賞・ダービー・オークス・菊花賞）を5勝以上した種牡馬は、ノーザンテースト、トニービン、ブライアンズタイム、サンデーサイレンス、ステイゴールド、キングカメハメハ、ディープインパクトの7頭。中でもサンデーサイレンスは、**66勝となり、過半数を超える**（120レース＝1995〜2018年末）。

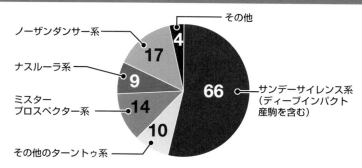

クラシック勝ち馬の父系（1995〜2018年）

2 ディープインパクトの好成績を支える配合の妙

　ディープインパクト産駒はわずか6世代でクラシック全5レースに勝ち、計13勝をあげている（2017年時点）。毎年1つ以上のクラシックを勝っていることになり、この点で偉大な父を上回る。

その要因はディープインパクト自身の優れた資質はもちろんだが、牧場側が質の高い繁殖牝馬を集め、ディープインパクト産駒の特徴を引き出せる育成施設に設備投資している点も大きい。名手である武豊騎手に「飛んだ」と言わしめるほど軽い走りをしたディープインパクトだが、自身は芝2000 m以上のレースを選び、常に間隔をあけたローテーションで出走。武豊騎手は常に追い込み策で、スピードを勝負どころまでタメ込む競馬を続けた。

　生産者も芝の中長距離で、脚をタメて直線でスピードを爆発させるその特徴を産駒にも遺伝させるべく、繁殖牝馬を選別。ディープインパクト産駒の特徴を無駄にしない施設も用意している。そのことも、6年連続リーディングサイヤーという成績に結びついている。

3　キングカメハメハ系の攻勢

☑ ついにダービー馬を輩出したキングカメハメハ

　打倒ディープインパクトの1番手は、1歳上であるキングカメハメハ。その産駒はディープインパクト産駒より2年早くデビューしている。2世代目から3冠牝馬アパパネを輩出したが、牡馬クラシックでは惜敗が続き、ようやく7世代目のドゥラメンテが2冠馬（皇月賞、日本ダービー）となり、1年おいてレイデオロが日本ダービーに勝利。**クラシックでも、キングカメハメハの存在感が増している。**

☑ キングカメハメハ × 内国産牝馬という好配合

　体調不良で種付け頭数が激減し、血統登録頭数がわずか50頭だった2014年生まれから、世代の頂点に立つダービー馬（レイデオロ）を出したことは高く評価できる。今後は産駒数も戻り、ルーラーシップ（初年度産駒キセキが菊花賞に勝利）やロードカナロアら、後継種牡馬も充実するため、非サンデーサイレンス系としてさらに期待は大きくなるだろう。

　キングカメハメハの配合相手は、輸入牝馬が多いディープインパクトと違い、サンデーサイレンス系を中心とする内国産牝馬が多い。ドゥラメンテとレイデオロという2頭のダービー馬も、国内きっての名牝系との配合で誕生している。

キングカメハメハ×サンデーサイレンス系繁殖牝馬の成功例

馬名	主な勝ち鞍	母(母の父)	ポイント
ローズキングダム	朝日杯FS、ジャパンC	ローズバド（サンデーサイレンス）	母はオークスやエリザベス女王杯などで2着した実績がある。
ドゥラメンテ	皐月賞、日本ダービー	アドマイヤグルーヴ（サンデーサイレンス）	母はエリザベス女王杯を連覇。祖母エアグルーヴはオークス馬で、年度代表馬にもなった女帝。
エアスピネル	京都金杯、富士S、マイルCS2着	エアメサイア（サンデーサイレンス）	母は秋華賞の勝ち馬。

4 キングカメハメハとディープインパクトに向く馬場

　2004年のキングカメハメハ、2005年のディープインパクトのダービーの勝ち時計は同タイム（2分23秒3）で当時のレコード。ただし、ディープインパクトは4コーナー10番手で、上がりタイムは33.4秒。キングカメハメハは4コーナー3番手で、上がりタイムは35.4秒。

これは、ディープが速い上がりを出せる馬場で末脚を爆発させたこと、キングカメハメハは上がりのかかる馬場でスピードを持続して押し切ったことをそれぞれ示す。両馬の産駒もそうした馬場を得意とし、前者はサンデー系の個性、後者はミスタープロスペクター系の個性でもある。

ディープインパクトV.S.キングカメハメハ（2018年末現在）

		ディープインパクト		キングカメハメハ	
生年・毛色		2002年3月25日　鹿毛		2001年3月20日　鹿毛	
クラシック／重賞		15／189		6／110	
コース		芝(1785m)	ダート(1699m)	芝(1791m)	ダート(1666m)
勝利数		1,610	153	930	791
良／稍重・重・不		1,328／282	109／44	772／157	489／302
距離別勝利数	～1400m	211	30	181	200
	～1800m	893	111	404	506
	～2200m	436	7	258	65
	～2600m	111	5	86	20
	2600m～	3	0	1	0
産駒の特徴		・直線での瞬発力が高い。 ・直線の長いコースが得意。 ・スピード系の母系が好成績。 ・走ることに対して、とても前向きな気性。		・スピードの持続力が高い。 ・ダートは6年連続LS。 ・産駒はバラエティに富む。 ・ディープインパクト産駒が苦にする馬場でも動ける。	

※両馬の5代血統表はP.66。

5 ディープインパクトの凡走が好配当を生む

　ディープインパクト産駒は道中で余力を残し、ゴール前の直線で爆発的な瞬発力を競うレース展開で強さを発揮する。そのため、東京競馬場の芝コースに代表される直線の長いコース、中でも直線で最高スピードを発揮できるような馬場を得意としている。このような軽い馬場、外差しが決まる馬場は日本の主流馬場となっている。

　反対に、道中からエネルギーの消耗が大きくなり、バテてから粘り強さを競うようなレース展開を苦手としている。つまり、直線でスピードを発揮できない馬場、外差しが決まらない馬場など、反主流馬場では人気を裏切る可能性が高くなるのだ。

　ディープインパクト産駒は人気になりやすいので、そうした馬場こそ、リーディング下位の種牡馬やダートシェアの高い種牡馬など、反主流血統の産駒の出番。ディープインパクト向きの主流馬場なのか、反主流馬場なのか、それを読みきれば高配当が期待できるだろう。

6 ディープとキンカメの血統を比較！

☑ ディープとキンカメの共通点と相違点は？

　ディープインパクトとキングカメハメハは2011年以降、リーディングサイヤー・ランキングで2強を形成している。ともに現役時代はダービーを優勝。産駒もダービーを優勝。日本の芝適性に高い適性を示した種牡馬であることも同じだ。

　ただし、**ディープインパクトは「直線でのスピード勝負」への強さをより強化した種牡馬**であるのに対して、**キングカメハメハはディープインパクトより「スプリント適性＋ダート適性」にシフトした種牡馬**である。実はキングカメハメハは、母の父がサンデーサイレンス系ではない繁殖牝馬と配合した場合、ダートのほうが勝ち星が多くなる。これはキングカメハメハは、ダート指向も強い種牡馬であることを示している。

☑ それぞれ最適な繁殖牝馬が異なる

　ディープインパクトは日本の芝レースでは、馬体を大型化してスピードを強化する繁殖牝馬との配合に成功例が多い。具体的にはダンチヒ

系、米国型ノーザンダンサー系、大系統ミスタープロスペクター系との配合だ。大型化や早熟化の要素を持った母の父との成功例が多いといえる。

　一方、**キングカメハメハは母の父が日本の芝中長距離ＧⅠ馬、もしくは母馬が日本の芝ＧⅠレースで好走実績のある配合で、芝中距離ＧⅠの活躍馬を出す。**

　ディープインパクト産駒は複数の牝馬が牡馬混合の中長距離ＧⅠで

ディープインパクト（2002年 牡 鹿毛 日本産）14戦12勝

サンデーサイレンス Sunday Silence（米） 1986 青鹿毛	Halo （米） 1969　黒鹿毛	Hail to Reason 1958 黒鹿毛	Turn-to 1951	Royal Charger
				Source Sucree
			Nothirdchance 1948	Blue Swords
				Galla Colors
		Cosmah 1953　鹿毛	Cosmic Bomb 1944	Pharamond
				Banish Fear
			Almahmoud 1947	Mahmoud
				Arbitrator
	Wishing Well （米） 1975　鹿毛	Understanding 1963 栗毛	Promised Land 1954	Palestinian
				Mahmoudess
			Pretty Ways 1953	Stymie
				Pretty Jo
		Mountain Flower 1964 鹿毛	Montparnasse 1956	Gulf Stream
				Mignon
			Edelweiss 1959	Hillary
				Dowager
ウインドインハーヘア Wind in Her Hair（愛） 1991 鹿毛 FNo.[2-f]	Alzao （米） 1980 鹿毛	Lyphard 1969 鹿毛	Northern Dancer 1961	Nearctic
				Natalma
			Goofed 1960	Court Martial
				Barra
		Lady Rebecca 1971 鹿毛	Sir Ivor 1965	Sir Gaylord
				Attica
			Pocahontas 1955	Roman
				How
	Burghclere （英） 1977　鹿毛	Busted 1963 鹿毛	Crepello 1954	Donatello
				Crepuscule
			Sans le Sou 1957	ヴィミー（仏）
				Martial Loan
		Highclere 1971 鹿毛	Queen's Hussar 1960	March Past
				Jojo
			Highlight 1958	Borealis
				Hypericum

勝利しているが、キングカメハメハ産駒の牝馬で牡馬混合の芝中長距離GⅠを勝った馬はいない。

　牡馬混合の芝中長距離GⅠでは、ディープインパクト産駒は母馬がスピードとパワーに長けた繁殖牝馬との配合、キングカメハメハはスタミナと芝適性が長けた繁殖牝馬との配合で、それぞれ結果を出すことが多い。つまり、両者は真逆に近い傾向を示す。

キングカメハメハ（2001年 牡 鹿毛 日本産）8戦7勝

Kingmambo （米） 1990 鹿毛	Mr. Prospector （米） 1970 鹿毛	Raise a Native 1961 栗毛	Native Dancer 1950	Polynesian
				Geisha
			Raise You 1946	Case Ace
				Lady Glory
		Gold Digger 1962 鹿毛	Nashua 1952	Nasrullah
				Segula
			Sequence 1946	Count Fleet
				Miss Dogwood
	Miesque （米） 1984 鹿毛	Nureyev 1977 鹿毛	Northern Dancer 1961	Nearctic
				Natalma
			Special 1969	Forli
				Thong
		Pasadoble 1979 鹿毛	Prove Out 1969	Graustark
				Equal Venture
			Santa Quilla 1970	Sanctus
				Neriad
マンファス Manfath（愛） 1991 黒鹿毛 FNo.[22-d]	ラストタイクーン Last Tycoon（愛） 1983 黒鹿毛	トライマイベスト Try My Best（米） 1975 鹿毛	Northern Dancer 1961	Nearctic
				Natalma
			Sex Appeal 1970	Buckpasser
				Best in Show
		Mill Princess 1977 鹿毛	Mill Reef 1968	Never Bend
				Milan Mill
			Irish Lass 1962	Sayajirao
				Scollata
	Pilot Bird （英） 1983 鹿毛	Blakeney 1966 鹿毛	Hethersett 1959	Hugh Lupus
				Bride Elect
			Windmill Girl 1961	Hornbeam
				Chorus Beauty
		The Dancer 1977 鹿毛	Green Dancer 1972	Nijinsky
				Green Valley
			Khazaeen 1968	Charlottesville
				Aimee

ウマとヒトとの父子制覇

武豊による父子孫3代ダービー制覇も夢ではない!?

「ダービー馬はダービー馬から」という言葉があるが、これまで日本ダービーの父子制覇は11組が達成（2017年末現在）。そのうち7組が2000年代以降となっており、内国産種牡馬のレベルアップを示している。

ビッグレースの父子制覇を同一騎手で達成するケースは少なくないが、さすがにダービーとなると難しく、ディープインパクトとキズナ（武豊）だけ。キズナの仔で、ダービー父子孫3代制覇に夢がふくらむ。

ちなみに父子でダービージョッキーとなったのは、中島時一（1937年のヒサトモ）・啓之（1974年のコーネルランサー）、武邦彦（1972年のロングエース）・豊（1998年のスペシャルウィークほか4頭）の2組だけである。

調教師による父子制覇＆調教師父子による制覇

近年の同一調教師による父（母）子GⅠ制覇としては、ハーツクライとワンアンドオンリー（橋口弘次郎師）、ルーラーシップとキセキ、シーザリオとエピファネイア・リオンディーズ（ともに角居勝彦師）などの例がある。調教師父子によるGⅠ制覇では、ディープインパクトなどを管理していた池江泰郎師（父）と、ステイゴールドなどを管理していた池江泰寿師（子）が14勝と突出している。

父や母を管理した経験値や血統への理解が活きるため、調教師が成功した馬の仔を預かるケースは少なくない。騎手も同様である。

ただし、そうした競走成績につながる利点だけでなく、親子でのGⅠ制覇は当事者だけでなく、関係者や競馬ファンも夢を託して楽しめる競馬の醍醐味の1つとなっている。

サラブレッドの才能には、相反する要素がある。
たとえば、芝適性が高まれば、ダート適性は下がる。
血統予想をするうえで大切なのは、
予想するレースの条件を把握し、
そのレース条件にもっとも適した血統の馬を見抜くこと。
第3章では、さまざまなレース条件ごとに
どんな血統が適しているのかについて解説する。

[レース条件から激走馬を予想する]

血統で勝ち馬を予想する

サラブレッドは血統を考え抜いて配合されている。配合相手を選ぶ基準はさまざまだが、ブリーダー（生産者）は生まれてくる産駒の能力に想像を巡らせながら、あらゆる可能性を検討する。血統表はそのためのもっとも大切な資料であり、「能力を示す設計図」そのものといえる。

1 競走馬の能力を予測する

　サラブレッドは誕生から育成、入厩、出走まで、多くの人の手によって成長を促され、新馬戦というデビューの日を迎える。それぞれのプロセスで優れたプロが関わるが、**その誰もが「血統」というフィルターを通して、その馬の能力を読み取ろうとする。**

　その競走馬が少しでもよい成績を残せるようにするため、厩舎関係者や馬主は血統構成や兄弟馬、ファミリーの競走成績を考慮して、最適なレースを選ぼうとする。

　それは競馬を楽しむファンも同じで、父・母の成績や血統構成などからその能力を予測して勝ち馬を予想する。

2 血統が競馬予想を面白くする

　競馬新聞には必ず父、母、母の父が記載されている。さらには兄や姉、近親の名前が記載されることもある。なぜなら、**競馬において、血統は欠かせない予想ファクター**だからだ。

　予想と血統が結びついていることを示す一例に、新馬戦がある。すべての馬が初出走となる新馬戦の場合、競馬新聞から得られる判断材料は血統と調教、関係者のコメントくらい。この中で、**どの新聞を見ても同じ情報を得られるのが血統**だ。

　詳しくは108ページで述べるが、新馬戦では良血馬に人気が集まりやすいが、それよりも仕上がりが早く、競走意欲にあふれる血統を見抜くことがポイントになる。**人気に惑わされず、そのレースに適した才能を見抜く。これが血統予想の基本である。**

70

3 未経験の条件への適性を予測する

☑ 頭打ちのときは目先を変える

厩舎関係者は「1勝」を上げるため、より勝てそうな条件を模索する。勝てば、次走以降も同じような条件が選ばれ、勝てずとも好走すれば、やはり同じような条件が選ばれるだろう。それでも、**勝てる馬はごくひとにぎりで、好走してきた条件での成績が頭打ちになることがある**。すると、コースや距離など異なる条件を試したくなる。いわゆる、**「目先を変える」**のだ。

☑ 目先を変えるときの根拠は血統

競馬の面白さは、こうして目先を変えたときに、競走馬が能力を発揮できるかどうかを「血統」から予測できることだろう。

たとえば、これまで芝を走ってきた馬が、初めてダートを走ったとする。その結果、①ダート適性が目覚めて勝つ、②2走目に一変して勝つ、③ダートは合わない、という3パターンが起こり得る。

目先を変えたときも血統予想の出番!

厩舎関係者
(調教師など)

血統的に
ダートを
こなせると思う。

初ダートに挑戦

パターン① ダート適性が目覚めて勝利!
コース変更をした馬は人気になりにくいため、血統予想で適性を見抜いていれば、好配当の可能性大!

パターン② 2走目に一変して勝つ!
1回、ダートを経験したことで適性が目覚める馬もいる。そういうタイプの血統だと見抜いていれば、前走凡走で人気が下がったところを狙える!

パターン③ ダートは合わない
何回走っても凡走を続ける馬は、ダートが合わない。血統予想でダート適性を見抜いていれば、自信を持って切れる。

条件変更は、父よりも母の父や母の現役時代の競走成績がヒントになることが多い。なぜなら、父の適性を頼りにデビューから使われる馬が多く、それでは成績が上がらないときに、条件変更が行われることがよくあるからだ。

こうしたことも、「血統」を通じて競馬を見る醍醐味の1つである。

[レース条件から激走馬を予想する]

能力には相反する要素がある

血統予想の基本は、血統的にそのレース条件に合った馬を見抜くこと。ただし、同じ競馬場の同じコースで行われたとしても、馬場状態や出走メンバーなどによってレース条件が変化し、それまでの長所が短所に、短所が長所に変わることがある。常に当日のレース条件に合った血統を見抜くことが重要になる。

1 血統はサラブレッドの能力を予測する究極のツール

・血統とは、競走馬の能力の方向性を示す設計図である。
・競馬で勝つために要求される能力は、常に一定ではない。
・能力には、相反する要素がある。

　このことから導き出されるのは、**血統はサラブレッドの才能を予測する究極のツール**であり、**このツールを活かすためには「相反する能力」の見極めが重要**だということだ。

　たとえば、配合時にスピードを追い求めすぎれば、スタミナが落ちる。最高速度を上げようとすれば、馬力が落ちる。競争心にあふれた前向きな激しい気性を追求すれば、人によるコントロールが難しくなる。そのため、実際のレースでも次のようなケースがしばしば起こる。
・瞬発力を武器とする馬が、道悪になると末脚不発で馬群に沈む。
・速い持ち時計のない馬が、時計のかかる馬場で勝ち負けに持ち込む。
・折り合いに不安のある馬が、距離短縮のハイペースで能力全開になる。

2 そのレースで問われる能力を見極める

　オリンピック選手と一般人とでは、運動能力に大きな差がある。競走馬も同じで、絶対能力には差がある。それでも競馬が成り立つのは、多様な距離やコースなどの条件を設けて、その条件を得意とする馬同士を集める番組編成が練られているからだ。

　そうして集められた馬同士が走るレースで、とくに問われる能力とはどのようなものか。それを持っているのはどの馬か。これを読み解くのが、血統予想の第一歩となる。

3 相反する能力① 芝 V.S. ダート

　競馬には芝とダートがあり、芝ではスピードが、ダートではパワーとスタミナが問われる。レースを重ねる中で適性を見出されることもあるが、最初は血統から判断される。**おおまかには日本型は芝向き、米国型はダート向き、欧州型は重い芝＆ダート長距離向き**になりやすい。

軽い芝	日本型

ダート	米国型

重い芝＆長距離ダート	欧州型

4 相反する能力② 短距離 V.S. 長距離

☑ 日本で好まれるのはマイル〜中長距離向き

　種牡馬によって、産駒の距離別の勝ち星比率に傾向が出る。

　日本競馬の場合、芝1600mの勝ち星が多く、かつ芝1800m以上の勝ち星比率が高い種牡馬が好まれる。たとえば、ディープインパクト産駒の勝ち星比率を見ると、1400m以上が70%以上、芝1600mが20%程度、芝1800m以上が50%近くを占める。これはディープインパクトがマイルも対応できる中長距離型であることを示しており、現在の日本競馬がもっとも好む種牡馬であることがわかる。一方、ハービンジャーのような欧州色の強い血統は、下級条件ではマイル戦に比べて1800m以上で急激に勝利数が上がるタイプが多い。

☑ 短距離向きは日本では種付料が上がりにくい

　反対に芝1400m以下の勝ち星比率が高くなる種牡馬は、日本では種付料が上がりにくい傾向にある。たとえば、フォーティナイナー系は1200m以下の成績なら、サンデーサイレンス系にも負けない。同系統のサウスヴィグラスは、JRAでの1400m以下の勝ち星比率が70%以上。地方競馬ではディープインパクトを圧倒的に上回る成績を収めているが、種付料はディープインパクトの10分の1以下だ。

1400m以下の勝ち星比率が60%以上	短距離型

1500m以上の勝ち星比率が60%以上	中長距離型

1500m以上の勝ち星比率が40〜60%	万能型

5 相反する能力③ 早熟 V.S. 晩成

☑ 2歳戦、短距離戦でよく走る早熟血統

　筋肉が増えやすい血統、最初から大型馬を出しやすい血統は、2歳の短距離戦で走りやすい。いわゆる早熟血統である。ただし早熟血統は、とくに牡馬だと加齢とともに芝の長距離を走りにくくなる。疲れやすくなるなど、自身の体が負担になるのだ。

　たとえば、ダンチヒ系や米国型の種牡馬は、2歳戦やダート戦に強い反面、古馬になって芝中長距離のパフォーマンスが落ち、それらの血が薄い血統に逆転されることが多い。

主な早熟型の血統

☑ **ダンチヒ系や米国型血統全般**：仕上がりが早く、2歳戦に強い。

☑ スタミナ強化、本格化に時間がかかる晩成型

　一方、欧州的なスタミナ血統を豊富に持つ馬、自身のスピードに耐えられる身体ができ上がるのに時間がかかる馬がいる。また、キャリアを重ねることがデメリットになりにくい馬、レースをしやすい気性になるのにキャリアが必要な馬もいる。これらが、いわゆる晩成血統である。

　たとえば、欧州のスタミナ血統であるミルリーフやリボー、ファイントップなどの血が強い馬は、スタミナ強化とレースに前向きな気性を育くむのにキャリアが必要になることが多い。ほかにも、下記のような血統の馬が晩成タイプに当てはまる。

主な晩成型の血統

☑ **欧州のスタミナ血統（ミルリーフやリボー、ファイントップなど）**：スタミナ強化とレースに前向きな気性を育くむのにキャリアが必要。

☑ **欧州型ロベルト系**：デビューから走ることに前向きだが、スタミナ強化にはキャリアが必要。

☑ **日本型ディープインパクト系**：2歳戦から圧倒的なスピードを発揮できるが、そのスピードに身体が耐えきれない馬が多い。自身のスピードに耐えられる身体ができ上がるのに時間がかかる。

☑ **ノーザンテーストの血を持つ馬**：古馬になって、もう一段パフォーマンスを上げる馬が多い。その点で、晩成タイプともいえる。

[レース条件から激走馬を予想する]

レース条件①
芝が向くか、ダートが向くか

JRAのレースには芝とダートがある。一般的に芝ではスピードが、ダートではパワーとスタミナが求められる。JRAにダートGⅠが2レースしかないことからもわかるように、日本の主流コースは芝。そのため、リーディングサイアー上位の馬は、原則として芝向きと考えてよい。

1 走破時計で見る芝とダートの違い

　同距離の良馬場という前提で芝とダートの走破時計を比較すると、芝のほうが速い。ダートではそれだけパワーが使われ、スタミナも消耗する。そのため、ダートで勝つにはスタートダッシュを決めて逃げるか、先行して好位につけて抜け出すことが一番の近道だ。

　一方、日本の芝レースは道中でスタミナを温存すれば、直線で速い上がりを使いやすい。**そのため、直線におけるスピードの絶対値に優れている馬が強く、そのような馬を出しやすい血統が重宝される。**

2 芝とダートの適性は相反する

　良馬場のダートは着地するたびに脚が沈み、前進するのに相当なパワーを要するため、道中の消耗が激しくなる。最後の直線で爆発的な末脚を繰り出すだけのスタミナを温存するのは難しいため、馬群の先団に位置したほうが断然有利になる。

　こうした理由から、ダートでは多くの馬がスタート直後によい位置を取りにいくため、ハイペースになりやすい。この点が、スローペースになりやすい芝のレースと決定的に異なる。

　芝レースはステイ＆ゴー（瞬発力）、ダートレースはゴー＆キープ（持続力）というレースパターンに強い馬が走りやすい。

3 芝◎は日本型、ダート◎は米国型

日本では芝レースが主流なので、芝ではリーディングサイアー・ラ

激走馬を見抜く

血統の基礎知識

血統と馬の能力

レース条件別予想

種牡馬事典

血統の歴史と未来

ンキング上位の馬が強い。具体的には、日本型のサンデーサイレンス系が挙げられる。

一方、ダートは米国型が強い。ちなみにリーディングサイアー・ランキング2位のキングカメハメハ（欧州型）は、芝ダートの勝ち星が同じくらいの兼用型である。

ダービー馬レイデオロ（写真右）を出したキングカメハメハ。ただし、その本質は芝ダートの兼用型といえる。

芝の勝利数が多い種牡馬

種牡馬	血統タイプ	芝勝利数	LS順位
ディープインパクト	日本型（Tサンデー系）	248	1
ハーツクライ	日本型（Tサンデー系）	108	3
ステイゴールド	日本型（Tサンデー系）	85	4
ロードカナロア	欧州型（キングマンボ系）	82	7
ハービンジャー	欧州型（ダンチヒ系）	77	5

※勝利数・LS順位は2019年2月24日時点のもの。

ダートの勝利数が多い種牡馬

種牡馬	血統タイプ	ダート勝利数	LS順位
ゴールドアリュール	日本型（Dサンデー系）	89	10
クロフネ	米国型（ヴァイスリージェント系）	64	9
ヘニーヒューズ	米国型（ストームバード系）	63	20
キングカメハメハ	欧州型（キングマンボ系）	60	2
エンパイアメーカー	米国型（ファピアノ系）	56	15

※勝利数・LS順位は2019年2月24日時点のもの。

芝とダートでタイプが相反するポイント

芝（日本型）			ダート（米国型）
スピード	能力	パワー	
スローペース	展開	ハイペース	
好位・中団・後方	位置取り	先頭・先団	
上がり3ハロン	最高速度を出すタイミング	スタート直後	
日本型	向く血統	米国型	

[レース条件から激走馬を予想する]

レース条件②
どんな芝コースが向くか

芝コースの状態は、天候によって変わる。雨が降って含水量が増えると、良馬場から順に稍重、重、不良へと悪化する。馬場の悪化にともなって時計がかかるようになり、芝向きのスピードを武器とする日本の主流血統には不向きで、反主流血統の向く馬場へと変化する。

1 芝レースはリーディング上位馬で半数以上

　JRA で、年間 30 勝以上する種牡馬は 30 頭前後。つまり、**リーディング上位馬による寡占状態で、平地レースに限れば、リーディング10位以内で4割前後を占める**。年によって差はあるが、芝レースに限れば、リーディング上位 10 の種牡馬だけで、勝利数の半数以上を占めることもある。

2 芝の良馬場は主流血統のための舞台

☑ 芝のレースはサンデーサイレンスの血であふれている

　その国・地域の主流血統が強さを発揮する馬場は**主流馬場**、主流血統に代わって反主流血統が台頭する馬場は**反主流馬場**となる。

　日本の芝は、現在の主流血統である父サンデーサイレンス系が勝ち星の 50％を占める。続いて、父キングマンボ系が 20％だが、その半数近くは母の父サンデーサイレンス系である。

☑ 独特の適性が要求される芝 1200 m 以下

　日本の芝でも 1200 m 以下は芝 1400 m 以上、とくに 1600 m 以上と異なる適性が要求される。マイルでは上がり 600 m のタイムの速い馬が走りやすいが、**芝1200m以下はテンのスピードの重要度が増すため**だ。

　父が大系統ミスタープロスペクター系、米国型の種牡馬には、芝 1400 m 以下の適性の高い種牡馬が多い。また、サンデーサイレンス系の中には、ディープインパクトよりも 1400 m 以下の適性の高い種牡馬が存在する。ただし、サンデーサイレンス系自体はテンの速い 1200 m

激走馬を見抜く

血統の基礎知識

血統と馬の能力

レース条件別予想

種牡馬事典

血統の歴史と未来

77

が得意というわけではなく、テンから飛ばして押し切るような1200m
適性は他系統に劣る。

主流馬場が向く血統

☑ **中長距離の場合**
　➡サンデーサイレンス系（とくにリーディング上位種牡馬）。
　➡キングマンボ系（とくに母にサンデーサイレンスを持つ馬）。

☑ **短距離の場合**
　➡大系統ミスタープロスペクター系（アドマイヤムーン、スウェプトオーヴァー
　　ボード、アルデバラン、ケイムホームなど）。
　➡父米国型の血統（ヨハネスブルグ、ヘニーヒューズ、ハードスパン、タイキシャ
　　トルなど）。
　➡サクラバクシンオー（プリンスリーギフト系）は、1200mのスペシャリスト。
　➡スプリント大国オセアニアの主流血統（ダンチヒ系、フェアリーキング系、
　　サートリストラム系、ヴェイン系の血）。
　➡Pサンデー系（ダイワメジャー、デュランダル、ダノンシャンティなど）。

---

3 芝の道悪馬場は反主流血統が反撃！

☑ 道悪ではパワーやスタミナが必要になる

　芝コースは雨が降ると、良馬場のときよりもぬかるんで走りにくくな
る。**パワーやスタミナを要し、走破時計も上がりタイムもかかる反主流
馬場となる。**そのため、父が非サンデーサイレンス系や種牡馬リーディ
ングが上位ではない種牡馬が走りやすくなる。

☑ 馬場状態によって傾向は変化する

　基本的に日本の芝は、スタミナを温存して直線で末脚を発揮させる走
法がもっとも能力を発揮しやすい。しかし、馬場状態によっては、先行
してスピードを持続するほうが優れたパフォーマンスを発揮しやすい場
合もある。あるいは、スタミナに長けた馬が走りやすい馬場、パワーに
長けた馬が走りやすい馬場になることもある。
　**とくに人気薄で走る馬には、パワー型や欧州型の血統、特定の種牡馬
の血を持つ馬など、血統に傾向（かたより）が出ることも多い。**

反主流馬場が向く血統

☑ **主流馬場に向かない血統**
➡ダート向きの能力が求められる馬場になれば、米国型血統。
➡欧州のような重い馬場になれば、欧州型血統。

CHECK! ハービンジャーはまとめて走る

2018年1月20日 1回中京3日12R 熱田特別（芝2000m）晴・良

着順	馬名	人気	タイム／着差	血統のポイント
1	アドマイヤローザ	2	2:03.5	父ハービンジャー。
2	アウステルリッツ	3	ハナ	父ハービンジャー。
3	ハギノカエラ	14	3/4	父ハービンジャー。

この日の中京はタフな馬場状態。3コーナーで10番手以下にいたハービンジャー産駒が1～3着を独占。このレースに出走したハービンジャー産駒は4頭だけだった。3連複36,240円、3連単143,510円。

4 芝の道悪馬場ではダートシェア率の高さにも注目

芝の道悪馬場では、ダートシェアの高い馬にも注目。**ダートシェアとは、ある種牡馬の勝利数におけるダートの勝利数の比率のこと。**ダートシェア50%以上なら、芝よりダートの勝利数のほうが多いことになる。

$$ダートシェア（勝利数の比率） = \frac{ダートの勝利数}{全勝利数}$$

年によって差はあるが、芝では勝利数の半数以上を「リーディング上位」かつ「ダートシェア45%以下」の種牡馬の産駒が占めている。つまり、芝の良馬場ではダートシェア45%以下の馬が半数以上を勝利している。一方、**道悪馬場では、リーディング下位で、かつダートシェアが45%を超える種牡馬の産駒が馬券に絡んでくる可能性が高い。**

道悪の芝では、父系が欧州型の種牡馬にも注目したい。**直線スピードが要求される割合が減り、馬力やスタミナが要求される馬場になれば、欧州で結果を残している血統のほうが走りやすくなるからだ。**

たとえば、2017年秋の京都は歴史的な雨が降り、馬場がタフになった。その結果、京都で行われたGI4レースは、すべて父系が非サン

デー系で、かつ欧州型種牡馬の産駒が優勝。そのうち３勝が、欧州Ｇ
Ⅰのキングジョージを優勝したハービンジャーの産駒だった。

日本で活躍するダートシェア45〜65％の主な種牡馬

馬名	父系(小系統)	血統タイプ
キングカメハメハ	キングマンボ系	欧州型
ブラックタイド	Tサンデー系	日本型
ゼンノロブロイ	Tサンデー系	日本型
スウェプトオーヴァーボード	フォーティナイナー系	米国型
タートルボウル	ノーザンダンサー系	欧州型
メイショウサムソン	サドラーズウェルズ系	欧州型

5 北海道は独特の競馬場

　JRAの芝コースは、**多年草の洋芝（札幌と函館）、野芝（新潟）、野芝の上に洋芝の種をまいたオーバーシード（それ以外）**の３種類がある。

　北海道が洋芝なのは寒冷地対策。野芝よりも水分の含有量が多く、クッション性がある。そのため、他場よりもパワーが必要となり、反主流馬場となる。また、洋芝は耐久性が低いため、雨が降ったり、開催の後半になったりすると傷みが増し、さらに時計がかかるようになる。**タフな馬場を走り抜く馬力が問われるため、洋芝では欧州型の馬が好走しやすくなる。**

　ただし、同じ洋芝でも札幌はカーブがゆるやかでスピードに乗りやすく、直線が短くても末脚が生きる。そのため、**直線でスピードを発揮する血統、つまりサンデー系の主流血統が走りやすい**。たとえば、ディープ産駒は函館に比べて、札幌の勝率・勝利数が倍近くになる。

洋芝（反主流馬場）が向く血統

☑ 欧州型・キングマンボ系：キングカメハメハ

☑ 欧州型・ダンチヒ系：ハービンジャー

☑ 日本型・母系に欧州型を持つサンデー系：ダイワメジャー

☑ 日本型・Tサンデー系：ステイゴールド、ハーツクライ、マンハッタンカフェ

[レース条件から激走馬を予想する]

レース条件③
どんなダートコースが向くか

日米でダートの質感は異なる。日本のダートが「砂」であるのに対し、米国のダートは「土」。日本のダートは適度に水分を含むと走りやすくなる（時計が速くなる）が、米国では時計がかかるようになる。ただし、逃げ・先行脚質が有利という点は同じなので、ダートでは基本的に米国型の血統が強い。

1 日本のダートは米国と欧州のミックス

☑ 米国の主流血統はダート◎

ダートに向くのは米国の主流血統で、芝で勝ちきるスピードには欠けるが、ダッシュ力とパワーがあるタイプ。代表例はナスルーラ系の王道ボールドルーラー〜エーピーインディ系。また、NARリーディングサイアーのサウスヴィグラスに代表されるフォーティナイナー系も、ダート向きの種牡馬が多い。

ダートに向く米国型血統（2018年1月〜12月で集計）

種牡馬	血統[適性]	ダート勝利数	ダートシェア
クロフネ	米国型・ヴァイスリージェント系	64	85%
ヘニーヒューズ	米国型・ストームバード系	63	96%
エンパイアメーカー	米国型・ファピアノ系	56	86%
サウスヴィグラス	米国型・フォーティナイナー系	48	100%
パイロ	米国型・エーピーインディ系	36	90%
カジノドライヴ	米国型・エーピーインディ系	33	100%
シニスターミニスター	米国型・エーピーインディ系	28	97%

上表のようにダートシェアが80%を超える種牡馬は、間違いなくダート向きといえる。

☑ ダート中距離は欧州型の能力も問われる

ゴールドアリュール（日本型Dサンデー系）は、ダート中距離戦に強い。コパノリッキー、エスポワールシチー、スマートファルコンといった後継馬を出せるのは、**日本のダート中距離が欧州の芝中長距離の適性も問われる**レースだから。JRAのダート中距離コースには高低差があり、地方のダートも米国のダートとは特徴が異なる。いずれも欧州のような馬力を要求されるのだ。

☑二刀流種牡馬のキングカメハメハも◎

キングカメハメハ（欧州型キングマンボ系）が7年続けてJRAの
ダート中距離でリーディングサイヤーになったのは、JRAのダートに
1800mのレースが多いから。

キングカメハメハとゴールドアリュールに共通するのは、ヌレイエフ
の血を持つこと。**ヌレイエフは欧州の芝中距離GⅠ馬も出すが、ダー
ト適性も高い。いわゆる二刀流血統の血の源泉である**。欧州と米国の要
素がミックスされる日本のダート中距離に適した血といえる。

---

2 ダートの道悪はダートの反主流道場

☑ 差しが決まる馬場なら芝血統の出番

ダートの馬場状態も芝と同じく、雨が降ると稍重、重、不良と発表さ
れる。そして芝と同じく、ダートの反主流の血統が走りやすくなる。芝
では反主流馬場になるとダート血統が走りやすくなるのに対し、**ダート
の反主流馬場では芝血統が走りやすくなる**のだ。

ダートは適度に水分を含むと、路盤が締まって走りやすくなる。いわ
ゆる**脚抜きのよいダート**である。こうしたダートは芝に近いので、サン
デーサイレンス系や近走で芝を走っていた芝血統など、主流血統の速い
上がりによる差しが決まりやすくなる。

☑ 前が止まらない馬場なら米国型血統の天下

**ただし、脚抜きのよいダートでも、前が止まらない先行有利の馬場で
は、米国型血統の天下**。テンから飛ばして、ゴールまでなだれ込む米国
型血統の勝ちパターンになる。また、道悪のダートで穴を出すのは、パ
サパサのタフな良馬場ダートではバテてしまうスピード型（徹底先行
型）の米国型血統だ。

脚抜きのよいダートをこなす血統

☑ 差しが決まる馬場なら、日本型の主流血統（サンデーサイレンス系などの
芝血統）。

☑ 前が止まらない馬場なら、米国型血統（ヴァイスリージェント系、フォー
ティナイナー系、エーピーインディ系など）。

CHECK! ダートの道悪で芝の主流血統が上位独占！

2016年12月23日6R 5回中山7日 3歳以上500万以下（ダート1200m）晴・重

着順	馬名	人気	タイム／着差	血統のポイント
1	クイーンズターフ	2	1:11.9	父ディープインパクト（日本型・Tサンデー系）。
2	ギンゴー	11	1	父キャプテントゥーレ（日本型・Pサンデー系）。
3	マシノシーザー	6	クビ	父キンシャサノキセキ（日本型・Pサンデー系）。
4	イザ	5	クビ	父パイロ（米国型・エーピーインディ系）。
5	アサクサレーサー	10	ハナ	父フジキセキ（日本型・Pサンデー系）。
6	ココスタイル	9	アタマ	父ネオユニヴァース（日本型・Dサンデー系）。
7	セイウンオセアン	8	ハナ	父キンシャサノキセキ（日本型・Pサンデー系）。
8	ハシカミ	12	クビ	父キャプテンスティーヴ（欧州型・マイナー系）。
9	アミーキティア	1	3/4	父プリサイスエンド（米国型・フォーティナイナー系）。
10	ハヤブサレディゴー	7	1	父サウスヴィグラス（米国型・フォーティナイナー系）。
11	サクラエルカミーノ	4	1 1/2	父サウスヴィグラス（米国型・フォーティナイナー系）。
12	ブラトロッソ	13	2 1/2	父スターリングローズ（米国型・ミスタープロスペクター系）。
13	カシノキングダム	15	1/2	父サウスヴィグラス（米国型・フォーティナイナー系）。
14	ダノンキャップ	3	クビ	父イフラージ（米国型・ミスタープロスペクター系）。
15	クリノツネチャン	14	1 3/4	父マイネルセレクト（米国型・フォーティナイナー系）。
16	クラウンマヒコス	16	1 1/4	父ブラックタキシード（日本型・サンデーサイレンス系）。

重馬場のダートで、ダートにしては直線でスピードを発揮しやすい馬場状態。1～3着、5～7着はすべて芝の主流血統であるサンデーサイレンス系だった。ダートの主流血統ミスタープロスペクター系に属する馬はすべて9着以下。米国型もすべて4着以下。ダートの反主流馬場になったことが大波乱を招いた。3連複 60,140 円、3連単 395,320 円。

[レース条件から激走馬を予想する]

レース条件④
どんな距離が向くか

JRA の競馬は、障害レースを除くと 1000 m〜3600 mの距離で競われ、おおまかに短距離、中距離、長距離に分けられる。データ的には、SMILE（→P.31）という距離区分を用いることも多い。厩舎関係者は父や母の血統や走法、気性などから最適と思われる距離を判断して出走させる。

1　血統から距離適性を読む

☑ 距離区分はおおまかでかまわない

　JRA の競馬は、障害レースを除くと 1000 m〜 3600 mの距離で競われ、①短距離、②中距離、③長距離に分けられる。

　　①短距離＝ 1400 m以下
　　②中距離＝ 1500 〜 2000 m
　　③長距離＝ 2100 m以上

☑ 距離適性は能力、体型、気性によって変わる

　短距離血統は加速力や最高スピードに優れ、長距離血統はスタミナが豊富。また、短距離馬は胴が詰まった筋肉質で、長距離馬は胴が長く四肢も伸びやかという体型の違いもある。もっとも近年の競走馬は大型化が著しく、長距離馬でも雄大な馬格の持ち主が多い。

　距離適性においては、気性も重要。気性が前向きでゲートが開いたらすぐに行きたがる馬は短距離向き、おっとりした気性で騎手の指示に素直に反応できる馬は長距離向きといえる。

2　短距離が向く血統は◎日本型、○米国型

☑ 芝短距離は日本型・Ｐサンデー系

　短距離戦では陸上競技の 100 m走と同じように、スタートダッシュを効かせ、中盤から終盤までスピードを維持できる能力が求められる。

　芝短距離の勝利数ではダイワメジャー、キンシャサノキセキら（日本型・Ｐサンデー系）がリード。短距離界を牽引したサクラバクシンオー

（プリンスリーギフト系）は後継馬の時代に入るが、母の父として距離を問わず、高速決着に適応できるスピードをサポートする血とし影響力を残すだろう。

☑ ダート短距離は米国型の短距離血統

1200ｍは、前半３Ｆが後半３Ｆより速いラップになるレースが多い。**これはまさに米国型の短距離血統が得意とするレース展開で、フォーティナイナー系（米国型ミスタープロスペクター系）に向いている。**同じフォーティナイナー系でも、芝ならアドマイヤムーン、ダートならサウスヴィグラスやプリサイスエンドと、芝ダートの適性もはっきりしている。スウェプトオーヴァーボードのような、芝ダートのイーブン型もいる。

短距離が向く血統
☑ **日本型・Ｐサンデー系**：ダイワメジャー、キンシャサノキセキ（ともに芝）
☑ **日本型・フォーティナイナー系**：アドマイヤムーン（芝）
☑ **米国型・フォーティナイナー系**： スウェプトオーヴァーボード（芝ダート）、サウスヴィグラス、プリサイスエンド （ともにダート）
☑ **米国型・ヘイロー系**：メイショウボーラー（ダート）
※今後、芝はロードカナロア（欧州型）、ダートはヘニーヒューズ（米国型）にも注目。

3 中距離が向く血統は◎日本型

☑ 芝中距離はリーディング上位馬

芝中距離はそのままリーディング上位とつながり、サンデーサイレンス系とキングマンボ系が勝ち星の多くを占める。サンデーサイレンス系とキングマンボ系以外で好走するのは、母の父がサンデーサイレンス系かキングマンボ系であることが多い。

最近はサンデーサイレンスの血を持つ馬も増えたため、サンデーサイレンス系と親和性が高く、かつダート短距離適性が薄いタイプの種牡馬も芝中距離で走りやすい。ハービンジャーらは社台グループのサンデー系繁殖牝馬の後押しもあり、芝のリーディング順位を上げている。

芝中距離が向く血統

☑ **日本型・Tサンデー系**：ディープインパクト、ステイゴールド、ハーツクライ、ヴィクトワールピサ

☑ **欧州型・キングマンボ系**：キングカメハメハ、ルーラーシップ

☑ **母の父がサンデーサイレンス系か、キングマンボ系。**

※今後はオルフェーヴル（日本型・Tサンデー系）にも注目。

☑ ダート中距離は3強が存在感を放つ

　ダート中距離は日本の場合、「芝で走れなかったから仕方なく出走」という馬が多い。キングカメハメハ、ゴールドアリュール、クロフネは生産数が多いこともあり、勝ち星が多い。

　一方、それに勝るとも劣らないのが、米国型で中距離適性もある血統だ。たとえば、帰米したエンパイアメーカーは繁殖牝馬の質では劣っていたものの、キングカメハメハと互角の勝ち星を記録していた。シニスターミニスター、アイルハヴアナザーも生産頭数と繁殖牝馬の質がキングカメハメハ、ゴールドアリュール、クロフネと互角であれば、勝ち星は遜色ないものになるだろう。

ダート中距離が向く血統

☑ **日本型・Dサンデー系**：ゴールドアリュール

☑ **米国型・ヴァイスリージェント系**：クロフネ

☑ **欧州型・キングマンボ系**：キングカメハメハ

※今後はシニスターミニスター（米国型・エーピーインディ系）などに注目。

4　長距離が向く血統は天皇賞春、菊花賞、欧州型の長距離血統

　長距離、とくに芝2500m以上のレースは、JRAでは数が少ない。

　この距離で、ディープインパクトと互角以上の成績を残すのがハーツクライ。母の父ダンスインザダークも優秀な成績を収める。ハービン

ジャーも、ディープインパクトを脅かす存在になりそうだ。

このカテゴリーでは、ディープインパクトを絶対視できない。**母の父が欧州の中長距離に実績を残す種牡馬、天皇賞春や菊花賞になると強くなるダンスインザダークのような種牡馬を重視したい。**

ダート長距離は、欧州的な要素が強い。ロベルト系の血を持つ馬は軒並み好成績で、欧州型のスタミナ源であるリボーの血を持つ馬も走る。

芝長距離が向く血統

☑ 日本型・Tサンデー系(ハーツクライ、ステイゴールド)。

☑ 母の父が欧州の中長距離に実績を残す種牡馬。

☑ 母の父が天皇賞春・菊花賞に強い種牡馬。

---

5 非根幹距離に向く血統は◎欧州型

☑ 根幹距離は主流血統が強い

根幹距離とは、マイルから400mずつを足した2400mまでの距離。つまり1600m、2000m、2400mが根幹距離となる。

JRAのGⅠレースの多くは根幹距離で実施され、主流血統(サンデーサイレンス系)が強さを発揮する。**一方、非根幹距離は主流血統の好走率は少し低下し、反主流血統のチャンスが広がる。**

☑ 非根幹距離に実績がある馬を狙う

JRAの芝1600〜2500mのうち、非根幹距離で行われるGⅠは宝塚記念、有馬記念、エリザベス女王杯の3レース。**昔から宝塚記念でGⅠ初勝利をあげる馬や、宝塚記念と有馬記念を得意とするグランプリホースが存在する。**エリザベス女王杯も、GⅠ初制覇のレースとなることが多い。牝馬限定で唯一の非根幹距離GⅠであるためか、エリザベス女王杯だけ複数回、馬券に絡む馬も多い。

異なる距離の非根幹距離を複数回勝つ馬もいて、サトノクラウン(欧州型ノーザンダンサー系)は4勝、ゴールドアクター(欧州型ロベルト系)は7勝している。

[レース条件から激走馬を予想する]

レース条件⑤
直線が長いか、短いか

日本の競馬は道中でスタミナを温存して、最後の直線でスピードを発揮するレースパターンが主流になっている。こうした展開になればゴール前の直線が長いほど、差しや追い込みが決まりやすくなる。こうしたコース形態の違いによって、好走できる血統を見抜くことも欠かせない。

1 直線の長短を見るポイント

　直線の長さは競馬場やコースによって異なるが、400m以上か、360m以下かで大きく分けることができる。

　道中はスタミナを温存し、最後の直線で末脚を爆発させる瞬発力を武器にする血統の場合、直線はある程度、長いほうがよい。

　一方、直線の短いコースでは、仕掛けどころが早くなりやすい。コーナーから加速できる能力か、早仕掛けでもスピードを持続できる能力に長けた血統の馬が走りやすくなる。

芝コースにおける直線の長さ

直線が長いコース （直線400m以上）	新潟外回り（658.7m）、東京（525.9m）、阪神外回り（473.6m）、中京（412.5m）、京都外回り（403.7m）
直線が短いコース （直線360m以下）	新潟内回り（358.7m）、阪神内回り（356.5m）、京都内回り（328.4m）、中山（310m）、小倉（293m）、福島（292.0m）、札幌（266.1m）、函館（262.1m）

※阪神、京都、札幌、函館、福島はAコースの場合。

ダートコースにおける直線の長さ

直線が長いコース （直線400m以上）	東京（501.6m）、中京（410.7m）
直線が短いコース （直線360m以下）	新潟（353.9m）、阪神（352.7m）、京都（329.1m）、中山（308m）、福島（295.7m）、小倉（291.3m）、札幌（264.3m）、函館（260.3m）

芝コースにおける直線の長さの比較例（便宜上、中山と函館も左回りとして表記。）

新潟外回り （658.7m）	東京 （525.9m）	中山 （310m）	函館 （262.1m）	ゴール

最長の新潟と最短の函館では、倍以上もの差がある。また、中央の最長は東京、最短は中山で、やはり大きな差がある。

2 直線の長いコースはサンデー系とキングマンボ系

日本の競馬では、賞金の高いレースが多く行われることから、直線の長いコースが主流馬場となるため、リーディング上位馬が強い。 このコースをもっとも得意とするのが、直線でのスピード能力に長けたディープインパクト産駒で、勝利数の約6割が直線の長い競馬場でのもの。勝利数も格段に多く、勝利数で2番目のキングカメハメハ産駒の約2.5倍にもなる。

ハーツクライ産駒も東京、中京、新潟など直線が長い左回りコースに良積が集中している。ハーツクライ産駒の国内GⅠ勝ちも、東京競馬場にかたよっている。

キングカメハメハ系では、サンデーサイレンス系やトニービンなど東京の芝GⅠに実績がある血統を母系に持つ場合、直線の長い芝を得意とする産駒が出やすくなる。

ハーツクライの代表産駒ジャスタウェイ（写真）は、鋭い末脚を武器に東京GⅠを2勝（天皇賞秋と安田記念）した。

直線の長いコースが向く血統

- ☑ リーディング上位のサンデーサイレンス系。
- ☑ 父がキングカメハメハで、母系にサンデーサイレンス系やトニービン。
- ☑ スタミナが要求される馬場の場合、ハービンジャー産駒に注目。

3 直線の短いコースは3パターンで考える

☑ コース・展開によって求められる能力が異なる

直線の短いコースではコースや展開によって、求められる能力が異なる。具体的には、次のいずれかの能力が強く要求される。

①**コーナーから加速できる能力。**
②**道中の速いペースでもスピードを持続できる能力。**
③**厳しいペースでも粘って差し切る能力。**

☑ コーナーからの加速力勝負なら米国型

①コーナーから加速できる能力に長けているのは、米国型血統である。**米国競馬は小回りコースが主流で、コーナーでいかにスピードを持続するかという競走で淘汰された血統であるからだ。**

サンデーサイレンスも現役時代は米国で走り、コーナーから加速して差し切る競馬でGⅠを勝利した馬。そのため、産駒もコーナーでの加速能力に長けた馬が多い。キングマンボ系など、欧州型ミスタープロスペクター系も本来、コーナーの加速能力に長けているので、小回りを得意とする産駒が多い。

☑ スピードの持続力勝負なら米国型

②道中の速いペースでもスピードを持続できる能力も、米国型血統が長けている。これもやはり、**米国競馬が道中から速いペースで、いかにスピードを持続させて勝ち切るかを競ってきたものだから**だ。

☑ タフな展開なら欧州型

③厳しいペースでも粘って差し切る能力が活きるのは、小回りでも末脚を温存したほうが有利な馬場、タフな馬場（重い芝や高低差がある競馬場）などだ。ここで浮上するのは、欧州型血統。**欧州競馬はタフな馬場で、ゴール前まで末脚を温存するレーススタイルが主流であり、そうしたバテやすい展開で淘汰された血統だからだ。**

サンデーサイレンス系では、ステイゴールドが凱旋門賞で複数の実績を残しているように、タフな芝に強い産駒が多い。

直線の短いコースが向く血統

☑ **コーナーから加速できる能力に長けた血統**
　➡米国型、ミスタープロスペクター系、サンデーサイレンス系。

☑ **道中の速いペースでもスピードを持続できる血統**
　➡米国型、ミスタープロスペクター系。

☑ **厳しいペースでも粘って差し切る能力に長けた血統**
　➡欧州型、ステイゴールド産駒で母の父が欧州型。

[レース条件から激走馬を予想する]

レース条件⑥

坂があるか、ないか

ヨーロッパの競馬は自然の地形を活かしたものがほとんどだが、日本の競馬場は走りやすさを考慮した人造コースである。とはいえ、アメリカのように平坦ではなく、コースのどこかに起伏が設けられている。とくにゴール前の直線の坂は、その勾配や長さによって着順を大きく左右する要因となっている。

1 「だらだら坂」と「急坂」がある

現在のJRAの競馬場で、直線に坂のある芝コースは東京、中山、阪神、中京、福島の5場。おおまかにいえば、**中山と阪神は急坂、東京は長いだらだら坂、福島はゆるやかな坂で、中京は急坂とゆるやかな坂の2段坂**。坂の勾配や長さは、それぞれ異なる。

ダートコースでは、これらから福島を除いた4場で、それぞれ芝と似た形状の坂が設けられている。

また、コース全体がほぼフラットなのは、札幌、新潟のみで、その他の競馬場には2.1m（福島）〜3.5m（函館）の高低差がある。

坂がある芝コース

競馬場	坂の特徴
東京	残り480〜260mで2.1m上る「だらだら坂」。上ってからゴールまでは約300m。
中山	残り220〜270mで2.4m上る勾配1.6%の急坂。上ってゴールまで70mで最大勾配2.4%、コース全体の高低差は5.3m（ともにJRA最大）。
阪神	ゴール前で1.8m上る勾配1.5%の急坂。上ってからゴールまで100m弱。
中京	直線に向いてすぐ、最大勾配2.0%の急坂。上ってから約200mのゆるやかな坂が続く2段坂。
福島	ゴール前に1.2m上るゆるやかな坂。上ってから、ゴールまで約50m。

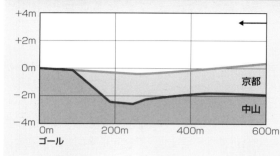

坂があるダートコース

競馬場	坂の特徴
東京	芝コースの内側で2.4m上る「だらだら坂」。上ってからゴールまで約200m。
中山	芝コースと同じような急坂。コース全体の高低差も4.5mと大きい。
阪神	芝と同じような急坂だが、芝よりはややゆるやか。
中京	芝コースと同じく、直線に向いてすぐ急坂。そのあともゆるやかな坂。

2 直線に坂がある良馬場に向く血統は◎日本型

　ＧⅠレースの多くは、坂のあるコースで行われる。つまり、**坂のあるコースは主流馬場なので、リーディング上位馬が強い**。

　ゴール前の坂は、スピードを減速させる要因となる。坂に到達する前に消耗していれば、その減速度合いはさらに増す。スローペースになりやすい日本の芝では道中でスタミナを温存し、抜群の瞬発力を活かして坂を駆け上がることができる。差し・追い込み脚質に有利なコースといえるだろう。

　ただし、ダイワメジャー産駒は芝でのスピードの持続性に優れていることに加え、坂で減速しにくいパワーも持つ馬が多いため、先行脚質で結果を出す馬が多い。

> **直線に坂がある良馬場に向く血統**

✓ 芝のリーディング上位種牡馬全般。

3 高速平坦馬場に強い米国型血統

　ローカルなど平坦に近い芝コースでは、先行してスピードを持続し続ける戦法のほうが有利なケースがある。そのような馬場・コースに強いのは米国型血統。**米国競馬は、JRA のローカル競馬場と似た平坦に近いコースで行われるからだ。**

　米国競馬はテンから飛ばしてスピードを持続し続ける競馬で、血の淘汰が行われている。**日本の芝コースも、米国競馬のようなスタイルで押し切れる馬場ならば、米国型血統の出番となる。**高速平坦馬場では、米国の主流血統、とくにボールドルーラー系の血を持つ馬に注目したい。

> **高速平坦馬場に向く血統**

✓ 米国の主流血統（とくにボールドルーラー系）。

4 坂のあるダート中距離は欧州型血統

　ゴール前に坂があるダート中長距離（1800 m以上）、とくに下級条件で注目したいのが欧州型血統だ。たとえば、中山ダート 1800 mは坂を3度上るコースレイアウトで、下級条件の馬にとっては過酷なコース。

　欧州型血統は坂を何度も上って下るようなタフな馬場で育まれた血統なので、何度も坂を上るタフなダートコースで強さを発揮する。とくにロベルト系のほか、欧州のスタミナの源泉であるプリンスキロやリボーを持つ馬に注目したい。

> **坂のあるダート中距離に向く血統**

✓ ロベルト、リボー、プリンスキロの血を持つ種牡馬。
→シンボリクリスエス、ブライアンズタイム、タニノギムレッド、ロージズインメイ、アイルハヴアナザー、アグネスデジタル、マンハッタンカフェなど

[レース条件から激走馬を予想する]

レース条件⑦
距離の短縮か、延長か

最適なレース条件を求めて、出走する距離を変えることもある。出走距離が変わわれば、レースペースも変わるが、異なるペースを経験することでいままで眠っていた才能が目覚めることがある。出走距離が変わったときに、それがどのように馬に影響するかを見抜くときにも、血統は大きな手がかりとなる。

1 距離の延長・短縮によるポイント

競走馬は自分が走る距離を自覚しておらず、それまでの経験、中でも前走の影響を強く受ける。距離が前走と異なれば、今回発揮されるパフォーマンスは変わる可能性が高く、**そのことがプラスに働くこともあれば、マイナスになってしまうこともある**。血統は、その馬がそうしたペースの変化に対応できるかどうかを判断する手がかりとなる。

2 距離延長を好む日本型と欧州型

基本的に日本の芝リーディング上位の血統は、距離延長（前走よりも長い距離を使うこと）を好む。日本のクラシックレースは前走よりも距離が伸びるステップになっている。さらに良馬場ならば、どのレースも直線のスピードが重要になる。とくに三冠馬ディープインパクトは距離延長への適性が高く、直線のスピードにも長けている。NHKマイルカップから日本ダービーというローテーションで変則二冠を達成したキングカメハメハも距離延長を好み、直線のスピードに優れている。

欧州型血統、とくに中長距離で結果を出した種牡馬は前走よりもペースが落ちるレースを好むので、距離延長との相性は悪くない。ただし、直線のスピード勝負でサンデー系、キングマンボ系に劣ることが多い。

距離延長が向く血統
✓ 日本の芝リーディング上位馬：ディープインパクト、キングカメハメハ
✓ 中長距離で結果を出した欧州型血統。

CHECK! 父欧州型の距離延長組が好走

2017年3月12日 1回阪神6日 3歳未勝利（芝2200m）晴・良

着順	馬名	人気	タイム／着差	血統のポイント
1	タガノシャルドネ	3	2:15.2	父アドマイヤムーン（日本型・フォーティナイナー系）
2	コールストーム	9	1/2	父アーネストリー（欧州型・ロベルト系）
3	ピエナアラシ	10	クビ	父ハービンジャー（欧州型・ダンチヒ系）

父欧州型の距離延長馬は4頭。このうち、欧州型ロベルト系のコールストームが9番人気で2着、欧州型ダンチヒ系のピエナアラシが11番人気で3着。欧州型の距離延長が激走。3連単は66万馬券。

3 距離短縮を好む米国型

距離短縮（前走よりも短い距離を使うこと）は、前走よりも速いペースになることが多い。この適性に優れているのは米国型血統だ。**テンから速い流れになる米国競馬で結果を出している血統は、前走よりもペースアップを好むものが多い。**ただし、ダマスカス系など一部の米国型血統は距離短縮が苦手で、距離延長が得意な血統もある。

距離短縮が向く血統

☑ 米国型血統（ただし、ダマスカス系など一部を除く）。

CHECK! 父米国型の距離短縮＆外枠馬が激走

2017年8月6日 2回新潟4日12R 3歳上500万下（ダート1200m）晴・良

着順	馬名	人気	タイム／着差	血統のポイント
1	コパノディール	11	1:12.1	父エンパイアメーカー（米国型・ファピアノ系）
2	グランアラミス	13	3/4	父フォーティナイナーズサン（米国型・フォーティナイナー系）
3	ネコビッチ	12	3	父ファスリエフ（米国型・ヌレイエフ系）

1〜4着はすべて父米国型。1着コパノディールは11番人気。3着ネコビッチ（12番人気）は、前走1400m以上に出走していた距離短縮馬。加えていずれも外枠で、人気薄で一変する米国型のパターンに当てはまる。父米国型で、距離短縮かつ2桁馬番（外枠）は2頭のみで1、3着。3連単179万馬券。

[レース条件から激走馬を予想する]

レース条件⑧

芝からダートか、ダートから芝か

芝とダートでは、求められる能力が相反するが、芝で惨敗した馬がダートで一変することもあるし、その逆もある。それまで眠っていた芝適性やダート適性が目覚めるからだ。厩舎関係者が芝向きか、ダート向きかを判断する大きな手がかりは血統で、それは馬券予想を行う際にも活かされる。

1 日本のダートは芝からの転向組がほとんど

　日本の良血繁殖牝馬の多くは、芝向きのリーディング上位馬と配合される。そこで思うような結果が得られない場合、ダートへと矛先を変えることがある。一方、ダートのスペシャリストを目指して配合された場合は、はじめからダートでデビューする馬が多い。**そのため、「ダートから芝」よりも「芝からダート」というローテーションの馬のほうが多い。**

　クロフネ、ヴァーミリアン、ゴールドアリュールは現役時代に芝からダートに転じて成功を収めた馬。日本のダート中距離のリーディング上位種牡馬は、「芝からダートに転じた馬」が上位を占めている。

2 前走芝の馬は芝の血が薄いことが重要

　芝からダートに転向する馬は、サンデーサイレンス系が多い。もともと出走頭数が多いことに加え、ダート適性が高い米国型の馬ははじめからダートでデビューすることが多いからだ。

　それでも前走芝に出走していた米国型がダートに転向する場合、勝率や回収率などを見ると、サンデーサイレンス系に比べて圧倒的に優れている。注意点は、父が米国型であっても母の父がサンデーサイレンス系だと、勝率や回収率などが下がること。いくら父が米国型でも、母の父が芝血統の場合は疑ってかかろう。

3 母系の血統と戦歴も大事

　芝からダートに転じる馬の半分以上は、父が日本型や欧州型など芝適

性の高いケースが多い。**その中で、ダート替わりで結果を出すことが多いのは、母の父がダート適性の高いタイプか、母馬や祖母がダートで活躍している馬だ。**

　ダート替わりの馬の母と祖母の戦歴を見て、ダートで勝利した実績（とくに2勝以上）がある場合は、そのダート適性を引き継いでいる可能性があるので狙っていきたい。反対に母もダートでは結果を出しておらず、父も芝血統である場合は疑ってかかろう。

芝からダートが向く血統

☑ 米国型（エーピーインディ系、ストームバード系、ミスタープロスペクター系）。

☑ 母の父がダート適性の高い血統。

☑ 母馬や祖母がダートで活躍（とくに2勝以上）している馬。

4　「ダートから芝」は宝の山

　ダートから芝に転じた場合、そもそも適性を見誤っていたケースもあるが、脚元が弱かったケースもいる。脚部不安がある馬は、芝よりも負担の少ないダートから使い始めることが多いからだ。

　ダートから芝への転向で注目したいのが、父が欧州型の馬。欧州型は馬力こそあるが、ダート適性を欠く馬が多い。ほかには芝では切れ味が足りず、ダートを走らせてみたものの、やはり適性がなくて惨敗する馬もいる。そのような馬が再び芝に戻ってくるパターンには注目しよう。

　とくに前走で5番人気以内に支持されるような馬は、そのクラスで通用する力はあるものの、間違ってダートを走ってしまった場合がある。また、NHKマイルカップ2着のリエノテソーロ（芝2走目で前走アネモネS4着）など、芝転向から2戦目に上昇する馬も多い。

　適性の見極めには、母馬の血統と実績も重要だ。母馬が上級条件の芝で走っているかを確認しておこう。

ダートから芝で狙える血統

☑ 父が欧州型。とくに前走5番人気以内など、上位人気に支持されていた馬。

☑ 母か祖母が芝のレースで勝ち星のある馬。とくに上級条件で活躍している馬。

[レース条件から激走馬を予想する]

レース条件⑨
早熟か、晩成か

競走馬の現役期間は2～5歳が中心。馬主としては2歳でデビューして3歳クラシックで活躍し、4歳秋に成長のピークを迎えるのが理想だろう。成長曲線がこれより前倒しなら早熟血統、後ろにずれれば晩成血統といえる。早熟か、晩成かを血統的に把握しておくことは馬券検討におおいに役立つ。

1 早熟血統と晩成血統のポイント

☑ 国・地域を問わず、2歳戦への関心はとても高い

　大きく分けて、**2歳戦の早い時期から活躍できるのが早熟血統、古馬になってから活躍するのが晩成血統**である。各国の競馬開催者が2歳リーディングサイアーを公表しているように、2歳戦への関心は高い。

　古くから、馬の年齢を4倍すると人間の年齢になるといわれている。それが正確かはともかく、馬が人間の何倍速ものスピードで進化することは間違いないだろう。とくに3歳前半までと4歳以降では、人間でいえば青年と成人ほどの差がある。3歳前半までのレースと古馬混合のレースは違うステージともいえるので、**3歳前半までに強い血統と古馬混合に強い血統には異なる傾向が出る**。

☑ 米国は早熟血統、欧州は晩成血統が好まれる

　平坦なスピードトラックで行われ、ビジネスライクな競馬であるアメリカでは、早い時期からスピードを発揮できて賞金をたくさん稼いでくれる早熟血統が好まれる。一方、王族貴族の乗馬競技の延長が発祥で、趣味・娯楽の側面が強かったヨーロッパでは、キャリアを重ねながら、馬力、スタミナ、操縦性を強化できる血統、いわゆる晩成指向の血統が好まれた。しかし、近年はヨーロッパでも、仕上がりの早い血統が重要視されるようになっている。

2 種牡馬の評価を左右する初年度産駒の成績

　JRAの2歳リーディングサイアー上位馬は、リーディング上位馬と

ほぼ同じ顔ぶれ。この顔ぶれは必ずしも早熟血統というわけではないが、米国的なスピードも要求される日本の芝馬場では、米国指向の完成度の高い血統を含むことも重要だ。

　さらに**種牡馬人生に大きな影響を及ぼすのはファーストクロップ・サイアー・ランキング**、つまり**新種牡馬の初年度産駒の2歳戦における成績**である。その結果は、その後に集まる繁殖牝馬の質に関わるため、種牡馬人生を左右するといっても過言ではない。

ファーストクロップ・リーディングサイアー上位馬

年	2016		2017		2018	
順位	馬名	2歳LS	馬名	2歳LS	馬名	2歳LS
1	ルーラーシップ（キングマンボ系）	5位	ロードカナロア（キングマンボ系）	2位	ジャスタウェイ（Pサンデー系）	6位
2	アイルハヴアナザー（フォーティナイナー系）	12位	ヘニーヒューズ（ストームバード系）	6位	ダンカーク（ファピアノ系）	19位
3	ディープブリランテ（Tサンデー系）	14位	オルフェーヴル（Tサンデー系）	7位	ケープブランコ（サドラーズウェルズ系）	31位
4	キングズベスト（キングマンボ系）	28位	エイシンフラッシュ（キングマンボ系）	11位	ベルシャザール（キングマンボ系）	33位
5	ストリートセンス（マキャヴェリアン系）	31位	ノヴェリスト（ブランドフォード系）	13位	ダノンバラード（ディープインパクト系）	46位

2歳リーディングサイアーのトップ10に3頭が入った2017年に比べ、2018年の新種牡馬はジャスタウェイが目立つ程度。一方、39頭もの新種牡馬が産駒をデビューさせる2019年の2歳戦は注目だ。

3　2歳戦に強い血統のメリット・デメリット

　早熟血統とは、**2歳戦の早い時期から活躍できる血統**のこと。2歳の高額賞金レースが多いアメリカやオセアニアで、とくに繁栄している。

　しかし、2歳戦に強い血統は、加齢とともに筋力を増やしすぎてしまう特徴をあわせ持つ。これにより、柔軟性や瞬発力が退化し、古馬混合の中長距離適性の低下にもつながりやすくなる。原則として、早熟血統は次のような能力を備えている。

・スピード能力が高い。

・競馬に対して前向きな気性。

・筋力がつきやすい。

　これらは主に米国型血統の特徴であったが、いまはオーストラリアのほか、欧州でも米国型の2歳戦に強い血統の中で、芝向きにアレンジされた血統が2歳～3歳前半のレースで活躍している。たとえば、ダンチヒ系をはじめとする、米国の2歳戦に強い血統を取り込んだノーザンダンサー系である。

　近年の日本は、このような2歳戦適性の高い血統を強く取り込んだ繁殖牝馬の導入がより一層進められている。

2歳戦に強い血統
☑ 米国型血統は全般的に2歳戦適性が高い。
☑ ダンチヒ系、ストームバード系。
☑ ミスタープロスペクター系（とくに米国型ミスタープロスペクター系）。

4　古馬混合戦で開花しやすい血統

　一般的には3歳春のクラシックが終わったあと、夏以降に力をつけて古馬になって全盛期を迎える馬は、晩成血統といえる。**日本の主流血統は2～3歳戦から活躍する馬も多いが、古馬混合戦のほうがより力を発揮するタイプもいる。**そのような馬には、ノーザンテーストや欧州型のスタミナ血統であるリボー系、欧州型ナスルーラ系、ハイペリオン系の影響を強く受ける血統の馬が多い。

　また、一昔前の日本の芝は長距離・晩成血統が重宝された。そのため、**古馬混合の芝長距離重賞で活躍した牝系を持つ馬も、古馬混合戦に強い傾向がある。**

　たとえば、サンデーサイレンス系種牡馬でもダイワメジャーやステイゴールドは、母系にノーザンテーストの血を持つ。ハーツクライも、母の父は欧州型ナスルーラ系のトニービン。母は古馬になって牡馬混合の重賞を勝利したアイリッシュダンスである。

古馬混合戦で開花しやすい血統

- ☑ ノーザンテーストの血を持つ馬。
- ☑ 欧州型血統、とくにリボー系、ナスルーラ系、ハイペリオン系などの血を持つ馬。
- ☑ 古くからの日本の芝長距離GIで活躍した血統。

5 ディープインパクトは早熟血統か？

☑ 「ディープインパクト産駒は晩成」

2017年末時点におけるディープインパクト産駒の牡馬の成績を見てみると、**芝2000m以上の国内GIレースでは3歳で7勝。それに対し、4歳以上では1勝のみ**となっている。

はたしてディープインパクトは、早熟なのだろうか。その問いのヒントになるのが、ディープインパクトと配合される母馬の血統と、藤沢和雄調教師の言葉である。ディープインパクトの姉レディブロンドを管理し、ディープインパクト産駒のスピルバーグを古馬になってGI初優勝（天皇賞秋）させた藤沢調教師は、「ディープインパクト産駒は晩成」と語った。さらに続けて、**「ディープインパクトの血は、体ができ上がる前から走ることに前向きなので、早くから走らせると反動が出る」**という貴重な見解を示している。

☑ 母の父が米国型血統の産駒が活躍している

また、ディープインパクトの成功配合は、若駒限定戦向きの米国色が強い繁殖牝馬とのものである。実際、ディープインパクトは母の父が米国型血統である産駒の活躍が目立つ。

ダービーまでのレースで身体の完成度以上にがんばって走ってしまう反動と、若駒限定戦に強い繁殖牝馬との配合。この2つの要素が、ディープインパクト産駒が早熟血統だと思われている理由ではないだろうか。今後、晩成指向の強い血統の繁殖牝馬との配合で、若駒時代に能力を出させすぎない育成を施せば、中長距離古馬GIで活躍する産駒が出る可能性は十分にある。

[レース条件から激走馬を予想する]

レース条件⑩
鉄砲駆けか、叩き良化か

競走馬の現役期間は数年だが、その間ずっと使い詰めということはない。成績や体調、ローテーションなどを考慮しながら、ときに放牧や休養に出される。馬券的には、その復帰初戦から狙えるのか、一叩きが必要かどうかを見極めることが重要となる。そうした傾向も、血統から予測することができる。

1 鉄砲駆けタイプと叩き良化タイプ

休み明け（2ヵ月以上の休養）から走れる馬は、**「鉄砲が効く」「鉄砲駆けする」**などといわれる。こうした馬は、走ることに前向きな気性であることが多い。

反対に休養後、何戦かは走らないと本調子にならない馬は**「叩き良化型」**といわれる。気性的におっとりした馬が多く、一度使わないと、レースに対する前向きさを見せない。

2 鉄砲駆けする血統は◎米国型、○日本型

休み明けから走る血統には、早熟血統が多い傾向がある。とくに**仕上がりが早く、2歳戦に強い早熟血統、競走意欲が旺盛な米国型血統は、気性的に鉄砲駆けすることが多い。**

🐎 ディープインパクト（日本型・Tサンデー系）

全レースを中4週以上の間隔で走り、2ヵ月以上の休養明けで負けたのは、凱旋門賞（失格）のみ。その産駒は父と同じように走ることに前向きで鉄砲が効くが、ハイレベルのスピードを武器とするため、反動も出やすい。**レース間隔の詰まった連戦は苦手で、間を空けたローテーションが好走の大前提だ。**

近年は米国型の繁殖牝馬との配合が多く、その影響もあって休み明けを苦にしないが、母系が欧州型血統の産駒（マリアライトなど）は叩いて良化するタイプとなっている。

3 叩き良化型血統は◎欧州型、◯日本型と米国型

　欧州の競馬は、前哨戦を叩いて本番を迎えるローテーションが基本で、レースを使いながらスタミナや馬力を強化する。休み明けの一戦はスタミナを強化する調教の一環でもあるので、**欧州型血統にはレースを使いつつパフォーマンスを上げていくタイプが多い**。キングカメハメハのような欧州型、母系が欧州型のステイゴールド産駒は叩いて良化するタイプとなっている。

　一方、米国の競馬は、2歳短距離戦に勝てる仕上がりの早さとスピードの絶対値が必須。そのため、一叩きにはスピード維持に必要なスタミナ強化という意味もある。

　また、米国の3冠レースは、2ヵ月弱の間にすべて行われる。近年は3戦すべてに出走する馬が少なくなっているが、3戦すべて走るには間隔を詰めた連戦へ対応する丈夫さも求められる。**米国型血統はダート競馬で間隔を詰めたレースへの適応力が高いが、それはそのような丈夫さとパワーが要求される環境で生き残ってきたからだ。**

キングカメハメハ（欧州型・キングマンボ系）

　自身はトリッキーな中山のレース（弥生賞・皐月賞）を回避し、NHKマイルカップと日本ダービーを連勝した。3歳前半に高速マイル戦を経験してミスタープロスペクター系由来の前向きな血も引き出したことも、変則2冠に成功した一因だ。産駒もこうした資質を受け継ぎ、**3歳前半に芝のスプリント〜マイル戦を使うことがあとで有効に働くケースがある。**

ノーザンテースト（日本型・ノーザンダンサー系）

　「ノーザンテーストは2度（3度）変わる（成長する）」といわれるほど、成長力と頑健さに富み、高い勝ち馬率を誇った。その血は母系を通じて**サクラバクシンオー、ステイゴールド、ダイワメジャー、デュランダルなどに伝えられ、丈夫さ、タフさ、成長力などとともに叩き良化の傾向も伝えている。**

[レース条件から激走馬を予想する]

レース条件⑪
ハンデ重賞に向く血統

JRA の重賞のうち、GⅡと GⅢにはハンディキャッパーがハンデを決定するハンデ戦がいくつか組まれている。騎手の体重を考慮して下限は 48kg。そこから 0.5kg 単位で、ハンデが決められる。レースによっては 10kg 以上の斤量差が生じることもある。

1 ハンデの軽重は必ずしも結果と比例しない

☑ 重い斤量を背負った馬のほうが馬券に絡みやすい

斤量1キロは1馬身程度に相当するといわれており、斤量差は競馬予想における重要な要素といえる。そのため、ハンデの軽いほうが有利と思われるが、**実際には重い斤量を背負った実績馬の成績がよい。**

JRA のレースでは、ハンデの重い馬のほうが好走率が高く、有利になることが多い。もちろん、ハンデが軽くなるからマイナスになることは物理的にはありえない。しかし、結果的に重いハンデ馬が有利になるのは、重いハンデ馬には次の材料が揃いやすくなるためだ。

・そもそも実力が上位だから、ハンデが重い。
・優先出走権が得られるので、調整しやすい。
・出走が読めるので、上位騎手に頼みやすい。
・昔ならば 60 キロ以上を課されるような馬も、現在は 59 キロ以下程度に据え置かれる。

2 リーディング上位馬はハンデ戦にも強い

JRA のハンデ戦は GⅡ 3 レース、GⅢ 24 レース。**そのうち芝の 1600 ～ 2000 mが 19 レースと多いため、結果的にリーディング上位馬が好成績をあげている。**

2013年～2017年にJRAで実施されたハンデ重賞（芝1600 m以上）における3着内馬を頭数でランキングすると、上位はディープインパクト、キングカメハメハ、ハーツクライの3頭。

3頭ともリーディング上位の常連で、産駒の出走比率は 25％前後だ

104

というのに、3着内率は40%近くに達し、複勝回収率は90%以上。ハンデ戦の信頼度は高い。重量馬に有利な現行ルールを踏まえて、リーディング上位種牡馬の産駒の出走が多いことも理由の1つだ。

3 ハンデ戦は内側を回るのが得意な血統

　昔に比べればハンデ戦は重量馬に有利になったとはいえ、やはり別定戦に比べれば、斤量差の恩恵で実績の差を埋めるチャンスは広がる。**そうした状況で有利なのが、内側を回るのを得意とする血統だ。**

　ハンデ戦が行われる舞台は、内側が有利になりやすい馬場・コースが多い。加えて斤量の恩恵で能力差がなくなれば、内側を回るほうが物理的に有利になる。ただし、内側を回ることが苦手では意味がない。その点、**米国型血統はコーナーを速く回る能力も要求される環境で淘汰された血統**であるため、内側を回るのは得意。欧州型血統でも、ミスタープロスペクター系は米国由来の系統なので、内側を回るのが得意である。

　ディープインパクト産駒も母の父ミスタープロスペクター系か、ナスルーラ系の馬であれば、内枠のハンデ戦を得意とする馬が多い。ハンデ戦では、1－6番くらいの内枠を得意とする血統に注目したい。

ハンデ戦の内枠が得意な血統

- ☑ 父が米国型血統。
- ☑ 父がミスタープロスペクター系。
- ☑ 父がディープインパクト産駒で、母の父がミスタープロスペクター系かナスルーラ系。内枠に実績がある馬。

CHECK! リーディング上位同士の組み合わせで決着

2015年5月31日 2回東京12日12R 目黒記念（芝2500m）晴・良

着順	馬名	斤量	人気	タイム／着差	血統のポイント
1	ヒットザターゲット	57	11	2.29.7	父キングカメハメハ（欧州型・キングマンボ系）
2	レコンダイト	55	4	1 1/4	父ハーツクライ（日本型・Tサンデー系）
3	ファタモルガーナ	56	1	1/2	父ディープインパクト（日本型・Tサンデー系）

勝ち馬はトップハンデ馬2頭（57.5kg）から0.5kg差と、重いハンデを背負っていた。最軽量ハンデ馬（18着）は50kgと、実に7.0kg差。3着までリーディング上位馬の産駒が独占。

激走馬を見抜く

血統の基礎知識

血統と馬の能力

レース条件別予想

種牡馬事典

血統の歴史と未来

[レース条件から激走馬を予想する]

レース条件⑫
牡馬が走る血統、牝馬が走る血統

産駒の活躍馬が牝馬にかたよる種牡馬をフィリーサイアー、産駒の活躍馬が牡馬にかたよる種牡馬をコルトサイアーという。フィリーサイアーは繁殖牝馬の父として影響力を残す可能性こそ高まるが、有力な後継種牡馬を残せないと、父系そのものが衰退しかねないリスクを抱える。

1 ディープインパクトはフィリーサイアー!?

　ディープインパクト産駒は、古馬の中長距離レースにおいて牝馬の活躍が目立つ。ジェンティルドンナ、マリアライト、ショウナンパンドラの3頭が4歳以降に2000m以上の古馬混合GIを勝っているのに対し、牡馬はスピルバーグ1頭のみ（2017年現在）。

　2000m以下を含めれば、マイルGI馬のトーセンラーとサトノアラジン、ドバイ・ターフのリアルスティールが加わるが、牡馬クラシックホースの数に比べると物足りない。母の父アルザオ（父リファール）も牝馬の活躍馬を多く出しているが、父系を存続させるためにも牡馬の大物の登場が待たれる。

2 クロフネも牝馬の活躍が顕著

　ダンチヒ系、フェアリーキング系、ヴァイスリージェント系にも、フィリーサイアーが見られる。

☑ ダンチヒ系（欧州型ノーザンダンサー系）

　去勢は筋肉の質を牝馬のようにする効果があるため、牝馬が活躍する父系は去勢馬も活躍する。**このことも、ダンチヒ系の中でとくにデインヒル系が去勢大国オセアニアで発展した要因の1つになっている。**

☑ フェアリーキング系（欧州型ノーザンダンサー系）

　ダンチヒ系と同じく、フェアリーキング系もオセアニアで活躍。同じくせん馬、牝馬の活躍馬が多い。フェアリーキング産駒のファルブラヴ

（ジャパンカップ）は、フィリーズレビューに勝ったワンカラットとアイムユアーズ、9歳でキーンランドCに勝ったエポワスらを出した。**獲得賞金上位の1～13位までが、牝馬かせん馬である。**

☑ ヴァイスリージェント系（米国型ノーザンダンサー系）

　ヴァイスリージェント系もダンチヒ系やファエリーキング系と同じく、せん馬、牝馬の活躍馬が多い。代表格はクロフネで、重賞勝ち馬20頭のうち、12頭が牝馬。平地GⅠに限ると、牝馬5頭に牡馬2頭（朝日杯FS勝ち馬のフサイチリシャール、NHKマイルカップ勝ち馬のクラリティスカイ）で、牝馬と若駒にかたよっている。

　フィリーサイアーから生まれる牡馬は、古馬になって筋肉が増えてくると競走能力が低下しやすくなる。**そのため、活躍馬が牝馬やせん馬（去勢馬）、2～3歳の若い牡馬にかたよってしまうのだ。**

3　ステイゴールドはコルトサイアー

　ディープインパクトと同じTサンデー系でも、ステイゴールドの産駒は、牝馬が活躍するディープインパクトと対極の傾向を示している。

　ステイゴールド産駒の平地GⅠ勝ち馬は7頭で、うち牡馬5頭。牝馬2頭が勝ったのはマイル戦（かつ牝馬限定戦）で、中距離GⅠに勝った牝馬はいない。これはディープインパクト産駒とは、まったく異なる傾向である。ただし、ステイゴールド産駒のオルフェーヴルは初年度からGⅠ牝馬を出している。

CHECK! フィリーサイアーがすべて馬券圏内に！

2017年6月18日 1回函館2日11R 函館スプリントS（芝1200m）晴・良

着順	馬名	性齢	人気	斤量	血統のポイント
1	ジューヌエコール	牝3	3	1:06.8	父クロフネ（米国型・ヴァイスリージェント系）。
2	キングハート	牡4	4	2 1/2	父オレハマッテルゼ（日本型・Pサンデー系）。
3	エポワス	セ9	1	クビ	父ファルブラヴ（欧州型・フェアリーキング系）。

フィリーサイアーであるダンチヒ系、フェアリーキング系、ヴァイスリージェント系から出走していたのは、1着馬と3着馬のみ。結果は1着・3着で、2頭とも馬券に絡んだ。

[レース条件から激走馬を予想する]

レース条件⑬
新馬戦に向く血統

かつての2歳戦は短距離戦ばかりだったが、最近は実施時期が早くなり、1800mや2000mも増え、距離の選択肢が広がっている。そのため、血統から適距離を見極め、最適なレースを選びやすくなった。その分、同条件のレースには同じ方向性の能力を持った馬がひしめき合い、勝ち上がる難しさは変わらない。

1 2歳戦や新馬戦で注目すべき血統

　2歳戦や新馬戦で活躍できる血統には、明らかなかたよりが見られる。ここでは、2歳新馬戦が行われるレースに適した血統を、芝ダートと距離別に紹介する。

2 ダート短距離（1300m以下）

○ 米国産馬（マル外）
○ 米国型のダート血統（ストームバード系、フォーティナイナー系、ニアークティック系など）

　これらは米国のダート短距離の2歳戦で生き抜いてきた早熟血統で、日本のダート短距離でも強さを発揮する。雨が降って脚抜きがよくなる日本のダートなら、馬場状態によって中距離（1400m以上）もこなす。

✗ 欧州型もしくは日本型の芝血統

　芝中距離に適した欧州や日本の主流血統とは、求められる能力の方向性が真逆。欧州型の芝血統や、日本の主流であるサンデー系は不向き。

3 ダート中距離（1400m以上）

○ 父がエーピーインディ系
○ 母の父がエーピーインディ系

　現在の米国の主流血統であり、ダート中距離では外せない。父か母の父、いずれかがエーピーインディ系の場合は注目したい。

◯ 母系にロベルト系やヘイロー系を持つ
◯ 母系にストームバード系やヴァイスリージェント系を持つ

　これらの血統は、母系に入ると身体の丈夫さや仕上がりの早さに加え、ダート適性を高める。父系の場合は人気になりやすいため、馬券的には母の父である場合が狙い目。日本のダート中距離は父系に芝中距離向きの血を持つ馬の出走も多いので、母系に入っていることが重要。

▲ Dサンデー系
▲ 一部のTサンデー系
（マンハッタンカフェ、ゼンノロブロイ、ハーツクライ）

　日本のダート中距離では、芝中距離に必要な能力も求められるので、Tサンデー系の中からもこなせる馬が現れる。

✕ 父系もしくは母系が欧州型血統

　欧州型血統はダート適性が低く、仕上がりも遅い傾向があり、2歳戦にも、ダート戦にも不向き。

4 芝短距離（1400m以下）

◯ 米国型ノーザンダンサー系
（ダンチヒ系、ストームバード系、ヴァイスリージェント系）
◯ エーピーインディ系など

　ダート短距離の2歳戦に強い血を、父か母系に持つ馬は注目。米国型血統は、2歳戦向きの仕上がりの早さとスピードを強化する。

◯ エンドスウィープ系（米国型ミスタープロスペクター系）

　フォーティナイナー系（米国型ミスタープロスペクター系）のうち、エンドスウィープ系は日本の芝適性が高い。

▲ ヘイロー系

　ヘイロー系はダート短距離適性も高い。オセアニアでも実績を残しており、2歳戦向きの気性、仕上がり、スピードをバックアップする。

✕ サドラーズウェルズ系、ネヴァーベンド系、トニービン系

　芝短距離の２歳戦では、父よりも母の父の資質が重要。欧州型の血は、２歳戦向きの資質と相反する能力を強化させるのでマイナス。

5 芝中距離（1600m以上）

○ 母系が米国型血統
○ 母の父がエーピーインディ系、ヴァイスリージェント系、
　米国型ミスタープロスペクター系
☆ 米国型ゴーンウエスト系（ミスターグリーリー、イルーシヴクオリティ、グランドスラム、スペイツタウンなど）

　日本で実績のある父系はほとんどが芝中距離向きなので、母の父の資質による取捨選択がポイント。このカテゴリーでは、母系に米国の要素を持っているかどうかが重要。

▲ 父が米国型血統
▲ 父がＤサンデー系

　芝の新馬戦では、ダートのように先行して粘り込むレース展開が有利で、ダート血統はそれに必要な体力を増強する。ダート馬である確率は高いが、２歳戦に限れば人気薄で好走する期待値は高い。

6 走りながら競馬を覚えていくステイゴールド系

　ステイゴールドは芝でデビューし、ダートを交えて６戦目にようやく初勝利をあげた典型的な叩き良化型。３勝目から４勝目までに２年８ヵ月を要し、その間に２着が10回（うち４回はＧⅠ）。コツコツと走り続けたご褒美か、50戦目の香港ヴァーズで海外ＧⅠ制覇を果たす。

　産駒も叩き良化型が多く、代表産駒の三冠馬オルフェーヴル（2008年生）も６戦目までは５戦１勝。ほかの重賞勝ちした産駒も、ほとんどが未勝利戦で勝ち上がった。反対に、**新馬戦と２戦目を連勝するような馬（ゴールドシップ、ドリームジャーニー、レッドリヴェール）はＧⅠ級**と考えられそうだ。

いま世界に広がる血統は、
11の大系統に分類することができる。
そのうち、父系としてしっかり存続しているのは6つ。
残りの5つは主に母系に入って影響力を保つにとどまっている。
第4章では、6+5の大系統についてどのように発展し、
枝分かれしてきたかについて解説。
同時に、血統予想を行うときのポイントも押さえていく。

[種牡馬事典]

父系"11大系統"で予想する

サラブレッドの血統は、隆盛と衰退を繰り返してきた。そのため、サラブレッド
の血統表を見ると、「その馬の血統の能力の遺伝の歴史」や「いまその国や地
域で栄えている血統」などが見えてくる。本章では、現在の日本競馬を中心に、
血統予想に直結する種牡馬と、そこに至る血統の流れをたどっていく。

1 現在の主流血統は4頭＋2頭の馬に集約される

　2000〜2017年に実施されたJRA平地重賞の勝ち馬の父系をさかの
ぼると、95％以上が1940年以降に誕生した**ナスルーラ**、**ネイティヴ
ダンサー**、**ターントゥ**、**ノーザンダンサー**の4頭に行き着く。さらに
現在は、ネイティヴダンサー系から派生した**ミスタープロスペクター**、
ターントゥ系から派生した**サンデーサイレンス**の存在感が大きい。

　そこで本書では、この6頭を起点とする6大系統を中心に話を進める。

2 世界に広がる11大系統を日・米・欧で捉える

　世界の競馬主要国で活躍している馬のほとんどが、この6頭の系統に
含まれるが、日本・米国・欧州によって優勢な系統は異なる。

　第4章では、この6大系統に加え、現在では主に母系に入って影響力
を残す5つの父系を加えた11大系統について解説する。また、各大系
統から枝分かれする小系統を整理し、**日本・米国・欧州における優位性
により、「日本型」「米国型」「欧州型」に分類**している。これが血統予
想の基礎知識となる。

3 すべての父系は3大始祖にたどり着く

　現在のサラブレッドの父系をさかのぼると、すべて**3大始祖（ダー
レーアラビアン、バイアリーターク、ゴドルフィンアラビアン）**のいず
れかの血を引いている。ただし、そのほとんどがダーレーアラビアンの
子孫で、6大系統もすべてこの父系に属する。本書で解説する11大系

統のうち、9系統がダーレーアラビアン系で、残る2系統がバイアリーターク系とゴドルフィンアラビアン系である。

主流血統であるほど種牡馬の数が増えて、系統が細分化していくため、血統にかたよりが生じる。それが血統を複雑に感じさせる一因でもあるが、父系の特徴をつかめば、競馬を見るおもしろさも増す。

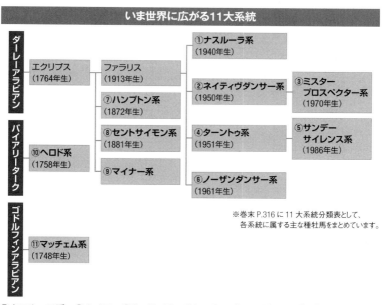

※巻末P.316に11大系統分類表として、各系統に属する主な種牡馬をまとめています。

①ナスルーラ系、②ネイティヴダンサー系、③ミスタープロスペクター系、④ターントゥ系、⑤サンデーサイレンス系、⑥ノーザンダンサー系が現時点における世界の主流血統。残る5つの血統（⑦〜⑪）は、主に母系に保って影響力を残している。

☑ 大系統と小系統の2パターンで分類する

本書では、すべての種牡馬の父系を大きく11系統に分類し、これを「大系統」として表現する。さらに大系統から細かく分類したものを、「小系統」とする。たとえば、キングカメハメハ（→P.153）なら、大系統ではミスタープロスペクター系に属すが、小系統ではキングマンボ系となる。

血統予想を行う際、大系統で見て傾向が出るときもあれば、小系統で見ないと判断がつかないケースもある。そのため、血統予想では、小系統と大系統の2パターンで見ていくことが大切になる。

[種牡馬事典] ナスルーラ系

大系統❶
ナスルーラ系

ナスルーラ系はグレイソヴリン系、プリンスリーギフト系、ボールドルーラー系、レッドゴッド系、ネヴァーベンド系などに分類され、日米欧に広がっている。

ナスルーラの5代血統表

ナスルーラ（1940年生 鹿毛 英国産）

			Polymelus 1902	Cyllene
		Phalaris 1913 黒鹿毛		Maid Marian
	Pharos 1920 黒鹿毛		Bromus 1905	**Sainfoin**
				Cheery
		Scapa Flow 1914 栗毛	Chaucer 1900	**St. Simon**
				Canterbury Pilgrim
Nearco 1935 黒鹿毛			Anchora 1905	Love Wisely
				Eryholme
		Havresac 1915 黒鹿毛	Rabelais 1900	**St. Simon**
				Satirical
	Nogara 1928 鹿毛		Hors Concours 1906	Ajax
				Simona
		Catnip 1910 鹿毛	Spearmint 1903	Carbine
				Maid of the Mint
			Sibola 1896	The Sailor Prince
				Saluda
		Blandford 1919 黒鹿毛	Swynford 1907	John o'Gaunt
				Canterbury Pilgrim
	Blenheim 1927 黒鹿毛		Blanche 1912	White Eagle
				Black Cherry
		Malva 1919 黒鹿毛	Charles O'Malley 1907	Desmond
				Goody Two-Shoes
Mumtaz Begum 1932 鹿毛 FNo.[9-c]			Wild Arum 1911	Robert le Diable
				Marliacea
		The Tetrarch 1911 芦毛	Roi Herode 1904	Le Samaritain
				Roxelane
	Mumtaz Mahal 1921 芦毛		Vahren 1897	Bona Vista
				Castania
		Lady Josephine 1912 栗毛	Sundridge 1898	Amphion
				Sierra
			Americus Girl 1905	Americus
				Palotta

Canterbury Pilgrim 5×5、Sainfoin＝Sierra 5×5（全兄妹）、St.Simon 5×5

1 単なるスピード型から脱皮して世界に広がる

ネアルコ（→ P.284）の血を最初に広めたナスルーラは激しい気性が優れた闘争心として産駒に伝わり、2歳戦や短距離戦を重視する米国で大成功。**スピードの持続力や仕上がりの早さは後継種牡馬のボールドルーラーに引き継がれ、1960〜1970年代の米国で一大父系を形成。**母国イギリスでもリーディングサイアーとなり、世界中で繁栄した。

当初はスピードを武器としたが、牝系からスタミナを補ったミルリーフ系、ブラッシンググルーム系、ゼダーン系など、長距離を得意とする父系も育った。日本ではスピード型のプリンスリーギフト系が一時代を築き、**その血はサクラバクシンオーへと受け継がれている。**

ナスルーラのプロフィール

成績 タイトル	2〜3歳／英10戦5勝(1000〜2000m)。英チャンピオンS、コヴェントリーSなど。英最優秀2歳牡馬。
種牡馬成績	英愛LS(1951年)、北米LS(1955〜1956年、1959〜1960年、1962年)。
血統	父：ネアルコ　母：マムタズビガム(マイナー系)
日本の主な 活躍馬	1970〜	アローエクスプレス、キタノカチドキ、トウショウボーイ
	1980〜	ミスターシービー、サクラユタカオー、イナリワン、タマモクロス
	1990〜	サクラバクシンオー、ミホノブルボン、ウイニングチケット、アドマイヤコジーン
	2000〜	ジャングルポケット、カンパニー、トーセンジョーダン、グランプリボス

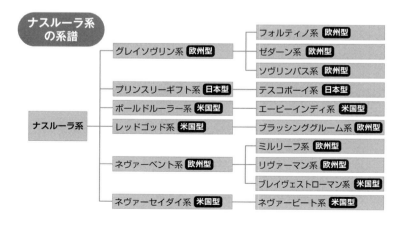

[種牡馬事典] ナスルーラ系

ナスルーラ系①
グレイソヴリン系

グレイソヴリン系は芦毛の快足血統。世界に広がったフォルティノ系、ヨーロッパで生き残ったゼダーン系などに大別される。日本では1960年代後半からソヴリンパス系、フォルティノ系、ゼダーン系の順に繁栄し、現在はゼダーン系のトニービン〜ジャングルポケットのサイアーラインが健在だ。

長きにわたり日本の芝に高い適性を示す

ナスルーラ系らしくスピードの持続力勝負に強い。日本の芝適性は高く、フォルティノ系は芦毛のステイヤー血統として成功。一方、カロ産駒で、アメリカで成功したコジーン系は短中距離向きの血統である。

母系からスタミナを取り込んだゼダーン系〜トニービン系は中長距離に実績を残す。

グレイソヴリン系の系統図

▶グレイソヴリン系の特徴

- 原則として、芝向きでスピードの持続性を供給する。
- 1970年代には、ソヴリンパス系がスピード血統として活躍。
- 1980年代には、フォルティノ系が芝の中長距離で活躍。
- 1990年代以降、コジーン系は芝のマイル〜短距離で活躍。
- 1990年代以降、トニービン系が芝の中長距離で活躍。
- トニービンは、サンデーサイレンス系種牡馬の母父として影響力を及ぼす。

1 グレイソヴリン（Grey Sovereign） 欧州型

　芦毛の快足馬ザテトラーク（ヘロド系）の4×5のインブリードを持ち、母から芦毛を受け継いだスプリンター。種牡馬になれたのは英ダービー馬の半兄ニンバス（父ネアルコ）のおかげだが、種牡馬としては兄を大きく上回る実績を残し、日本でも多くの活躍馬を出している。

出生国・出生年・毛色	英国・1948年・芦毛
競走年齢／競走成績 （勝ち鞍の距離）	2〜4歳／英24戦8勝（1000〜2400m）。
父／母（母の父系）	ナスルーラ／コング（マイナー系）

2 フォルティノ（Fortino） 欧州型

　伊オークス馬の曾祖母ネルヴェサはネアルコの半妹。自身は早熟スプリンターだったが、日本に輸入されると、天皇賞春秋や宝塚記念を制したタマモクロスという芦毛のステイヤーを輩出する。一方、ヨーロッパに残してきたカロの活躍で父系を世界的に広げた。

出生国・出生年・毛色	仏国・1959年・芦毛
競走年齢／競走成績 （勝ち鞍の距離）	2〜3歳／仏17戦8勝（800〜1400m）。アベイユドロンシャン賞、サンジョルジュ賞、モートリー賞など。
父／母（母の父系）	グレイソヴリン／ラナヴァロ（マッチェム系）

2-1 カロ（Caro） 欧州型

　ヨーロッパにおけるフォルティノの代表産駒で、グレイソヴリン系の芦毛を世界に広げた功労馬。アメリカに輸出されたあともウイニングカラーズ（ケンタッキーダービー）、ゴールデンフェザント（アーリントンミリオンS、ジャパンカップ）など、芝ダートや距離に関係なく、多くの活躍馬を出している。母の父として、アンブライドルズソング（アロゲートの父）を出している。

　カロの代表産駒クリスタルパレス（仏ダービー馬）は父として天皇賞馬プレクラスニー、母の父としてダービー馬タニノギムレットを輩出。シャルードはビワハヤヒデ（菊花賞、天皇賞春など）を出している。

[種牡馬事典] ナスルーラ系

出生国・出生年・毛色	愛国・1967年・芦毛
競走年齢／競走成績 （勝ち鞍の距離）	2～4歳／仏英19戦6勝（900～2100m）。仏2000G、ガネー賞、イスパーン賞、アルクール賞、ドラール賞など。仏リーディングサイアー（1977年）。
父／母（母の父系）	フォルティノ／チャンボード（マッチェム系）

2-2 コジーン（Cozzene） 欧州型

　アメリカの芝中距離戦で活躍したカロの後継馬。産駒は芝向きの馬が多く、日本ではローブデコルテがオークスに勝ち、エイシンバーリンはシルクロードS（京都芝1200m）を1分6秒9のレコードタイムで逃げ切っている。

　日本での代表産駒アドマイヤコジーン（朝日杯3歳S、安田記念）がアストンマーチャン、スノードラゴンなどのGIスプリンターを出したように、**カロ～フォルティノの系統は、テンから流れるスピードの持続力勝負ではサンデーサイレンス系と互角以上のポテンシャルを秘める血統である。**

出生国・出生年・毛色	米国・1980年・芦毛
競走年齢／競走成績 （勝ち鞍の距離）	3～5歳／米24戦10勝（1200～1800m）、BCマイルなど。北米リーディングサイアー（1996年）。北米最優秀芝牡馬（1985年）。
父／母（母の父系）	カロ／ライドザトレイルズ（セントサイモン系）

3 ゼダーン（Zeddaan） 欧州型

　仏2000Gを父子制覇した直仔カラムーンともども気性の激しさで知られたマイラーだが、カラムーン産駒は父よりも幅広い距離適性を示し、ヨーロッパにおけるグレイソヴリン系の主流となった。ゼダーンの産駒はすべて芦毛で、日本輸入後の産駒にキョウワサンダー（エリザベス女王杯）がいる。

出生国・出生年・毛色	英国・1965年・芦毛
競走年齢／競走成績 （勝ち鞍の距離）	2～3歳／仏13戦8勝（900～1850m）。仏2000G、イスパーン賞、ロベールパパン賞、アランベール賞、セーヌワーズ賞など。
父／母（母の父系）	グレイソヴリン／ヴァレタ（マイナー系）

3-1 トニービン（Tony Bin） 欧州型

　凱旋門賞を勝って参戦したジャパンカップ５着で日本の芝への適性を示し、1994年に日本リーディングサイアーとなった。**カロと同じく、スピードの持続性を強化するが、こちらはカロよりもスタミナ寄り。**産駒は東京競馬場を得意とし、全ＧＩレース（2006年創設のヴィクトリアマイルを除く）を制覇している。母からトニービンの血を受け継いだハーツクライ（Ｔサンデー系）やルーラーシップ（キングマンボ系）も、**中長距離でのスピードの持続性を武器に種牡馬として成功している。**

出生国・出生年・毛色	愛国・1983年・鹿毛
競走年齢／競走成績 （勝ち鞍の距離）	２〜５歳／伊仏英日27戦15勝（1600〜2400m）。凱旋門賞、ミラノ大賞2回、ジョッキークラブ大賞など。日リーディングサイアー（1994年）。
父／母（母の父系）	カンパラ／セヴァーンブリッジ（ハンプトン系）
母の父としての特徴と 代表産駒	中長距離適性とスピードの持続力を伝え、サンデーサイレンス系と相性がよい。米国型との配合では、ダート馬（アドマイヤドン＝父ティンバーカントリー、トランセンド＝父ワイルドラッシュ）やスプリンター（カレンチャン＝父クロフネ）も出ている。その他は、以下のとおり。 ・アドマイヤベガ（日本ダービー／父サンデーサイレンス） ・アドマイヤグルーヴ（エリザベス女王杯2回／父サンデーサイレンス） ・ハーツクライ（有馬記念、ドバイ・シーマC／父サンデーサイレンス） ・キャプテントゥーレ（皐月賞／父アグネスタキオン） ・ルーラーシップ（香港クイーンエリザベスⅡC／父キングカメハメハ）

3-2 ジャングルポケット 欧州型

　トニービンの代表産駒で、東京競馬場の芝2400mＧＩを２勝。産駒はスタミナと馬力が強すぎて、重賞勝ち馬の90％以上は母の父からサンデーサイレンスの血を取り込んだ馬。その母の父サンデーサイレンス系との配合馬でも、重賞勝ち馬のほとんどは直線が短く、上がりのかかるレースでのものとなっている。

出生国・出生年・毛色	日本・1998年・鹿毛
競走年齢／競走成績 （勝ち鞍の距離）	２〜４歳／日13戦5勝（1800〜2400m）。日本ダービー、ジャパンカップなど。
父／母（母の父系）	トニービン／ダンスチャーマー （ヌレイエフ系〜ノーザンダンサー系）

[種牡馬事典] ナスルーラ系

血統のポイント	▶平均勝距離:芝1844m／ダート1661m ▶芝／ダート:74%／26% 重厚な血統で、馬力とスタミナに勝る。芝重賞の勝ち馬の90%以上は母の父サンデーサイレンス系で、スピードが補われた馬。重賞勝ちは小回りの流れで、ゴール前で持久力が問われるレースにかたよる。

CHECK! トニービン系狙いで大穴！

2012年4月29日 3回京都4日11R 第145回天皇賞・春（芝3200m）晴・良

着順	馬名	人気	血統のポイント
1	ビートブラック	14	父ミスキャストの母の父がトニービン。
2	トーセンジョーダン	3	父がジャングルポケット。
3	ウインバリアシオン	2	父ハーツクライの母の父がトニービン。
4	ジャガーメイル	9	父がジャングルポケット。
5	ギュスターヴクライ	4	父ハーツクライの母の父がトニービン。

早めに先頭に立ったビートブラックがトニービン系特有のスピードの持続力を活かして平均ペースで逃げ、単勝159倍の大万馬券を演出。断然人気のオルフェーヴルは11着に大敗した。1～5着馬はすべてトニービンの血を持つ馬だった。

4 アローエクスプレス 欧州型

　グレイソヴリンの孫スパニッシュエクスプレス（1962年生）の代表産駒。日本競馬にスピードを持ち込み、内国産種牡馬のエースとなった（1980～1981年の日本リーディングサイアー）。活躍馬に牝馬（桜花賞・オークス勝ちのテイタニヤ、桜花賞勝ちのリーゼングロス、オークス勝ちのノアノハコブネ）が多かったこともあり、父系は残っていない。

ソヴリンパス （1956年：クイーンエリザベスⅡS）
└ **スパニッシュエクスプレス** （1962年：ミドルパークS）
　└ **アローエクスプレス** （1967年：朝日杯3歳S）
　　├ **テイタニヤ** （1973年・牝：桜花賞、オークス）
　　├ **リーゼングロス** （1979年・牝：桜花賞）
　　└ **ノアノハコブネ** （1982年・牝：オークス）

出生国・出生年・毛色	日本・1967年・鹿毛
競走年齢／競走成績 （勝ち鞍の距離）	2〜4歳／日14戦7勝（1000〜2000m）。朝日杯3歳S、NHK杯（当時GⅡ）など。日リーディングサイアー（1980〜1981年）。JRA最優秀2歳牡馬（1969年）。
父／母（母の父系）	スパニッシュエクスプレス／ソーダストリーム（マッチェム系）

☑ グレイソヴリン系の主な種牡馬・活躍馬

フォルティノ系

- **タマモクロス**（1984年生：天皇賞春秋、宝塚記念）
- ***ゴールデンフェザント**（1986年生：ジャパンカップ）
- **ビワハヤヒデ**（1990年生：菊花賞、天皇賞春、宝塚記念）
- **プレクラスニー**（1987年生：天皇賞秋）
- **アドマイヤコジーン**（1996年生：安田記念、朝日杯3歳S）
- **アストンマーチャン**（2004年生・牝：スプリンターズS）
- **スノードラゴン**（2008年生：スプリンターズS）
- **ローブデコルテ**（2004年生・牝：オークス）

ゼダーン系（トニービン系）

- ***トニービン**（1983年生：凱旋門賞）
- **ウイニングチケット**（1990年生：日本ダービー）
- **ベガ**（1990年生・牝：桜花賞、オークス）
- **サクラチトセオー**（1990年生：天皇賞秋）
- **ノースフライト**（1990年生・牝：安田記念、マイルCS）
- **エアグルーヴ**（1993年生・牝：オークス、天皇賞秋）
- **カンパニー**（2001年生：天皇賞秋、マイルCS）
- **ジャングルポケット**（1998年生：日本ダービー、ジャパンカップ）
- **オウケンブルースリ**（2005年生：菊花賞）
- **トールポピー**（2005年生・牝：オークス、阪神JF）
- **トーセンジョーダン**（2006年生：天皇賞秋）
- **アヴェンチュラ**（2008年生・牝：秋華賞）

ソヴリンパス系

- **アローエクスプレス**（1967年生：朝日杯3歳S）

* は輸入種牡馬。

[種牡馬事典] ナスルーラ系

ナスルーラ系②
プリンスリーギフト系

競走成績はさえず、産駒も早熟スプリンターが多かったが、孫世代にGⅠ級が出て一定の需要があった。日本では、1968年に輸入されたテスコボーイが大ブレイクし、日本にプリンスリーギフト時代が到来。孫世代を含めると20頭以上が日本に輸入されたため、ヨーロッパでは早い時期に衰退した。

一世を風靡したスピードのDNAを次代へ！

　プリンスリーギフト系は欧州では大成せず、後継種牡馬のほとんどが来日して一時代を築いた日本型父系。**日本適性とスピード能力が高く、軽い馬場でのスピード勝負に強い。**母系に入って、父系のスピード不足を補うこともある。

プリンスリーギフト系の系統図

```
プリンスリーギフト系     テスコボーイ系 ┌─ トウショウボーイ
日本型                  日本型        │  日本型
                                     └─ サクラユタカオー系 ─ サクラバクシンオー系
                                        日本型              日本型
```

▶プリンスリーギフト系の特徴
- 1970年代の日本にスピードを持ち込んだ。
- スタートダッシュが効き、スピードの持続性に優れる。
- 現在は芝1200m戦がベスト（サクラバクシンオー系）。

1 プリンスリーギフト（Princely Gift）日本型

　ファロスとフェアウェイ（全兄弟）の3×3、ブランドフォードの4×3のインブリードを持つ。来日した後継種牡馬のうち、成績最上位のファバージ（英2000G2着）は皐月賞馬ハードバージを出し、母の父としてオサイチジョージ（宝塚記念）、シャダイカグラ（桜花賞）、トウカイローマン（オークス）を出している。

出生国・出生年・毛色	英国・1951年・鹿毛
競走年齢／競走成績 （勝ち鞍の距離）	2〜4歳／英23戦9勝（1000〜1400m）。
父／母（母の父系）	ナスルーラ／ブルージェム（マイナー系）

2 テスコボーイ（Tesco Boy） 日本型

　勝ち鞍はすべて8F（1600m）の準A級マイラー。ハイペリオン系牝馬である母サンコートはゲインズボローの2×4というインブリードを持つ。ステイヤー全盛時代に圧倒的なスピードを伝え、日本の競馬シーンを一変させた。

出生国・出生年・毛色	英国・1963年・黒鹿毛
競走年齢／競走成績 （勝ち鞍の距離）	3歳／英11戦5勝（1600m）。クイーンアンSなど。日リーディングサイアー（1974、1978〜1979年）。
父／母（母の父系）	プリンスリーギフト／サンコート（ハンプトン系）

2-1 トウショウボーイ 日本型

　トウショウボーイは1600m、2000m、2500mでレコードタイムをマークし、「天馬」と呼ばれたスピード馬。テンポイント、グリーングラスとTTG時代を築き、3冠馬ミスターシービーを出して内国産種牡馬の評価を高めた。ミスターシービーは天皇賞秋が3200mから2000mに短縮された1984年に、レコード勝ちしている。

　父系子孫は残っていないが、「ハイペリオンの3×4」という血統は有名で、スイープトウショウ（秋華賞、宝塚記念、エリザベス女王杯）、ウオッカ（日本ダービーなどGI7勝）の祖母の父として、その血を伝えている。

出生国・出生年・毛色	日本・1973年・鹿毛
競走年齢／競走成績 （勝ち鞍の距離）	3〜4歳／日15戦10勝（1400〜2500m）。皐月賞、有馬記念、宝塚記念など。JRA年度代表馬・最優秀3歳牡馬（1976年）。
父／母（母の父系）	テスコボーイ／ソシアルバタフライ（ハンプトン系）

[種牡馬事典] ナスルーラ系

2-2 サクラユタカオー 日本型

　ナスルーラの3×4を持ち、1800mと2000mでは6戦全勝で、毎日王冠と天皇賞秋をレコード勝ちした。しかし、それ以上の距離では馬券に絡んでいない。

　産駒は優れたスピードと距離の限界を受け継ぎ、とくにサクラバクシンオーが優れた後継種牡馬となった。

出生国・出生年・毛色	日本・1982年・栗毛
競走年齢／競走成績 （勝ち鞍の距離）	2～4歳／日12戦6勝（1800～2000m）。天皇賞秋など。
父／母（母の父系）	テスコボーイ／アンジェリカ（ネヴァーセイダイ～ナスルーラ系）

2-3 サクラバクシンオー 日本型

　1400m以下で（11-0-0-1）と、圧倒的な強さを誇ったスプリンター。非サンデーサイレンス系として需要が高く、リーディングサイアー・ランキングは2001年から10年連続10位以内を堅持した。

　父はノーザンテースト系牝馬との間に多くの活躍馬を出しており、サクラバクシンオーもその1頭。テスコボーイ系の後継馬として、父系存続の可能性を広げている。

スプリント戦、テンから飛ばすスピードの持続力勝負に優れた血で、GI7勝のキタサンブラックの母の父として知られる。 産駒にはショウナンカンプ（高松宮記念）、ビッグアーサー（高松宮記念）、グランプリボス（NHKマイルカップ）、ブランディス（障害GI2勝）らがいる。

出生国・出生年・毛色	日本・1989年・鹿毛
競走年齢／競走成績 （勝ち鞍の距離）	3～5歳／日21戦11勝（1200～1400m）。スプリンターズS2回など。JRA最優秀短距離馬（1994年）。
父／母（母の父系）	サクラユタカオー／サクラハゴロモ （ノーザンテースト系～ノーザンダンサー系）
血統のポイント	▶平均勝距離：芝1282m／ダート1240m ▶芝／ダート：64％／36％ テンから飛ばすスピードが武器で、坂がなく、直線の短い芝1200mがベスト。高速馬場向きと、時計のかかる馬場向きがいる。高松宮記念は2勝しているが、スプリンターズSでは連対がない（2018年現在）。

CHECK! 平坦スプリント戦のスピード持続力勝負で圧倒！

2016年8月21日 2回小倉8日11R 北九州記念（芝1200m）晴・良

着順	馬名	人気	タイム／着差	血統のポイント
1	バクシンテイオー	8	1:08.5	父サクラバクシンオー。
2	ベルカント	1		父サクラバクシンオー。

2015年8月23日 2回小倉8日11R 北九州記念（芝1200m）晴・良

着順	馬名	人気	タイム／着差	血統のポイント
1	ベルカント	2	1:07.3	父サクラバクシンオー。
2	ビッグアーサー	1	1 1/2	父サクラバクシンオー。

2015年、2016年の同レースで、サクラバクシンオー産駒が2年連続で1～2着だった。小倉芝1200mがダービーの舞台だったら、サクラバクシンオーはディープインパクトの種付料を超えた……かも!?

☑ プリンスリーギフト系の主な種牡馬・活躍馬

トウショウボーイ系

- ミスターシービー（1980年生：3冠、天皇賞秋）
- パッシングショット（1985年生・牝：マイルCS）
- ダイイチルビー（1987年生・牝：安田記念、スプリンターズS）
- シスタートウショウ（1988年生・牝：桜花賞）

サクラユタカオー～サクラバクシンオー系

- ショウナンカンプ（1998年生：高松宮記念）
- グランプリボス（2008年生：NHKマイルカップ、朝日杯FS）
- ビッグアーサー（2011年生：高松宮記念）
- サクラキャンドル（1992年生・牝：エリザベス女王杯）
- ウメノファイバー（1996年生・牝：オークス）
- エアジハード（1995年生：安田記念、マイルCS）
- ショウワモダン（2004年生：安田記念）

その他

- カツラギエース（1980年生：ジャパンカップ、宝塚記念）
- ハードバージ（1974年生：皐月賞）
- ビクトリアクラウン（1979年生・牝：エリザベス女王杯）

[種牡馬事典] ナスルーラ系

ナスルーラ系③
ボールドルーラー系

ボールドルーラーは、ナスルーラが渡米後に出した最初の大物。通算8回も北米リーディングサイアーとなり、多くの後継馬を出した。現在は、シアトルスルー～エーピーインディ系が中心となっている。輸入種牡馬の数は多いが、父系として定着したケースはなく、活躍馬の多くは外国産馬か持込馬である。

日本でも活躍馬が登場する予感

同じナスルーラ系でも、グレイソヴリン系やプリンスリーギフト系が日本の芝におけるスピードの持続力勝負に強いのに対して、**ボールドルーラー系はダートコースでのスピードの持続力勝負に強い系統である**。ダートの本場である米国で大成功したあと、一時はノーザンダンサー系やミスタープロスペクター系に押され気味になったが、シアトルスルーとその後継馬エーピーインディによって復活した。

日本ではダートが主戦場で、サンデーサイレンス系を圧倒する産駒も数多く出している。 人気が先行しやすいサンデーサイレンス系に対し、馬券の期待値が大きくなりやすい点も魅力だ。

ボールドルーラー系の系統図

ボールドルーラー系 米国型	エーピーインディ系 米国型	プルピット系 米国型	タピット 米国型

▶ボールドルーラー系の特徴

- 大型でパワータイプの産駒が多い。
- ダート向きだが、平坦な芝ならスピード任せで押し切れる馬もいる。
- 芝適性の高い牝系と配合されると、芝をこなせるスピード馬も出る。
- 日本では、脚抜きのよいダート1400〜1600m、とくに東京ダートを得意とする種牡馬が多い。

1 ボールドルーラー(Bold Ruler) 米国型

レコード勝ちや後続をちぎるスピードを持ち、ハンデ戦にも強い競走馬だった。種牡馬としても、競走成績をはるかに超える実績を残した。母の父ディスカヴァリーは、ネイティヴダンサーの母の父でもある。

出生国・出生年・毛色	米国・1954年・黒鹿毛
競走年齢／競走成績 (勝ち鞍の距離)	2〜4歳／米33戦23勝(1000〜2000m)。プリークネスS、ウッドメモリアルS、モンマスH、カーターHなど。北米リーディングサイアー(1963〜1969年、1973年)。
父／母 (母の父系)	ナスルーラ／ミスディスコ(マッチェム系)

2 エーピーインディ(A.P.Indy) 米国型

米3冠馬同士の配合で、ボールドルーラーの3×4を持つ。後継種牡馬プルピット〜タピット父子、バーナーディニらはいずれも仕上がりが早い。**日本の主流血統に比べて、ダート適性や2歳戦への適性が高い。**プルピット産駒のパイロも日本のダート戦、とくに2〜3歳の若駒限定戦で好成績を収めている。

エーピーインディの父はシアトルスルー。1995年の宝塚記念を1〜2着したダンツシアトルとタイキブリザードの父で、シンボリクリスエスの母の父の系統でもある。芝のレースでも、米国ダートのようなスピードの持続性が問われるレースに強い血統だ。

出生国・出生年・毛色	米国・1989年・黒鹿毛
競走年齢／競走成績 (勝ち鞍の距離)	2〜3歳／米11戦8勝(1300〜2400m)。BCクラシック、ベルモントS、サンタアニタダービーなど。北米年度代表馬・最優秀3歳牡馬(1992年)、北米リーディングサイアー(2003年・2006年)。
父／母 (母の父系)	シアトルスルー／ウィークエンドサプライズ (ボールドルーラー系〜ナスルーラ系)

2-1 タピット(Tapit) 米国型

父プルピット産駒のピットファイターは、武蔵野Sなどダート重賞3勝。母の半兄に1992年の米最優秀短距離馬ルビアノ(父ファピアノ)

[種牡馬事典] ナスルーラ系

などがいる良血。タピット自身はミスタープロスペクターの3×4、ニジンスキーの5×3を持つ。

2014年から3年連続で北米リーディングサイアーとなる。日本でもテスタマッタ（フェブラリーS）、ラニ（UAEダービー）、ラビットラン（ローズS）が出て、活躍の場を広げている。

出生国・出生年・毛色	米国・2001年・芦毛
競走年齢／競走成績 （勝ち鞍の距離）	2〜3歳／米6戦3勝（1600〜1800m）。ウッドメモリアルS、ローレルフューチュリティなど。北米リーディングサイアー（2014〜2016年）。
父／母（母の父系）	プルピット／タップユアヒールズ（ファビアノ系〜ミスタープロスペクター系）
血統のポイント	▶平均勝距離：芝1600m／ダート1497m ▶芝／ダート：17%／83% エピカリスが出走を取り消したベルモントSで産駒が3勝。日本では、東京ダート1300m〜1600mを得意とする産駒が多い。これは東京ダートがアメリカと同じく、スピードの持続性が活きる脚抜きのよいダートになりやすく、左回りであることも影響している。

反主流馬場で注目したいエーピーインディ系

エーピーインディ系はスピードとパワーが要求される米国型の馬場になったとき、忘れずに狙いたい。母の父としての影響力にも注目。

シニスターミニスター（Sinister Minister）

父オールドトリエステ産駒（マルターズヒートなど）は芝もこなすが、**シニスターミニスターはダート専用**。地味で人気になりにくい点が、むしろ魅力となる。

パイロ（Pyro）

父プルピット。2歳戦の勝馬率が高く、入着も多い。**活躍の場は圧倒的に2〜3歳限定のダートで、1200mと1400mでパワー全開。**

カジノドライヴ

父は2003年米年度代表馬マインシャフト。直線の長いダートコース、左回りに向く産駒が多く、成長力もある。中距離ダートで、とくに**スピードの持続性を問われやすい1700mを得意とする産駒が多い。**

マジェスティックウォリアー

父エーピーインディ。母も祖母も米GⅠ馬という良血で、産駒にベストウォーリア（マイルCS南部杯連覇）。2016年から日本で供用。

バーナーディニ（Bernardini）

父エーピーインディ。アメリカではプルピット系に次ぐ勢力を築き、日本のダートなら、**直線の長いコースの1400m以上が向きそう**。

母系に残るセクレタリアトの名

セクレタリアトはボールドルーラー系で初めて米3冠馬となり、「ビッグレッド」と呼ばれたアイドルホース。母の父としてエーピーインディ、ストームキャット、ゴーンウエスト、チーフズクラウンなどを出し、**日本の高速馬場でスピードを持続する能力を伝えている**。

☑ ボールドルーラー系の主な種牡馬・活躍馬

エーピーインディ系

- **シンボリインディ**（1996年生：NHKマイルC）
- **プルピット**（1994年生：北米GⅡブルーグラスS）
- **タピット**（2001年生：ウッドメモリアルS）
- **ラニ**（2013年生：首GⅡUAEダービー）
- **ラビットラン**（2014年生・牝：GⅡローズS）
- ＊**パイロ**（2005年生：フォアゴーS）
- ＊**シニスターミニスター**（2003年生：ブルーグラスS）
- **カジノドライヴ**（2005年生：北米GⅡピーターパンS）
- **バーナーディニ**（2003年生：プリークネスS）
- ＊**マジェスティックウォリアー**（2005年生：北米ホープフルS）

その他

- **セクレタリアト**（1970年生：米3冠）
- **ラッキールーラ**（1974年生：日本ダービー）
- **アグネスフローラ**（1987年生・牝：桜花賞）
- **タイキブリザード**（1991年生：安田記念）

＊は輸入種牡馬。

[種牡馬事典] ナスルーラ系

ナスルーラ系④
レッドゴッド系

スピードをセールスポイントとするナスルーラ産駒の中にあって、レッドゴッドは純然たるスプリンター。2歳戦向きのスピード血統で、距離に限界があると見られ、ナスルーラ系の中では傍流扱いだった。しかし、晩年に名マイラーであるブラッシンググルームを送り出し、父系を世界的に広げた。

スタミナやタフさを問われる馬場で急浮上

　レッドゴッド自身は純然たるスプリンターだが、産駒は母系から中長距離適性を取り込んでスタミナ不足を克服。とくに後継馬ブラッシンググルームは中距離でスピードを発揮できるクラシック血統として高く評価され、欧州型ナスルーラ系を確立した。**現存する父系は、実質的にはブラッシンググルーム系でスタミナに富む血統になっている。**

レッドゴッド系の系統図

| レッドゴッド系 米国型 | ブラッシンググルーム系 欧州型 | バゴ 欧州型 |
| | | クリスタルグリッターズ 米国型 |

▶レッドゴッド系の特徴

- ●元祖レッドゴッドは米国型、ブラッシンググルーム系は欧州型。
- ●ブラッシンググルーム系は、前向きな気性とスピードをマルチに発揮する。たとえば、芝ダートの両GIに勝ったアラジ、芝ダートや距離を問わずマルチな産駒を輩出するクリスタルグリッターズなどがいる。
- ●欧州型は力のいる馬場やタフな馬場に向く。

1 レッドゴッド（Red God） 米国型

　ボールドルーラーに比べ、競走成績も種牡馬成績も見劣るが、ブラッシンググルームを出して父系を世界に広げた。

出生国・出生年・毛色	米国・1954年・栗毛
競走年齢／競走成績 （勝ち鞍の距離）	2～4歳／英米14戦5勝（1200～1400m）。
父／母（母の父系）	ナスルーラ／スプリングラン（マイナー系）

2 ブラッシンググルーム（Blushing Groom） 欧州型

　早熟スプリンター×未勝利馬という配合の格安馬だが、2歳GI4連勝を含めて、仏2000Gまで7連勝。英ダービーでも3着になった。

　種牡馬としてはクリスタルグリッターズ（イスパーン賞連覇）、レインボークエスト（凱旋門賞）、ナシュワン（英2000G、英ダービー、キングジョージ）、アラジ（米ダートと仏芝の2歳GI勝利）らを出し、単なるマイラーではないことを証明した。**日本でも、タフな競馬に立ち向かう前向きな気性とスタミナを伝えた。**

出生国・出生年・毛色	仏国・1974年・栗毛
競走年齢／競走成績 （勝ち鞍の距離）	2～3歳／仏英10戦7勝（1100～1600m）。仏2000G、グランクリテリウム、サラマンドル賞、モルニ賞、ロベールパパン賞など。英愛リーディングサイアー（1989年）。
父／母（母の父系）	レッドゴッド／ラナウィエブライド（セントサイモン系）

「母の父」としても絶大な影響力を示す

　ブラッシンググルームは母の父としても極めて優秀で、**日本ではタフさと成長力を伝え、芝の中長距離を中心に活躍馬を出した。**海外でもカヤージ（英愛ダービー）、ラムタラ（欧州3冠馬）、ゴルディコヴァ（BCマイル3連覇などGI13勝）などの父として知られる。

ブラッシンググルームの母の父としての代表産駒

・ヤマニンゼファー（安田記念2回、天皇賞秋：父ニホンピロウイナー）
・マヤノトップガン（2200～3200mのGI4勝：父ブライアンズタイム）
・テイエムオペラオー（2000～3200mのGI7勝：父オペラハウス）
・レディパステル（オークス：父トニービン）

激走馬を見抜く

血統の基礎知識

血統と馬の能力

レース条件別予想

種牡馬事典

血統の歴史と未来

[種牡馬事典] ナスルーラ系

2-1 バゴ（Bago）欧州型

　父ナシュワン（ブラッシンググルーム産駒）は英2000G、英ダービー、キングジョージを無敗で制覇。バゴも仏英愛米日で出走し、凱旋門賞などGⅠ5勝した一流馬。母の父はヌレイエフ（→P.244）で、日本適性を示す種牡馬の血を内包するが、いまのところ活躍馬といえるのは菊花賞馬ビッグウィークのみ。

　種牡馬成績が伸び悩むのは、日本向きの瞬発力に欠くために走る馬場やコースが制限されること。人気薄で激走したかと思えば、人気で取りこぼす不安定な能力バランスにある。**ただし、芝1200mと芝2000mでの破壊力は抜群。まとめて穴を出すことも多い。**

出生国・出生年・毛色	仏国・2001年・黒鹿毛
競走年齢／競走成績 （勝ち鞍の距離）	2～4歳／仏英愛米日16戦8勝（1600～2400m）。凱旋門賞、パリ大賞など。欧州最優秀3歳牡馬（2004年）。
父／母（母の父系）	ナシュワン／ムーンライツボックス （ヌレイエフ系～ノーザンダンサー系）
血統のポイント	▶平均勝ち距離：芝1610m／ダート1525m ▶芝／ダート：芝62％／ダート38％ 種牡馬成績が伸び悩むのは産駒の気性難のせいで、気持ちよく先行できた場合は軽視できない。気分次第の穴血統だが、芝1200mと芝2000mでの大穴は常に警戒したい。

高いスピード能力を示すブラッシンググルーム系

　ブラッシンググルームの後継種牡馬のうち、母系からもナスルーラの血を受け継ぐラーイ（産駒にGⅠ6勝のファンタスティックライト）、クリスタルグリッターズは、前向きな気性を直線までタメることにより、直線で強烈な闘争心を発揮できる産駒も出した。

　クリスタルグリッターズについて特筆すべきは、父として菊花賞馬マチカネフクキタルを、母の父として芝1000mの日本レコードホルダーであるカルストンライトオを出したこと。

　カルストンライトオのスピードの源泉は父ウォーニング（→P.295）に求められるが、レッドゴッド系特有の競馬に対して前向きな気性と、スピードを維持し続けるスタミナ能力もうまく遺伝できたことは大き

い。ちなみにマチカネフクキタルは、デビュー戦はダート1200mで、初勝利はダート1800m。デビューがダート短距離で、初勝利もダートというのは、菊花賞馬として異例のキャリア。

CHECK! 京都芝1200mで穴連発！

2016年4月24日 3回京都2日3R 3歳未勝利（芝1200m）晴・良

着順	馬名	人気	タイム／着差	血統のポイント
1	ブライティアレディ	3	1:09.4	父エンパイアメーカー。
2	ウイングフィールド	14	2	父バゴ。

バゴ産駒のウイングフィールドが14番人気で2着に激走。2週後の同コースでも同馬は3着。ちなみにその翌日の同コースで行われた葵Sでも、バゴ産駒のワンダフルラッシュ10番人気3着。「まとめて走るバゴ」の破壊力を見せつけた。

☑ レッドゴッド系の主な種牡馬・活躍馬

ブラッシンググルーム系

- ●*クリスタルグリッターズ（1980年生：イスパーン賞連覇）
- ●マチカネフクキタル（1994年生：菊花賞）
- ●アブクマポーロ（1992年生：NRA年度代表馬2回）
- ●レインボークエスト（1981年生：凱旋門賞）
- ●サクラローレル（1991年生：天皇賞春、有馬記念）
- ●ラーイ（1985年生：北米GⅡベルエアH）
- ●*ファンタスティックライト（1996年生：BCターフ）
- ●ナシュワン（1986年生：英ダービー）
- ●*バゴ（2001年生：凱旋門賞）
- ●ビッグウィーク（2007年生：菊花賞）
- ●スノーブライド（1986年生・牝：英オークス、ラムタラの母）
- ●*アラジ（1989年生：BCジュヴェナイル）

その他

- ●*イエローゴッド（1967年生：ジムクラックS）
- ●カツトップエース（1978年生：日本ダービー）
- ●ブロケード（1978年生・牝：桜花賞）

* は輸入種牡馬。

[種牡馬事典] ナスルーラ系

ナスルーラ系⑤
ネヴァーベンド系

ナスルーラのラストクロップ（最後の世代）のネヴァーベンドは、ミルリーフ系、リヴァーマン系、ブレイヴェストローマン系に大別される。ミルリーフ系は欧州型のステイヤー血脈。リヴァーマン系も距離の適性が広いタイプ。ブレイヴェストローマンは米国型のスピードと勝負強さを伝える。

直系子孫は少ないが、母系から底力を伝える

　ネヴァーベンドはセントサイモン系のスタミナを受け継ぐプリンスキロ系との配合で、ミルリーフやリヴァーマンという一流馬を出した。ヨーロッパの芝中長距離GⅠ馬には、いまもその血を持つ馬が多く、歴史的にはヨーロッパの名血といえる。

　ただし、馬力とスタミナの血を過度に持つと、日本の高速芝には対応できない。つまり、日本では持っていないほうが長所となることが多い血。**それでも、日本で欧州的な能力が要求されるレース（芝の重馬場など）になれば、重要な血となる。**なお、キングカメハメハの母の父ラストタイクーンの母の父は、ミルリーフ系種牡馬である。

ネヴァーベンド系の系統図

▶ネヴァーベンド系の特徴

- 1980年代にミルジョージが地方競馬でブレイク。
- ミルジョージ系は、中央の芝中長距離にも適性を示す。
- 後継馬は育っていないが、母系に入って底力を伝える。
- 現在の日本の芝で狙えるのは、芝の重馬場など限定的。

1 ネヴァーベンド(Never Bend) 欧州型

北米最優秀2歳牡馬として、当時の賞金レコードを更新した早熟なスピード馬。種牡馬としてはプリンスキロ系(セントサイモン系)のスタミナを取り込んでミルーフ、リヴァーマンという一流馬を出して評価を得た。

出生国・出生年・毛色	米国・1960年・鹿毛
競走年齢／競走成績 (勝ち鞍の距離)	2〜3歳／米23戦13勝(1100〜1800m)。シャンペンS、カウディンS、フラミンゴSなど。英愛リーディングサイアー(1971年)。
父／母 (母の父系)	ナスルーラ／ララン(ヘロド系)

2 ミルリーフ(Mill Reef) 欧州型

父のスピードと母系のスタミナを見事に融合させ、欧州3冠(英ダービー、キングジョージ、凱旋門賞)を史上初めて制した1970年代欧州最強馬。5代までアウトブリードで配合の自由度が高く、種牡馬としても大成功し、日本でもミルジョージ、マグニテュードが大活躍した。

ただし、いまよりも日本の芝中長距離戦がタフな馬場で行われていた時代に成功した父系。現在は馬場の高速化により、父系としての存続は厳しいが、母系に入って一定の影響力は保っている。**力のいる馬場、ペースの厳しいレース展開になるほど、底力が生きるので、血統表を見る際はぜひチェックしたい種牡馬である。**

出生国・出生年・毛色	米国・1968年・鹿毛
競走年齢／競走成績 (勝ち鞍の距離)	2〜4歳／英仏14戦12勝(1000〜2400m)。英ダービー、凱旋門賞、キングジョージ、エクリプスSなど。英愛リーディングサイアー(1978年、1987年)。
父／母 (母の父系)	ネヴァーベンド／ミランミル(セントサイモン系)

2-1 ミルジョージ(Mill George) 欧州型

曾祖父母の代にナスルーラ、プリンスキロ、リボー、グレイソヴリンら名種牡馬が並び、ナスルーラの3×4を持つ。競走成績が地味なため、初期の活躍馬は地方競馬が多かったが、1989年にはノーザンテー

135

[種牡馬事典] ナスルーラ系

ストを抑え、JRA・地方総合リーディングサイアーとなった。

ミルジョージと同年生まれのマグニテュードはミルリーフ×英オークス馬の超良血馬。未勝利馬だったため、ミルジョージの代替種牡馬として扱われたが、2冠馬ミホノブルボン、桜花賞馬エルプスを出し、良血種牡馬の底力を示した。

出生国・出生年・毛色	米国・1975年・鹿毛
競走年齢／競走成績 （勝ち鞍の距離）	3歳／米4戦2勝（1700〜1800m）。日リーディングサイアー（1989年）。
父／母（母の父系）	ミルリーフ／ミスカリスマ（セントサイモン系）

3 リヴァーマン（Riverman） 欧州型

ミルリーフ同様、ネヴァーベンド×プリンスキロ系から生まれた名馬にして名種牡馬。**産駒はマイラーからステイヤーまで、幅広い距離で活躍。**代表産駒ルション（ムーランドロンシャン賞）は母の父としてウオッカ（ダービーなどGI7勝）を、リヴリアは母の父としてテイエムオーシャン（桜花賞、秋華賞）を出している。

直線に急坂がある阪神や中山の芝GIに強く、祖母の父にリヴァーマンを持つマリアライトは2016年の宝塚記念（阪神・稍重）でキタサンブラック、ドゥラメンテを破って優勝した。

出生国・出生年・毛色	米国・1969年・鹿毛
競走年齢／競走成績 （勝ち鞍の距離）	2〜3歳／英仏8戦5勝（1000〜1850m）。仏2000G、イスパーン賞など。仏リーディングサイアー（1980〜1981年）。
父／母（母の父系）	ネヴァーベンド／リヴァーレディ（セントサイモン系）

4 ブレイヴェストローマン（Bravest Roman） 米国型

牝馬クラシック馬を3頭（トウカイローマン、マックスビューティ、オグリローマン）を出す一方、**勝ち鞍の7割以上はダートという血統。**母の父としてもキョウエイマーチ（桜花賞）、エリモハリアー（函館記念3連覇）を出している。

近年のクロフネがそうであるように、ダートの勝ち星比率が高い種牡馬の中に、牝馬の芝GIにも強い種牡馬が存在する。その意味で、「80

〜90年代のクロフネ」ともいえる存在で、**馬力が要求されるダートも得意とした**。日本リーディングサイアーのトップ10に8回入っている。

出生国・出生年・毛色	米国・1972年・鹿毛
競走年齢／競走成績 （勝ち鞍の距離）	2〜3歳／米25戦9勝（1200〜1600m）。サラナックスS（GⅡ）など。
父／母（母の父系）	ネヴァーベンド／ローマンソング（マイナー系）

☑ ネヴァーベンド系の主な種牡馬・活躍馬

ミルリーフ系

- シャーリーハイツ（1975年生：英ダービー）
- *マグニテュード（1975年生）
- *エルプス*（1982年生・牝：桜花賞）
- ミホノブルボン（1989年生：日本ダービー、皐月賞）
- *ミルジョージ（1975年生：1989年日リーディングサイアー）
- イナリワン（1984年生：有馬記念、宝塚記念、天皇賞春）
- オサイチジョージ（1986年生：宝塚記念）
- *ロジータ*（1986年生・牝：南関東3冠）
- *エイシンサニー*（1987年生・牝：オークス）
- *リンデンリリー*（1988年生・牝：エリザベス女王杯）
- *タケノベルベット*（1989年生・牝：エリザベス女王杯）

リヴァーマン系

- *テイエムプリキュア*（2003年生・牝：阪神JF）
- *デトロワ*（1977年生・牝：凱旋門賞）
- *ルション（1981年生：ムーランドロンシャン賞）
- *リヴリア（1982年生：ハリウッド招待H）
- ナリタタイシン（1990年生：皐月賞）
- *トリプティク*（1982年生・牝：6ヵ国で走り、GⅠ9勝）

ブレイヴェストローマン系

- *トウカイローマン*（1981年生・牝：オークス）
- *マックスビューティ*（1984年生・牝：オークス）
- *オグリローマン*（1991年生・牝：桜花賞）

* は輸入種牡馬。

[種牡馬事典] ナスルーラ系

ナスルーラ系⑥
ネヴァーセイダイ系

英2冠馬（ダービー、セントレジャーS）のネヴァーセイダイは、1962年の英愛リーディングサイアー。日本には種牡馬としてダイハード、シプリアニ、ネヴァービート、コントライトなどが輸入され、水準以上の成功を収めた。直系の父系は残っていないが、母の父として長く影響力を保った。

1960～70年代の日本競馬を彩った父系

　ネヴァーセイダイはナスルーラ系×マンノウォー系という配合で、米国産馬として73年ぶりに英ダービーを勝った名馬。

　日本では、1960年代にネヴァービートが成功して、ネヴァーセイダイブームが起こる。コントライト（1968年生）は、トウショウボーイのライバルとして知られる「栗毛の貴公子」ことテンポイント（1973年生）を輩出した。

ネヴァーセイダイ系の系統図

ネヴァーセイダイ系 米国型 ──── ネヴァービート系 米国型

▶**ネヴァーセイダイ系の特徴**

- ●父系として、1960～1970年代に多くの活躍馬を出した。
- ●1980年代以降は母の父、祖母の父として影響力を保った。
- ●ナスルーラ系らしいスピードの持続距離を伸ばす役割を担った。

1 ネヴァービート(Never Beat) 米国型

　重賞未勝利だが、ネアルコの3×3を持つ良血で種牡馬入りした。母の父ビッグゲームは英3冠馬バーラム産駒で、ドイツの名血モンズン系の基礎父系にさかのぼる。

　種牡馬としては、米国型ナスルーラ系の武器であるスピードを日本の芝コースに通用するものに転化させ、長くいい脚を使える子孫を残した。

出生国・出生年・毛色	英国・1960年・栗栗毛
競走年齢／競走成績 （勝ち鞍の距離）	2〜3歳／10戦1勝(2000m)。日リーディングサイアー(1970年・1972年・1977年)。
父／母（母の父系）	ネヴァーセイダイ／ブリッジエレクト（マイナー系）

母の父としても優れたネヴァービート

　ネヴァービート系は、父系としての衰退が早かった。その分、母の父としてのイメージが強く、**ノーザンテースト系と配合されてマイル〜中距離の活躍馬を多く出した。**

母の父がネヴァービートである主な活躍馬

- スズカコバン（1980年生：宝塚記念／父マルゼンスキー）
- サクラユタカオー（1982年生：天皇賞秋／父テスコボーイ）
- メジロラモーヌ（1983年生：牝馬3冠／父モガミ）
- パッシングショット（1985年生：マイルCS／父トウショウボーイ）
- ラッキーゲラン（1986年：阪神3歳S／父ラッキーソブリン）
- ダイタクヘリオス（1987年生：マイルCS 2回／父ビゼンニシキ）

☑ ネヴァーセイダイ系の主な種牡馬・活躍馬
ネヴァービート系

- **マーチス**（1965年生：皐月賞）
- **ルピナス**（1965年生・牝：オークス）
- **リキエイカン**（1966年生：天皇賞春）
- **グランドマーチス**（1969年生：中山大障害4勝）
- **インターグロリア**（1974年生・牝：桜花賞、エリザベス女王杯）

その他

- **ヒカルイマイ**（1968年生：日本ダービー）
- **トウメイ**（1966年生・牝：天皇賞秋3200m、テンメイの母＝天皇賞秋母子制覇）
- **アチーブスター**（1969年生・牝：桜花賞）
- **テンポイント**（1973年生：有馬記念、天皇賞春）

[種牡馬事典] ネイティヴダンサー系

大系統❷
ネイティヴダンサー系

ネイティヴダンサーは22戦21勝の快足馬。ミスタープロスペクターの祖父で、孫の影に隠れた存在だが、その血が果たした役割は大きい。

ネイティヴダンサーの5代血統表

ネイティヴダンサー（1950年生 芦毛 米国産）

Polynesian 1942 黒鹿毛	Unbreakable 1935 黒鹿毛	Sickle 1924 黒鹿毛	Phalaris 1913	**Polymelus**
				Bromus
			Selene 1919	Chaucer
				Serenissima
		Blue Glass 1917 鹿毛	Prince Palatine 1908	Persimmon
				Lady Lightfoot
			Hour Glass 1909	Rock Sand
				Hautesse
	Black Polly 1936 鹿毛	Polymelian 1914 栗毛	**Polymelus** 1902	Cyllene
				Maid Marian
			Pasquita 1907	Sundridge
				Pasquil
		Black Queen 1930 黒鹿毛	Pompey 1923	Sun Briar
				Cleopatra
			Black Maria 1923	Black Toney
				Bird Loose
Geisha 1943 芦毛 FNo.[5-f]	Discovery 1931 栗毛	Display 1923 鹿毛	Fair Play 1905	Hastings
				Fairy Gold
			Cicuta 1919	Nassovian
				Hemlock
		Ariadne 1926 黒鹿毛	Light Brigade 1910	Picton
				Bridge of Sighs
			Adrienne 1919	His Majesty
				Adriana
	Miyako 1935 芦毛	John P. Grier 1917 栗毛	Whisk Broom 1907	Broomstick
				Audience
			Wonder 1910	Disguise
				Curiosity
		La Chica 1930 芦毛	Sweep 1907	Ben Brush
				Pink Domino
			La Grisette 1915	Roi Herode
				Miss Fiora

※ Polymelus の5×4

1 名種牡馬を通じて世界に自らの血を広げる

ネイティヴダンサーの母はゲイシャ、祖母はミヤコ、父がポリネシアン（ポリネシア人）。だから、生まれた息子はネイティヴダンサー（民族舞踏家）という機知を利かせたネーミングである。

生涯成績は22戦21勝。2歳9月にベルモントパーク競馬場のダート6.5ハロン（1300m）で世界レコードを樹立した。唯一の敗戦が圧倒的人気に推されたケンタッキーダービー（2着）で、勝ち馬の名はダークスター。**その無念を晴らすかのように、子孫からは数多くのケンタッキーダービー馬が出た。**

産駒のケンタッキーダービー馬たちが優れた後継種牡馬となったほか、娘ナタルマがノーザンダンサーの母となったこと、**レイズアネイティヴを通じてミスタープロスペクターとアリダーを、エタンを通じてシャーペンアップを出したことで、その血は世界に広がった。**

ネイティヴダンサーのプロフィール

成績 タイトル	2～4歳／米22戦21勝（1000～2400m）。ベルモントS、プリークネスSなど。北米年度代表馬（1952年・1954年）。	
種牡馬成績	北米LS2位（1966年）	
血統	父：ポリネシアン　母：ゲイシャ（マッチェム系）	
日本の主な活躍馬	～1979	ホワイトフォンテン
	1980～	オグリキャップ
	1990～	リンドシェーバー、ニシノフラワー、コンサートボーイ

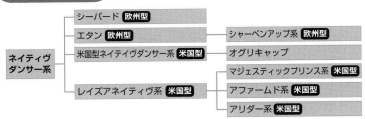

ネイティヴダンサー系の系譜

[種牡馬事典] ネイティヴダンサー系

ネイティヴダンサー系①
ネイティヴダンサー系

芦毛の快足馬ネイティヴダンサーは、大種牡馬ミスタープロスペクターの祖父として知られる。世界的に繁栄しているミスタープロスペクター系に比べて影が薄いが、アメリカでは「グレイ・ゴースト」と呼ばれ、「ビッグレッド」の愛称を持つマンノウォー（→ P.293）と双璧をなすアイドルホースだ。

芦毛の快足馬が築く意外性を秘めた父系

ネイティヴダンサーは種牡馬としても成功した。ただし、スプリンターからステイヤーが生まれたり、ダート馬から芝馬が生まれたり、一流馬が種牡馬として失敗したり、無名の種牡馬が成功したりと、一筋縄では読めない系統である。

スピードを維持する基礎的な筋力と、米国型血統らしい血の雑多性がさまざまなタイプの産駒を生み出す源泉となっている。

ネイティヴダンサー系の系統図

▶ネイティヴダンサー系の特徴

- 欧州型は短距離～マイル向きのスピードを伝える。
- 米国型は絶対値の高いスピードと、粘り強いパワーが持ち味。
- 欧州型は、スタミナと馬力を強化する。

1 シーバード（Sea-Bird） 欧州型

父ダンキューピッドは仏ダービー２着で、「白い逃亡者」と呼ばれた芦毛の逃げ馬ホワイトフォンテン（毎日王冠など）の祖父。母の父は

1966年仏リーディングサイアーのシカンブル（孫にカブラヤオーやタニノムーティエなど）。ネイティヴダンサー系として初めて英ダービーと凱旋門賞に勝ち、父系子孫のベーリングがハービンジャーの母の父となっている。

出生国・出生年・毛色	仏国・1962年・栗毛
競走年齢／競走成績（勝ち鞍の距離）	2～3歳／英仏8戦7勝（1400～2500m）。英ダービー、凱旋門賞など。
父／母（母の父系）	ダンキューピッド／シカラード（セントサイモン系）

2 エタン（Atan） 欧州型

日本に芝の短中距離向きのスピードを伝えた種牡馬。日本では大物を出せなかったが、ヨーロッパに残したシャーペンアップ（1969年生）が2歳戦からスプリンターとして活躍し、種牡馬として大成功した。

シャーペンアップは母系に入ってスタミナや成長力を供給。主な産駒にクリス（サセックスS）＆ダイイシス（デューハーストS）の全兄弟、トランポリーノ（凱旋門賞）らがいる。母の父としても、英愛リーディングサイアーのデインヒルダンサーを出した。皐月賞・ダービーの2冠馬ネオユニヴァースの母の父も、エタン系種牡馬。

出生国・出生年・毛色	米国・1961年・栗毛
競走年齢／競走成績（勝ち鞍の距離）	2歳／米1戦1勝（1000m）。
父／母（母の父系）	ネイティヴダンサー／ミクストマリジ（ハンプトン系）

日本に輸入された米国型ネイティヴダンサー系

1960年代後半から1970年代にかけて、ネイティヴダンサーの直仔や孫が日本に輸入された。**多くはダート向きで、距離は2000m程度が上限の種牡馬が多かった。**

カウアイキング（Kauai King）

ネイティヴダンサー系として初めてケンタッキーダービーに勝ち、プリークネスSも制した2冠馬。母の父としてハワイアンイメージ（皐月

[種牡馬事典] ネイティヴダンサー系

賞）、ドラールオウカン（東京大賞典）を出している。

🐎 ダンサーズメージ（Dancer's Image）

　ケンタッキーダービー1着失格になった不運の芦毛馬。代表産駒は、笠松競馬所属で「女オグリ」と呼ばれた東海の名牝マックスフリート。母の父として、「白いハイセイコー」といわれたハクタイセイ（皐月賞）、レオダーバン（菊花賞）を出している。

🐎 ダンシングキャップ（Dancing Cap）

　芦毛の2大快足血統の配合（ネイティヴダンサー系×グレイソヴリン系）で、オグリキャップの父として知られる。オグリキャップ登場以前は、ダートや重馬場に強い短距離〜マイラー血統と見られていた。

ネイティヴダンサー
- ダンキューピッド（1956年）
  - シーバード（1962年：凱旋門賞、英ダービー）
    - アークティックターン（1973年：仏LS 1回）
      - ベーリング（1983年：仏ダービー）
  - ノーアリバイ（1963年）
    - ホワイトフォンテン（1970年：毎日王冠）
- エタン（1961年）
  - シャーペンアップ（1969年：ミドルパークS）
- カウアイキング（1963年：ケンタッキーダービー）
- ダンサーズイメージ（1965年：ウッドメモリアルS）
- ダンシングキャップ（1968年：エルムH）
  - オグリキャップ（1985年：有馬記念2回）

いまも多くのファンの記憶に残るオグリキャップ

　オグリキャップは有馬記念（2回）や安田記念など、20戦12勝した芦毛の名馬。ハイセイコーと同じく地方競馬出身のアイドルホースと

して、イナリワン、タマモクロス、スーパークリークらと一時代を築いた。

天皇賞秋でタマモクロス、ジャパンカップでホーリックスと壮絶な芦毛対決を演出。挫折を乗り越え、2度目の有馬記念で復活をとげた姿は多くのファンの心を震わせたが、父系子孫は残せなかった。

多くの名勝負を繰り広げ、競馬ブームを牽引したオグリキャップ（写真左）。ホーリックス（写真右）との壮絶な叩き合いは、いまでも語り草になっている。

半妹オグリローマンも、兄と同じく笠松競馬からJRAへ移籍して桜花賞に勝利。兄が果たせなかったクラシック制覇を成し遂げた。

☑ ネイティヴダンサー系の主な種牡馬・活躍馬

シーバード系
- **シーバード**（1962年生：英ダービー、凱旋門賞）
- **アレフランス**（1970年生・牝：仏オークス、凱旋門賞）

エタン系
- **シャーペンアップ**（1969年生：ミドルパークS）
- **クリス**（1976年生：サセックスS）
- **ダイイシス**（1980年生：デューハーストS）
- **トランポリーノ**（1984年生：凱旋門賞）

その他（米国型）
- ***カウアイキング**（1963年生：ケンタッキーダービー）
- ***ダンサーズイメージ**（1965年生：ウッドメモリアルS）
- ***ダンシングキャップ**（1968年生：エルムH）
- **オグリキャップ**（1985年生：有馬記念2回）　　　＊は輸入種牡馬。

[種牡馬事典] ネイティヴダンサー系

ネイティヴダンサー系②
レイズアネイティヴ系

レイズアネイティヴは、ネイティヴダンサーのスピードをもっともよく伝えた後継種牡馬。「種牡馬の種牡馬」となるミスタープロスペクターの父でもある。子孫はミスタープロスペクター系とそれ以外に分けられ、ここでは「それ以外」の系統について解説する。

ミスタープロスペクターを通じて父系を広げる

レイズアネイティヴは、子のミスタープロスペクターの名のほうがよく知られている。**子に比べれば地味だが、それ以外のレイズアネイティヴ系も米国型血統として繁栄している。**

レイズアネイティヴ自身は底を見せないまま引退したため、距離適性は未知だったが、産駒は米クラシック路線で好成績をあげた。直系子孫によるケンタッキーダービー制覇は初年度産駒のマジェスティックプリンスから始まり、1975年の3冠馬アファームド、そしてアファームド以来37年ぶりに3冠を達成したアメリカンファラオまで、46年間に18頭に達した。ただし、このうちの14頭がミスタープロスペクターの子孫である。

レイズアネイティヴ系の系統図

▶レイズアネイティヴ系の特徴

- 父譲りのスピードの持続性が基本。
- 母系との配合によっては底力タイプ、スタミナタイプも出す。
- 日本では、アファームドが母系に入って活躍している。

1 レイズアネイティヴ(Raise a Native) 米国型

　ダート5.5F（1100m）などで3度レコード勝ちし、他馬にハナを譲ったことがないスピード馬。種牡馬としては、2世代目産駒のマジェスティックプリンスが無敗でケンタッキーダービー、プリークネスSを勝ち、人気となった。

　初年度産駒のイクスクルーシヴネイティヴ産駒に3冠馬アファームドがいる。ただし、最大の功績は大種牡馬ミスタープロスペクターの父となったことである。

出生国・出生年・毛色	米国・1961年・栗毛
競走年齢／競走成績 （勝ち鞍の距離）	2歳／米4戦4勝（600〜1100m）。ジュヴェナイルSなど。
父／母（母の父系）	ネイティヴダンサー／レイズユー（マイナー系）

2 マジェスティックプリンス(Mjestic Prince) 米国型

　母の父ロイヤルチャージャー（ターントゥの父）は、ネアルコの有力後継馬の1頭で、ナスルーラのおいにあたる。無敗で米2冠を達成するも、ベルモントSは2着惜敗。近年も曾孫のマライアズモン（シャンペンS）が2頭のケンタッキーダービー馬（2001年モナーコス、2010年スーパーセイヴァー）を出し、父系の活気を維持している。

出生国・出生年・毛色	米国・1966年・栗毛
競走年齢／競走成績 （勝ち鞍の距離）	2〜3歳／米10戦9勝（1200〜2000m）。ケンタッキーダービー、プリークネスSなど。
父／母（母の父系）	レイズアネイティヴ／ゲイホステス（マイナー系）

3 アファームド(Affirmed) 米国型

　父はレイズアネイティヴ産駒、母の父は1952年米最優秀ハンデ牡馬。米3冠すべてでライバルのアリダーを2着に退け、史上11頭目の米3冠を達成した。

　種牡馬としては、スティンガー(阪神3歳牝馬S)、ナリタトップロード（菊花賞）、メイショウドトウ（宝塚記念）の母の父となっている。

[種牡馬事典] ネイティヴダンサー系

出生国・出生年・毛色	米国・1975年・栗毛
競走年齢／競走成績 （勝ち鞍の距離）	2〜4歳／米29戦22勝（1100〜2400m）。米3冠、ウッドワードSなど。北米最優秀2歳牡馬（1977年）、北米年度代表馬（1978〜1979年）、北米最優秀3歳牡馬（1978年）、北米最優秀古牡馬（1979年）。
父／母（母の父系）	イクスクルーシヴネイティヴ／ウォントテルユー（マイナー系）

4 アリダー（Alydar） 米国型

　米国の名門カルメットファームが3冠の夢をかけた配合（2歳チャンピオン×年度代表繁殖牝馬）で、姉妹2頭もGI馬。自身が果たせなかったクラシック勝利の夢は、産駒のアリシーバ（ケンタッキーダービー、プリークネスS）、ストライクザゴールド（ケンタッキーダービー）、イージーゴア（ベルモントS）らによって叶えられた。

　日本で走ったリンドシェーバーは、朝日杯3歳Sでマルゼンスキーのレコードを17年ぶりに更新。母の父としては、パントレセレブル（凱旋門賞）、ヤマニンパラダイス（阪神3歳牝馬S）、イシノサンデー（菊花賞）を出している。

　産駒のカコイーシーズ（ターフクラシック）は日本でコンサートボーイ（帝王賞など重賞7勝）など地方の活躍馬を多く出し、アリシーバ産駒のキョウワアリシバはゴールドアクター（有馬記念）の母の父となった。

アリダー（1975年：トラヴァーズS）
- アリシーバ（1984年：ケンタッキーダービー）
- クリミナルタイプ（1985年：ピムリコスペシャルH）
- イージーゴア（1986年：ベルモントS）
- カコイーシーズ（1986年：ターフクラシック）
  - コンサートボーイ（1992年：帝王賞）
  - エスプリシーズ（1999年：川崎記念）
- ストライクザゴールド（1988年：ケンタッキーダービー）
- リンドシェーバー（1988年：朝日杯3歳S）

出生国・出生年・毛色	米国・1975年・栗毛
競走年齢／競走成績 （勝ち鞍の距離）	2～4歳／米26戦14勝（1100～2000m）。ブルーグラスS、シャンペンSなど。
父／母（母の父系）	レイズアネイティヴ／スウィートトース（ナスルーラ系）

全米が熱狂したライバル物語

　1977～1978年のアメリカ競馬界はネイティヴダンサー系のアファームドとアリダーの対決に湧いた。2頭は米3冠を含めて10回対戦し、アファームドが7回先着。先行したアファームドにアリダーが競りかけ、長いマッチレースの末にアファームドがアタマ差抜けた1978年のベルモントSは屈指の名勝負といわれる。

　接戦をモノにする闘争心を秘めたアファームドが競走成績では上回ったが、第二幕の種牡馬成績ではアリダーに軍配が上がる。

☑ レイズアネイティヴ系の主な種牡馬・活躍馬
マジェスティックプリンス系

- **ニシノフラワー**（1989年生・牝：桜花賞）
- **マライアズモン**（1993年生：シャンペンS）
- **モナーコス**（1998年生：ケンタッキーダービー）
- **スーパーセイヴァー**（2007年生：ケンタッキーダービー）

アファームド系

- **ジェニュインリスク**（1977年生・牝：ケンタッキーダービー）

アリダー系

- **アリシーバ**（1984年生：ケンタッキーダービー）
- ***クリミナルタイプ**（1985年生：米年度代表馬）
- **イージーゴア**（1986年生：ベルモントS）
- ***カコイーシーズ**（1986年生：ターフクラシック）
- **コンサートボーイ**（1992年生：帝王賞）
- **リンドシェーバー**（1988年生：朝日杯3歳S）

* は輸入種牡馬。

激走馬を見抜く

血統の基礎知識

血統と馬の能力

レース条件別予想

種牡馬事典

血統の歴史と未来

[種牡馬事典] ミスタープロスペクター系

大系統❸
ミスタープロスペクター系

父レイズアネイティヴ、その父ネイティヴダンサーへとさかのぼる父系で、アメリカの主流血統であると同時に世界に広まっている。

ミスタープロスペクターの5代血統表

ミスタープロスペクター（1970年生 鹿毛 米国産）

Raise a Native 1961 栗毛	Native Dancer 1950 芦毛	Polynesian 1942 黒鹿毛	Unbreakable 1935	Sickle
				Blue Glass
			Black Polly 1936	Polymelian
				Black Queen
		Geisha 1943 芦毛	Discovery 1931	Display
				Ariadne
			Miyako 1935	John P. Grier
				La Chica
	Raise You 1946 栗毛	Case Ace 1934 鹿毛	**Teddy** 1913	Ajax
				Rondeau
			Sweetheart 1920	Ultimus
				Humanity
		Lady Glory 1934 黒鹿毛	American Flag 1922	Man o'War
				Lady Comfey
			Beloved 1927	Whisk Broom
				Bill and Coo
Gold Digger 1962 鹿毛 FNo.[13-c]	Nashua 1952 鹿毛	Nasrullah 1940 鹿毛	Nearco 1935	Pharos
				Nogara
			Mumtaz Begum 1932	Blenheim
				Mumtaz Mahal
		Segula 1942 黒鹿毛	Johnstown 1936	Jamestown
				La France
			Sekhmet 1929	Sardanapale
				Prosopopee
	Sequence 1946 黒鹿毛	Count Fleet 1940 黒鹿毛	Reigh Count 1925	Sunreigh
				Contessina
			Quickly 1930	Haste
				Stephanie
		Miss Dogwood 1939 黒鹿毛	Bull Dog 1927	**Teddy**
				Plucky Liege
			Myrtlewood 1932	Blue Larkspur
				Frizeur

Teddy 4 × 5

1 北米のクラシック路線で強さを発揮！

　レイズアネイティヴからネイティヴダンサーへさかのぼる米国の主流血統で、**トラックレコードを２度更新したスピードを産駒に伝えた。**当初は米国の短距離ダート向きと思われていたが、いまや各国のクラシック戦線をにぎわす存在。**日本ではキングカメハメハ、欧州ではドバウィが牽引役となっている。**米国の雑多な血を多く受け継ぎ、繁殖牝馬の持つ才能を引き出す。**欧州適性の高いタイプ、日本の芝適性が高いタイプ、米国ダート適性の高い産駒**を出し、世界的な大種牡馬となった。

ミスタープロスペクターのプロフィール

成績タイトル	３～４歳／米14戦７勝(1200～1400m)。カーターH(GⅡ)２着、ダート1200(6F)のトラックレコード２回。
種牡馬成績	北米LS(1987～1988年)
血統	父：レイズアネイティヴ　母：ゴールドディガー（ナスルーラ系）
日本の主な活躍馬	1990～	マーベラスクラウン、エルコンドルパサー
	2000～	アグネスデジタル、キングカメハメハ、サウスヴィグラス、スイープトウショウ、アドマイヤムーン、ブラックエンブレム
	2010～	ロープディサージュ、アパパネ、エイシンフラッシュ、ルーラーシップ、ロードカナロア、ホッコータルマエ、ラブリーデイ、ドゥラメンテ、レイデオロ

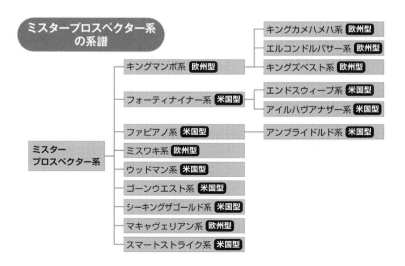

[種牡馬事典] ミスタープロスペクター系

ミスタープロスペクター系①
キングマンボ系

早熟の短距離血統という父系のイメージをくつがえし、成長力やスタミナを発揮してヨーロッパにおけるミスタープロスペクター系を確立した父系。日本でもキングカメハメハ系を中心に後継馬が充実し、サンデーサイレンス系に対抗しうる父系となりつつある。

一流マイラーの良血が日本では万能型として開花

　キングマンボの母ミエスクは欧米マイル界で大活躍した歴史的名牝。母の父ヌレイエフは仏リーディングサイアーの実績を持つ。キングマンボ自身は血統も競走成績もマイラーだが、**1990年代に日本調教馬の名を世界に知らしめたエルコンドルパサーなど、中距離で活躍した産駒も少なくない。**

　欧米のマイル路線で育まれた血統は、日本ではキングカメハメハを通じて花開き、日本におけるミスタープロスペクター系の主流を形成している。

キングマンボ系の系統図

▶キングマンボ系の特徴

- 日本の芝にも、高い適性を示す。
- 母系との配合によってダート向き、1200m向きの産駒も出す。
- キングカメハメハの後継種牡馬も増え、日本での勢いも増す。
- 内枠を得意とする馬も多い。

1 キングマンボ（Kingmambo） 欧州型

　3歳でマイルGIを3勝し、ムーランドロンシャン賞で母子制覇を達成した。産駒はスタミナやパワーを瞬発力や粘り強さに変える適応力があり、キングカメハメハはミスタープロスペクター系初の日本ダービー馬となった。求められる能力が異なるヨーロッパと日本の両方の芝で結果を出し、母の父としてもスズカマンボ（天皇賞春）、ビッグアーサー（高松宮記念）、デュークオブマーマレード（キングジョージ）、ルーラーオブザワールド（英ダービー）などを出している。

　サンデーサイレンス系種牡馬と比較すると、母系によってはダート適性、スプリント適性に優れた産駒を出しやすい。**極端なスローペースやハイペースでは、キングマンボ系産駒がサンデーサイレンス系産駒を上回るパフォーマンスを見せることがある。**

出生国・出生年・毛色	米国・1990年・鹿毛
競走年齢／競走成績 （勝ち鞍の距離）	2〜3歳／英仏13戦5勝（1200〜1600m）。仏2000G、セントジェームズパレスS、ムーランドロンシャン賞など。
父／母（母の父系）	ミスタープロスペクター／ミエスク （ヌレイエフ系〜ノーザンダンサー系）

CHECK! 内枠のキングマンボが上位独占！

2017年8月20日 2回札幌2日11R 札幌記念（芝2000m）晴・良

着順	馬名	人気	タイム／着差	血統のポイント
1	サクラアンプルール	6	2:00.4	父キングカメハメハ。
2	ナリタハリケーン	12	クビ	父キングカメハメハ。
3	ヤマカツエース	1	1 1/2	父キングカメハメハ。

キングカメハメハ産駒（キングマンボ系）のサクラアンプルールが6番人気1着、ナリタハリケーンが12番人気2着、ヤマカツエースが1番人気3着。いずれも内枠（13頭立ての①②③番枠）で、「内枠のキングマンボ」が上位独占で3連単は20万馬券に。

2 キングカメハメハ 欧州型

　自身はNHKマイルカップ、日本ダービーの変則2冠を達成。
　種牡馬としてはサンデーサイレンス系牝馬との配合で大成功し、

153

[種牡馬事典] ミスタープロスペクター系

2010〜2011年にリーディングサイアーとなった。それ以降は同2位が続くが、後継馬にも恵まれ、母の父としてもモズカッチャン（エリザベス女王杯）を出した。**母系によって多彩な適性を示す産駒を出し、スプリンターやダート馬もディープインパクトに比べて出しやすい。**2015年2月1日には京都競馬場で7勝（1場での新記録）、東京競馬場で4勝し、1日11勝の新記録を樹立した。

キングカメハメハ

- ルーラーシップ（2007年：香クイーンエリザベスIIC）
  - キセキ（2014年：菊花賞）
- ローズキングダム（2007年：ジャパンカップ）
- アパパネ（2007年・牝：牝馬3冠）
- ベルシャザール（2008年：ジャパンカップダート）
- ロードカナロア（2008年：安田記念）
- ホッコータルマエ（2009年：チャンピオンズカップ）
- ラブリーデイ（2010年：天皇賞秋）
- ドゥラメンテ（2012年：皐月賞、日本ダービー）
- ミッキーロケット（2013年：宝塚記念）
- レイデオロ（2014年：日本ダービー）

出生国・出生年・毛色	日本・2001年・鹿毛
競走年齢／競走成績 （勝ち鞍の距離）	2〜3歳／日8戦7勝（1600〜2400m）。日本ダービー、NHKマイルカップなど。日リーディングサイアー（2010〜2011年）。JRA最優秀3歳牡馬（2004年）。
父／母（母の父系）	キングマンボ／マンファス（ノーザンダンサー系）
血統のポイント	▶平均勝距離：芝1784m／ダート1672m ▶芝／ダート：54%／46% ディープインパクトに比べ、母系によって多彩な種牡馬を出す。基本的には、サンデーサイレンスの血を持たないダート適性の高い血統との配合馬はダート馬。芝短距離適性の高い血統との配合馬は、スプリンターが出やすいと考えてもよい。配合相手に関係なく、種牡馬としての特徴をディープインパクトと比べると、2歳戦とダート適性が高い。立ち回りが上手な産駒が多く、芝の内枠を得意とする馬が出やすい。キングカメハメハ自身が800mの距離延長で日本ダービーを優勝したように、距離延長の対応力が高い産駒が多い。

2-1 ルーラーシップ [欧州型]

　香港GⅠの勝利で、祖母ダイナカール、母エアグルーヴに続く3代G
Ⅰ制覇を達成した。日本屈指の名牝系出身で、サンデーサイレンスの血
を持たないことは種牡馬として大きなアドバンテージ。2016年ファー
ストクロップ・リーディングサイアーとなり、初年度産駒のキセキが菊
花賞を制した。**父と同じく芝もダートもこなし、中距離以上が向く。**

出生国・出生年・毛色	日本・2007年・鹿毛
競走年齢／競走成績 （勝ち鞍の距離）	2〜5歳／日香首20戦8勝（1800〜2400m）。クイーンエリザベスⅡ C、宝塚記念2着など。
父／母（母の父系）	キングカメハメハ／エアグルーヴ （グレイソヴリン系〜ナスルーラ系）
血統のポイント	▶平均勝距離：芝1907m／ダート1694m ▶芝／ダート：74％／26％ 母の父トニービン。サンデーサイレンス系のハーツクライも母の父トニービンで、ルーラーシップはキングマンボ系におけるハーツクライとイメージできる。キングカメハメハと比べれば、スプリント適性とダート適性で劣る。芝のマイル以下、とくに1400m以下の人気馬は信用できない。ダート1200m以下も信用できず、その分、父キングカメハメハより芝長距離にシフトするが、父と同じくダートをこなす産駒も出す。

2-2 ロードカナロア [欧州型]

　母は短距離で5勝。3歳後半に急成長し、GⅠ初挑戦となった高松宮
記念3着以外はすべてのレースで連対を確保。安田記念で初距離のマイ
ルを克服し、大きな勲章を得た。スプリンター育成に実績のある安田隆
行厩舎の所属馬だったため、現役時代はスプリント戦を中心に出走し
た。**しかし、父系の特徴から、母系の特性や育成次第では中距離でも実
績を残せるだろう。**サンデーサイレンス系の種牡馬に比べれば、スプリ
ント適性、ダート適性の高い産駒も出るはずだ。

出生国・出生年・毛色	日本・2008年・鹿毛
競走年齢／競走成績 （勝ち鞍の距離）	2〜5歳／日香19戦13勝（1200〜1600m）。香港スプリント2回、 安田記念、スプリンターズS2回、高松宮記念など。
父／母（母の父系）	キングカメハメハ／レディブラッサム （ストームバード系〜ノーザンダンサー系）

[種牡馬事典] ミスタープロスペクター系

血統のポイント	▶平均勝距離：芝1489m／ダート1355m ▶芝／ダート：78%／22% 父系の特徴から、母系の特性や育成次第で中距離もこなす。牝馬3冠＋ジャパンカップのアーモンドアイは別格としても、マイルCSのステルヴォ、ホープフルSのサートゥルナーリアなどを輩出したほか、サンデー系の種牡馬に比べてスプリント適性、ダート適性の高い産駒を出している。

3 エルコンドルパサー 欧州型

　キングマンボの初年度産駒で、母の父に欧州の名血サドラーズウェルズを持ち、凱旋門賞で僅差の2着。このときに凱旋門賞を勝っていれば、同レースの制覇がここまで「日本の悲願」といわれることもなかったかもしれない。母の父サドラーズウェルズが示すように、凱旋門賞に高い適性を持つ欧州型のスタミナ血統。**同じ父を持つキングカメハメハよりも、馬力とスタミナに優れる種牡馬。**

　母はスペシャル＝リサデル全姉妹の3×2という強いインブリードを持つ。わずか3世代の産駒から3頭のGI馬を出し、母の父としても、クリソライト（コリアC）＆マリアライト（宝塚記念、エリザベス女王杯）＆リアファル（菊花賞3着）の3きょうだいを出す。父はそれぞれゴールドアリュール、ディープインパクト、ゼンノロブロイで、異なる父のよさを引き出して見せた。

出生国・出生年・毛色	米国・1995年・黒鹿毛
競走年齢／競走成績 （勝ち鞍の距離）	2～4歳／日仏11戦8勝（1400～2400m）。NHKマイルカップ、ジャパンカップ、サンクルー大賞など。JRA最優秀3歳牡馬（1998年）、JRA年度代表馬・最優秀4歳以上牡馬（1999年）。
父／母（母の父系）	キングマンボ／サドラーズギャル （サドラーズウェルズ系～ノーザンダンサー系）

4 エイシンフラッシュ 欧州型

　父キングズベスト（英2000G、おいにサドラーズウェルズ、ガリレオ兄弟）は、本馬と同年にワークフォース（英ダービー、凱旋門賞など）を出して名を上げた。母ムーンレディは、独セントレジャーS（芝2800m）など6勝。母の父プラティニはドイツのリーディングサイ

アーに６度輝いたズルムー産駒。

　ダービー史上最速の上がり３ハロン 32 秒７をマークし、６勝中５勝で上がり３ハロン最速を記録。**中距離レースで極端なペースになった際のスプリント勝負に強いキングマンボ系の特徴を継ぐ。同じキングマンボ系でも、欧州色が強いワークフォースとは異なる瞬発力を秘める。**

出生国・出生年・毛色	日本・2007年・黒鹿毛
競走年齢／競走成績 （勝ち鞍の距離）	２〜６歳／日香首27戦6勝（1800〜2400m）。日本ダービー、天皇賞秋など。
父／母（母の父系）	キングズベスト／ムーンレディ（ハンプトン系）

☑ キングマンボ系の主な種牡馬・活躍馬
キングカメハメハ系

- ●**ルーラーシップ**（2007年生：香クイーンエリザベスⅡC）
- ●**キセキ**（2014年生：菊花賞）
- ●**ローズキングダム**（2007年生：ジャパンカップ）
- ●**アパパネ**（2007年生・牝：牝馬３冠）
- ●**ベルシャザール**（2008年生：ジャパンカップダート）
- ●**ロードカナロア**（2008年生：安田記念、香港スプリント２回）
- ●**アーモンドアイ**（2015年生：牝馬３冠、ジャパンカップ）
- ●**スティルヴィオ**（2015年生：マイルCS）
- ●**サートゥルナーリア**（2016年生：ホープフルS）
- ●**ホッコータルマエ**（2009年生：チャンピオンズカップ）
- ●**ラブリーデイ**（2010年生：天皇賞秋）
- ●**ドゥラメンテ**（2012年生：日本ダービー、皐月賞）
- ●**レイデオロ**（2014年生：日本ダービー）

エルコンドルパサー系

- ●**ヴァーミリアン**（2002年生：フェブラリーS）
- ●**アロンダイト**（2003年生：ジャパンカップダート）
- ●**ソングオブウインド**（2003年生：菊花賞）

キングズベスト系

- ●**エイシンフラッシュ**（2007年生：日本ダービー）
- ●***ワークフォース**（2007年生：英ダービー、凱旋門賞）　　＊は輸入種牡馬。

[種牡馬事典] ミスタープロスペクター系

ミスタープロスペクター系②
フォーティナイナー系

ミスタープロスペクター系の資質をよく受け継ぎ、スピードがあって仕上がりの早い産駒を出す種牡馬が多い。北米や中南米でも父系を伸ばしている。日本ではエンドスウィープ系が短距離を中心に存在感を示すが、アドマイヤムーン系を除くとダートが主戦場となっている。

スプリント戦、ダート戦の才能はサンデー系を脅かす

　　フォーティナイナーはミスタープロスペクターの直仔。1996 年にフォーティナイナー自身が日本に輸入されると、ダート、芝の短距離戦で存在感を発揮。**産駒は仕上がりが早く、テンからスピード勝負になるダート戦、芝のスプリント戦に強い。**スプリント戦での性能はディープインパクトをはじめ、サンデーサイレンス系の種牡馬をもしのぐ。

　　エンドスウィープは芝ダートの両方で活躍馬を出し、ダートではサウスヴィグラス、芝ではアドマイヤムーンが好成績をあげている。1200m ＧⅠを２勝したレッドファルクスの父スウェプトオーヴァーボードも、フォーティナイナー系。米２冠馬アイルハヴアナザーは母の父ロベルトの影響が強く、ダートの中距離向きの産駒も多い。

フォーティナイナー系の系統図

```
                              ┌─ サウスヴィグラス 米国型
            ┌─ エンドスウィープ系 米国型 ─┤
フォーティナイナー系 ─┤                    └─ アドマイヤムーン 日本型
米国型        └─ アイルハヴアナザー系 米国型
```

▶フォーティナイナー系の特徴

● 仕上がりが早く、２歳戦に強い。
● ダート戦、スプリント戦での筋力勝負は、サンデー系以上の性能を持つ。
● 世代を経た後継種牡馬は、母系によってはスタミナ馬も出す。

1 フォーティナイナー（Forty Niner）米国型

　　重賞４連勝を含み６戦５勝した米２歳チャンピオンで、３歳時もＧⅠ

2勝。日本輸入後にエディターズノート（ベルモントS）らが活躍、直仔のエンドスウィープ、トワイニング（産駒にジャパンダートダービーのノンコノユメ）、コロナドズクエスト（産駒に北海道スプリントC連覇のセレスハント）らが相次いで導入された。

産駒の勝ち鞍のダート比率は8割超。母の父として、2009～2017年まで20位以内をキープしている。

フォーティナイナー

- エンドスウィープ（1991年）
- トワイニング（1991：北米GⅡピーターパンS）
  - ノンコノユメ（2012年：フェブラリーS）
- エディターズノート（1993年：ベルモントS）
- コロナドズクエスト（1995年：ハスケル招待H）
  - セレスハント（2005年：北海道スプリントC）
- ディストーテッドユーモア（1993年：北米GⅡチャーチルダウンズH）
- マイネルセレクト（1999年：JBCスプリント）
- ユートピア（2000年：マイルCS南部杯2回）

出生国・出生年・毛色	米国・1985年・栗毛
競走年齢／競走成績 （勝ち鞍の距離）	2～3歳／米19戦11勝（1200～2000m）。ハスケル招待H、トラヴァーズS、ブリーダーズフューチュリティ、シャンペンS、フューチュリティSなど。北米最優秀2歳牡馬（1987年）。
父／母（母の父系）	ミスタープロスペクター／ファイル（セントサイモン系）

2 エンドスウィープ（End Sweep） 米国型

3世代を遺しただけで急死したが、どの世代も5割を超える勝ち上がり率（勝ち馬頭数／出走頭数）を誇り、アルーリングアクトとアルーリングボイスが小倉2歳Sで母子制覇を達成するなど、2歳戦には強い。

トータルではダートの勝ち鞍が多い（約7割）が、**重賞勝利23勝中20勝が芝でのもの。**母の父としても、芝の中距離馬を出している。

スウェプトオーヴァーボード産駒が母系によって芝短距離適性の高い産駒も出すのに比べて、プリサイスエンド産駒はダート色が強い。

[種牡馬事典] ミスタープロスペクター系

エンドスウィープ

- スウェプトオーヴァーボード（1997年：メトロポリタンH）
  - レッドファルクス（2011年：スプリンターズS2回）
  - オメガパフューム（2015年生：東京大賞典）
- プリサイスエンド（1997年）
  - カフジテイク（2012年：根岸S）
- アルーリングアクト（1997年・牝：小倉3歳S）

出生国・出生年・毛色	米国・1991年・鹿毛
競走年齢／競走成績 （勝ち鞍の距離）	2～3歳／米加18戦6勝（1200～1400m）。ジャージーショアS（GⅢ）など。
父／母（母の父系）	フォーティナイナー／ブルームダンス（ノーザンダンサー系）

2-1 サウスヴィグラス 米国型

　フォーティナイナーの米国時代の産駒。母の父スタードナスクラは北米チャンピオンスプリンター。この父系には珍しく、6歳で重賞初勝利し、7歳暮れにGⅠ勝ちした晩成型。産駒も、高齢まで活躍する馬が多い。**2007年にNAR（地方競馬）のファーストシーズン・リーディングサイアーとなり、ダート界の人気種牡馬の地位を確立**。NARリーディングサイアー4回。JRAでも、ダート専用ながらリーディングサイアー・ランキングで2016年から20位以内をキープも2018年に死亡。

出生国・出生年・毛色	米国・1996年・栗毛
競走年齢／競走成績 （勝ち鞍の距離）	2～7歳／日33戦16勝（1000～1400m）。JBCスプリント、根岸S2回、北海道スプリントC2回など。
父／母（母の父系）	エンドスウィープ／ダーケストスター（ナスルーラ系）
血統のポイント	▶平均勝距離：芝1405m／ダート1270m ▶芝／ダート：4%／96% 勝ち星の60%以上がダート1200m以下。このカテゴリーでは人気馬の信頼度が高く、人気薄でも穴を出す。とにかく見つけたら押さえるくらいでもいい。1400m～1600mでも、極端に期待値が落ちるわけではない。とくに母系にスタミナを補うステイヤー血統が入っているタイプは、距離をこなし、穴を出すことがある。NARなら母系によっては、中距離重賞も狙える。ムラのある気性だが能力の高い馬が多く、前走10着以下に惨敗した馬の期待値も高い。

ダート短距離で大きな存在感を発揮するサウスヴィグラス。地方競馬なら中距離重賞も狙える。

CHECK! 2頭しか出ていないサウスヴィグラスが1・2着!

2017年4月23日 1回福島6日8R 4歳以上500万下(ダート1150m)晴・良

着順	馬名	人気	タイム／着差	血統のポイント
1	イソノヴィグラス	3	1:09.7	父サウスヴィグラス。
2	ホーミー	14	クビ	父サウスヴィグラス。
3	ナミノリゴリラ	7	1/2	父スウェプトオーヴァーボード。

サウスヴィグラス産駒のイソノヴィグラスが3番人気1着、ホーミーは14番人気2着。同種牡馬の産駒は、この2頭のみ。馬連は294倍、3連単は87万馬券。なお、3着ナミノリゴリラも父はサウスヴィグラスと同じフォーティナイナー系。父フォーティナイナー系は、このレース4頭しか出走していなかった。

2-2 アドマイヤムーン 日本型

　エンドスウィープのラストクロップ。曾祖母ケイティーズは愛1000G馬で、産駒にヒシアマゾン(JRA最優秀2歳・3歳・4歳以上牝馬)、孫にスリープレスナイト(JRA最優秀短距離馬)がいる。

　クラシックでは2冠馬メイショウサムソンの引き立て役にまわったが、4歳3月のドバイ・デューティーフリーに勝利。宝塚記念、ジャパンカップも勝ってJRA年度代表馬に選出された。国内のレースで上がり最速を8度マークするも、33秒台は2度だけで、パワーでねじふせるタイプの末脚を武器とした。

　産駒は2011年にデビューし、2017年にセイウンコウセイの高松宮記念勝利によって待望のGIサイアーとなっている。

[種牡馬事典] ミスタープロスペクター系

出生国・出生年・毛色	日本・2003年・鹿毛
競走年齢／競走成績 （勝ち鞍の距離）	2〜4歳／日香首17戦10勝（1500〜2400m）ドバイ・デューティーフリー、ジャパンカップ、宝塚記念など。JRA年度代表馬・最優秀4歳以上牡馬（2007年）。
父／母（母の父系）	エンドスウィープ／マイケイティーズ（サンデーサイレンス系）
血統のポイント	▶平均勝距離：芝1470m／ダート1520m ▶芝／ダート：83%／17% 母系に芝の活躍馬が多い牝系で、サンデーサイレンスの血も持つことから、自身の現役時代は芝レースで活躍。ジャパンカップ、宝塚記念、ドバイDFなど芝の大レースで優勝した。産駒も8割近くが芝で勝利しているが、これはフォーティナイナー系としては異例。フォーティナイナー系らしさを継いでいるのは、芝1200mのGⅠ高松宮記念を優勝したセイウンコウセイ、ファインニードルなど、スプリント戦に強い産駒を出すこと。2018年のシルクロードSでは3頭しか出ていなかった同馬の産駒が1〜3着を独占して、20万馬券。的中票数5000票近くの大半は、血統ファンが払い戻した（?）と言われている。自身がそうであったように、芝中距離向きの血を含み、タメの効く産駒を出せば、芝中距離重賞で活躍する産駒が出る可能性も秘める。

3　アイルハヴアナザー（I'll Have Another）　米国型

　父フラワーアリー（トラヴァーズS）はミスタープロスペクターの3×3を持ち、半弟にトーセンラー（マイルCS）＆スピルバーグ（天皇賞秋）の兄弟がいる。母の父アーチはクリスエス（シンボリクリスエスの父）産駒で、母はヤマニンパラダイス（阪神3歳牝馬S）の全姉。父母ともに日本に馴染みのある血統構成だ。

　米2冠達成後、日本で種牡馬となった。2016年ファーストクロップ・リーディングサイアー・ランキングで、ルーラーシップに次ぐ2位。種牡馬デビューが日本となった米2冠馬にはサンデーサイレンスとウォーエンブレムという優れた先例があるが、いまのところ、**父のパワーと母系のロベルト系のスタミナを強く引き継ぐダート中距離型が多い**。

ディストーテッドユーモア（1993年）
- フラワーアリー（2002年：トラヴァーズS）
  - アイルハヴアナザー（2009年：ケンタッキーダービー）

出生国・出生年・毛色	米国・2009年・栗毛
競走年齢／競走成績 （勝ち鞍の距離）	2～3歳／米7戦5勝（1100～2000m）。ケンタッキーダービー、プリークネスSなど。北米最優秀3歳牡馬（2012年）。
父／母（母の父系）	フラワーアリー／アーチスギャルイーデス（ロベルト系～ターントゥ系）
血統のポイント	▶平均勝ち距離：芝1596m／ダート1600m ▶芝／ダート：芝24％／ダート76％ 母系にスタミナのかたまりであるロベルト系とリボー系の血。同系のサウスヴィグラスよりも、ロベルト系のフリオーソをイメージしたほうが近いか。とくに牡馬は、スタミナとパワーに優れた馬を出しやすい。ダート1800mが得意な馬が多く、とくに前走1600m以下を使っていた馬の距離延長や、前走芝だった馬が狙い目。坂を3度上る中山ダート1800m出走にも注目。スプリント戦のフォーティナイナーの特徴を継ぐのは牝馬がほとんどで、芝ダート問わず1200m以下で穴を出す馬が多い。牡馬はダート1200mの人気薄2～3着で買い。

☑ フォーティナイナー系の主な種牡馬・活躍馬

エンドスウィープ系

- **サウスヴィグラス**（1996年生：JBCスプリント）
- **ラブミーチャン**（2007年生・牝：全日本2歳優駿）
- **ヒガシウィルウィン**（2014年生：ジャパンダートダービー）
- ***プリサイスエンド**（1997年生：北米GⅢベイショアS）
- ***スウェプトオーヴァーボード**（1997年生：メトロポリタンH）
- **レッドファルクス**（2011年生：スプリンターズS2回）
- **スイープトウショウ**（2001年生・牝：秋華賞、宝塚記念）
- **ラインクラフト**（2002年生・牝：桜花賞）
- **アドマイヤムーン**（2003年生：ジャパンカップ）
- **セイウンコウセイ**（2013年生：高松宮記念）
- **ファインニードル**（2013年生：高松宮記念、スプリンターズS）

その他

- ***トワイニング**（1991年生：北米GⅡピーターパンS）
- **ノンコノユメ**（2012年生：フェブラリーS）
- **ディストーテッドユーモア**（1993年生）
- **フラワーアリー**（2002年生：トラヴァーズS）
- ***アイルハヴアナザー**（2009年生：ケンタッキーダービー）
- **ユートピア**（2000年生：マイルCS南部杯2回）　　　　　＊は輸入種牡馬。

[種牡馬事典] ミスタープロスペクター系

ミスタープロスペクター系③
ファピアノ系

ファピアノはミスタープロスペクターの2年目産駒。自身はマイラーだったが、子孫は中距離に強く、成長力もあり、スピードの持続力も高い。高速の芝レースが行われているアルゼンチンでも実績を残し、日本では母系に入ってサンデーサイレンス系のスピードを強化する父系として注目を集めている。

米3冠馬を出して活気づく米国クラシック血統

　ファピアノとその代表産駒アンブライドルドは、種牡馬としての将来を嘱望（しょくぼう）されながら若くして亡くなった。その穴を埋めたのがアンブライドルズソングで、その子孫から37年ぶりの米3冠馬アメリカンファラオ、新設の世界最高賞金レースであるペガサス・ワールドカップの初代勝ち馬アロゲートなど歴史的名馬を出した。現在はアメリカにおけるミスタープロスペクター系の主流の1つとなっている。

　日本ではエンパイアメーカー（2015年帰米）の産駒がダート競馬で優れたパフォーマンスを発揮しているほか、繁殖牝馬としてもファピアノの血はスピードを強化するものとして注目を集めている。今後も目が離せない血だ。

ファピアノ系の系統図

| ファピアノ系 米国型 | アンブライドルド系 米国型 | アンブライドルズソング系 米国型 | アロゲート 米国型 |
| | | エンパイアメーカー系 米国型 | アメリカンファラオ 米国型 |

▶ファピアノ系の特徴

- 米国のクラシック血統らしく、日本でも高速ダートでとくに注目。
- ダート1400〜1600mは、とくに優秀。
- 母系によっては、芝レースでの活躍馬も出す。
- 繁殖牝馬にファピアノの血を持つ馬は、サンデーサイレンス系との配合でスピードが強化される。

1 ファピアノ（Fappiano）米国型

　母の父ドクターファーガーは零細血脈ながらアメリカが誇る快足馬で、ダート1マイル（1600m）1分32秒20の世界レコードホルダーである。4世代目産駒アンブライドルドがケンタッキーダービーを勝って間もなく、12歳で死亡したが、父系の拡大に一定の役割を果たした。

出生国・出生年・毛色	米国・1977年・鹿毛
競走年齢／競走成績 （勝ち鞍の距離）	2〜4歳／米17戦10勝（1200〜1800m）。メトロポリタンHなど。
父／母（母の父系）	ミスタープロスペクター／キラロー（マイナー系）

2 アンブライドルズソング（Unbridled's Song）米国型

　父はアンブライドルド（ケンタッキーダービー、BCクラシック）。アンブライドルドは種牡馬として、グラインドストーン、レッドバレット、エンパイアメーカーで米3冠を制覇した。日本では、母の父としてトーホウジャッカル（菊花賞）、ダノンプラチナ（朝日杯FS、富士S）など、サンデーサイレンス系種牡馬との配合で成功している。

ファピアノ
- アンブライドルド（1987年：ケンタッキーダービー）
  - アンブライドルズソング（1993年：BCジュヴェナイル）
    - ダンカーク（2006年：ベルモントS2着）
    - アロゲート（2013年：ドバイWC）
  - グラインドストーン（1993年：ケンタッキーダービー）
  - レッドバレット（1997年：プリークネスS）
  - エンパイアメーカー（2000年：ベルモントS）

出生国・出生年・毛色	米国・1993年・芦毛
競走年齢／競走成績 （勝ち鞍の距離）	2〜4歳／米12戦5勝（1200〜1800m）。BCジュヴェナイル、フロリダダービーなど。北米リーディングサイアー（2017年）。
父／母（母の父系）	アンブライドルド／トローリーソング （グレイソヴリン系〜ナスルーラ系）

[種牡馬事典] ミスタープロスペクター系

2-1 アロゲート（Arrogate） 米国型

　アンブライドルズソングの晩年の最高傑作。BC クラシック、ペガサス・ワールドカップ、ドバイ・ワールドカップなど、高額賞金レースを勝ちまくった。父系の曾祖父ファピアノ、母の祖父フォーティナイナーを通じてミスタープロスペクターの４×４、曾祖母がネイティヴダンサーの４×３を持ち、ネイティヴダンサーの影響が強い。

出生国・出生年・毛色	米国・2013年・芦毛
競走年齢／競走成績 （勝ち鞍の距離）	３〜４歳／米首11戦７勝（1700〜2000m）。ドバイ・ワールドカップ、ペガサス・ワールドカップ、ＢＣクラシックなど。北米最優秀３歳牡馬（2016年）。
父／母（母の父系）	アンブライドルズソング／バブラー （フォーティナイナー系〜ミスタープロスペクター系）

3 エンパイアメーカー（Empire Maker） 米国型

　母トゥサードは米ＧＩ勝ち馬で、ＧＩ馬５頭の母となった名牝である。産駒の仕上がりが遅い、活躍馬に牝馬が多いなどの理由で日本に輸出されたが、アメリカに残した産駒が大ブレイク。孫アメリカンファラオが37年ぶりに米３冠馬（史上12頭目）となり、切望されて帰国した。

　日本での産駒は勝ち鞍の８割がダートだが、エンパイアメーカー直仔のバトルプラン産駒も、日本のダートで穴馬券を連発。人気薄、とくに湿ったダートや外枠で積極的に狙いたい。

エンパイアメーカー

```
├─ バトルプラン（2005年：北米GⅡニューオーリンズH）
│    └─ ブレスジャーニー（2014年：GⅢ東京スポーツ杯2歳S）
└─ パイオニアオブザナイル（2006年：サンタアニタダービー）
     ├─ アメリカンファラオ（2012年：米3冠、BCクラシック）
     └─ クラシックエインパイア（2014年：BCジュヴェナイル）
```

出生国・出生年・毛色	米国・2000年・黒鹿毛
競走年齢／競走成績 （勝ち鞍の距離）	2～3歳／米8戦4勝（1600～2400m）。ベルモントS、ウッドメモリアルS、フロリダダービーなど。
父／母（母の父系）	アンブライドルド／トゥサード（ノーザンダンサー系）

3-1 アメリカンファラオ（American Pharoah） 米国型

　父パイオニアオブザナイルはサンタアニタダービー馬だが、その父エンパイアメーカー産駒の中では地味な存在。母系の近親にも、活躍馬はいないが、史上初めて米3冠とBCクラシックの4冠を制覇した名馬となった。

　馬名登録時に「pharaoh」のスペルを誤ったため、「ファラオ」ではなく「フェイロー」や「フェイロア」と発音されることもある。初産駒は2017年誕生。

出生国・出生年・毛色	米国・2012年・鹿毛
競走年齢／競走成績 （勝ち鞍の距離）	2～3歳／米11戦9勝（1400～2400m）。米3冠、BCクラシックなど。北米最優秀2歳牡馬（2014年）、北米年度代表馬・北米最優秀3歳牡馬（2015年）。
父／母（母の父系）	パイオニアオブザナイル／リトルプリンセスエマ （ストームバード系～ノーザンダンサー系）

☑ ファピアノ系の主な種牡馬・活躍馬
アンブライドルズソング系

- *ダンカーク（2006年生：ベルモントS2着）
- ラヴェリータ（2006年生・牝：スパーキングレディC3連覇）
- アロゲート（2013年生：ドバイWC、BCクラシック）
- グラインドストーン（1993年生：ケンタッキーダービー）

エンパイアメーカー系

- *バトルプラン（2005年生：北米GⅡニューオリンズH）
- ブレスジャーニー（2014年生：GⅢ東京スポーツ杯2歳S）
- パイオニアオブザナイル（2006年生：サンタアニタダービー）
- アメリカンファラオ（2012年生：米3冠、BCクラシック）＊は輸入種牡馬。

[種牡馬事典] ミスタープロスペクター系

ミスタープロスペクター系④
その他Ⅰ

ここからはミスタープロスペクター系の傍流父系として、ミスワキ系、ウッドマン系、ゴーンウエスト系、シーキングザゴールド系、マキャヴェリアン系、スマートストライク系を紹介。米国発祥のミスタープロスペクター系の中で、ヨーロッパや日本に適応した系統もある。

多様な才能を日本流にアレンジ

日本におけるミスタープロスペクター系の当初のイメージは、**仕上がりが早く、スピードがあり、芝なら短距離からマイル、ダートなら中距離までこなすが、底力に欠けるというもの。**

1990年代の輸入ラッシュで導入された父系の多くはすでに埋もれてしまったが、世界的な隆盛の中で常に新たな種牡馬が供給されている。

その他のミスタープロスペクター系の系譜

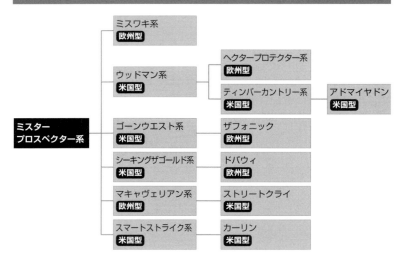

1 ミスワキ（Miswaki） 欧州型

父はミスタープロスペクター。母の父バックパサーはマルゼンスキー

の母の父で、世界的にも母の父として評価が高い種牡馬。

　自身は仏GⅠ1勝のスプリンターだが、母系のスタミナ色の影響を受け、欧米の中長距離路線で活躍馬を輩出した異能の存在。日本でもマーベラスクラウン（ジャパンカップ）を出している。娘アーバンシー（凱旋門賞）を通して英愛リーディングサイアーのガリレオを出し、母の父としても大きな影響力を及ぼしている。

　欧州型ミスタープロスペクター系の先駆けともいえる父系で、競走能力から見るとキングマンボに近く、高い日本適性を示した。

出生国・出生年・毛色	米国・1978年・栗毛
競走年齢／競走成績 （勝ち鞍の距離）	2〜3歳／米仏英13戦6勝（1000〜1600m）。サラマンドル賞など。
父／母（母の父系）	ミスタープロスペクター／ホープスプリングセターナル （マイナー系）

2 ウッドマン（Woodman）米国型

　ミスタープロスペクター×トムフール（バックパサーの父）の配合はミスワキと似ているが、母（愛2歳GⅢ2勝）の影響から仏米で2歳リーディングサイアーを獲得。日本では父としても、母の父としてもスプリンターズS（ヒシアケボノとアストンマーチャン）を勝った。ただし、**単なるスピード血統ではなく、多様なカテゴリーで活躍馬を出す。**

出生国・出生年・毛色	米国・1983年・栗毛
競走年齢／競走成績 （勝ち鞍の距離）	2〜3歳／英愛5戦3勝（1200〜1600m）。アングルシーS（愛GⅢ） など。
父／母（母の父系）	ミスタープロスペクター／プレイメイト（マイナー系）

2-1 ヘクタープロテクター（Hector Protector）欧州型

　父はウッドマン。半弟に仏2000Gを兄弟制覇したシャンハイ、全妹にボスラシャム（欧州最優秀2歳牝馬）がいる超良血馬。

　母系の血に含まれる欧州型の芝適性が強く、芝の勝ち鞍がダートを上回る。母の父として、ブラックエンブレム（秋華賞）、マジェスティバイオ（中山大障害、中山グランドジャンプ）を出している。

[種牡馬事典] ミスタープロスペクター系

出生国・出生年・毛色	米国・1988年・栗毛
競走年齢／競走成績 （勝ち鞍の距離）	2〜3歳／英仏12戦9勝（1000〜1600m）。仏2000G、ジャックルマロワ賞など。
父／母（母の父系）	ウッドマン／コルヴェヤ（ネヴァーベンド系〜ナスルーラ系）

2-2 ティンバーカントリー（Timber Country） 米国型

　父はウッドマン。母フォールアスペンの産駒は、出走13頭中9頭が重賞勝ち馬となった世界的な名牝系。おいにドバイミレニアム（ドバイ・ワールドカップ：ドバウィの父）がいる。日本では、芝・ダート・障害でGⅠ馬を出した。

出生国・出生年・毛色	米国・1992年・栗毛
競走年齢／競走成績 （勝ち鞍の距離）	2〜3歳／米12戦5勝（1300〜1900m）。BCジュヴェナイル、プリークネスS、シャンペンSなど。北米最優秀2歳牡馬（1994年）。
父／母（母の父系）	ウッドマン／フォールアスペン（マイナー系）

2-3 アドマイヤドン 米国型

　母は2冠牝馬ベガ。3歳秋からダート路線に転向してGⅠを6勝。**産駒の勝利数はダートのほうが多いが、母の父トニービンの影響を受け、芝の中長距離で活躍する産駒もいる。**

出生国・出生年・毛色	日本・1999年・鹿毛
競走年齢／競走成績 （勝ち鞍の距離）	2〜6歳／日首25戦10勝（1400〜2000m）。フェブラリーS、朝日杯FS、帝王賞など。JRA最優秀2歳牡馬（2001年）、JRA最優秀ダートホース（2003〜2004年）。
父／母（母の父系）	ティンバーカントリー／ベガ（グレイソヴリン系〜ナスルーラ系）

3 ゴーンウエスト（Gone West） 米国型

　母の父は米3冠馬セクレタリアト。**芝ダートを問わず、一流マイラーを多く出し、**日本ではアポロケンタッキー（東京大賞典）の母の父となっている。

輸入された後継種牡馬はダート路線で良積を残している（→下図）。ほかに母の父として、ミスターグリーリーがベストウォーリア（マイルCS南部杯2回）、マウントロブソン（スプリングS）を、イルーシヴクオリティがショウナンアデラ（阪神JF）を出している。

出生国・出生年・毛色	米国・1984年・鹿毛
競走年齢／競走成績（勝ち鞍の距離）	2〜3歳／米17戦6勝（1300〜1800m）。ドワイヤーSなど。
父／母（母の父系）	ミスタープロスペクター／セクレタム（ボールドルーラー系〜ナスルーラ系）

3-1 ザフォニック（Zafonic） 欧州型

　ゴーンウエストの代表産駒。牝系から欧州型の能力を取り込み、英2000Gのコースレコードを35年ぶりに更新するなど、ヨーロッパの芝で名マイラーとして活躍。母の父は英愛ダービー馬ザミンストレル。直仔に大物はいないが、イフラージ（英GⅡ3勝）の系統からアルマンゾル（2016年欧州最優秀3歳牡馬）が出て、注目を集めている。5代血統表には父系のゴーンウエストに加え、マジェスティックプリンス、シャーペンアップの名が見え、ネイティヴダンサー系が3本入っていることが特徴だ。

出生国・出生年・毛色	米国・1990年・鹿毛
競走年齢／競走成績（勝ち鞍の距離）	2〜3歳／英仏7戦5勝（1200〜1600m）。英2000G、デューハーストSなど。欧州最優秀2歳牡馬（1992年）。
父／母（母の父系）	ゴーンウエスト／ザイザフォン（ノーザンダンサー系）

[種牡馬事典] ミスタープロスペクター系

4 シーキングザゴールド（Seeking the Gold） 米国型

　ミスタープロスペクター×バックパサー（父トムフール）は、ウッドマンと同じ配合。アメリカの雑多な血を持つミスタープロスペクター系らしく、**産駒は牝系の特徴次第で短距離から中距離までこなす多彩な産駒を出した。牝馬の活躍馬も多いのが特徴。**

　代表産駒ドバイミレニアム（1996年生）は、ドバイ・ワールドカップ、ジャックルマロワ賞などGI4勝。祖母フォールアスペン（1994米年度代表馬）から発展した名牝系出身で、おじにティンバーカントリーがいる。良血種牡馬として期待されたが、わずか1世代56頭を遺して急死した。日本ではスプリンターズSで、産駒のマイネルラヴ、シーキングザパールが1～2フィニッシュを決めたことがある。

出生国・出生年・毛色	米国・1985年・鹿毛
競走年齢／競走成績 （勝ち鞍の距離）	2～4歳／米15戦8勝（1200～2000m）。ドワイヤーS、スーパーダービーなど。
父／母（母の父系）	ミスタープロスペクター／コンゲーム（マイナー系）

4-1 ドバウィ（Dubawi） 欧州型

　急死したドバイミレニアムの貴重な後継種牡馬。祖母の半弟にハイライズ（英ダービー）、近親にインザウイングス（BCターフ）。母の父ディプロイの半兄にウォーニング（クイーンエリザベスIIS）、半弟にコマンダーインチーフ（英愛ダービー）がいる。

　数多くのGI馬を出して、2015年には仏リーディングサイアーとなった。

ドバウィ

- プリンスビショップ（2007年：ドバイWC）
- ラッキーナイン（2007年：香港スプリント）
- ナイトオブサンダー（2011年：英2000G）
- ポストポンド（2011年：キングジョージ）
- ニューベイ（2012年：仏ダービー）

出生国・出生年・毛色	愛国・2002年・鹿毛
競走年齢／競走成績 （勝ち鞍の距離）	2～3歳／英愛仏8戦5勝（1200～1600m）。愛2000G、ジャックルマロワ賞、愛ナショナルSなど。
父／母（母の父系）	ドバイミレニアム／ゾマラダー（ネヴァーベント系～ナスルーラ系）

5 マキャヴェリアン(Machiavellian) 欧州型

　父はミスタープロスペクター。近親にバゴ、ファンディーナ（フラワーＣ）らがいる牝系から欧州適性を取り込みつつ、３歳初戦まで４連勝。産駒は早熟マイラーかと思われたが、アムルタワケル、ストリートクライがドバイ・ワールドカップに勝ち、中距離適性を示した。

　日本では直仔のＧＩ級こそいないが、母の父として優れる。**母系に入ったマキャヴェリアンの血は、全体的に芝における高速適性を高める役割を果たすことが多い。**ヴィルシーナ、ヴィブロス、シュヴァルグランの母ハルーワスウィートはマキャヴェリアン産駒。

出生国・出生年・毛色	米国・1987年・黒鹿毛
競走年齢／競走成績 （勝ち鞍の距離）	２〜３歳／英愛仏７戦４勝(1200〜1400m)。モルニ賞、サラマンドル賞など。仏最優秀２歳牡馬(1989年)。
父／母（母の父系）	ミスタープロスペクター／クードフォリー （ヘイロー系〜ターントゥ系）

5-1 ストリートクライ(Street Cry) 米国型

　父はマキャヴェリアン、母は愛オークス馬、母の父トロイは英愛ダービー馬。シャトル種牡馬として成功。産駒は距離不問で、芝もダートもオールウェザーもこなし、加速力を武器とする。**日本ではダート馬か、芝の短距離馬が多いが、配合次第で芝の中距離もこなせる可能性はある。**オーストラリアのウインクスは、2015年５月から22連勝（1300m〜2040m）を記録中（2017年12月現在）。

出生国・出生年・毛色	愛国・1998年・黒鹿毛
競走年齢／競走成績 （勝ち鞍の距離）	２〜３歳／米首12戦５勝(1300〜2000m)。ドバイ・ワールドカップなど。
父／母（母の父系）	マキャヴェリアン／ヘレンストリート（マイナー系）

6 スマートストライク(Smart Strike) 米国型

　競走成績は平凡だが、母は加オークス馬で、半姉にダンススマートリー（加３冠、BCディスタフ）などがいるカナダの名牝系出身。

[種牡馬事典] ミスタープロスペクター系

　種牡馬としての評価を決定づけたのは 2007 年 9 月 30 日、ベルモント競馬場で実施されたブリーダズカップで、産駒のカーリン（ダート2000m）、イングリッシュチャンネル（芝 2400m）、ファビュラスストライク（ダート 1200m）が異なるカテゴリーの 3 つの G I に勝ったこと。**その後も産駒の勝ち上がり率の高さで人気種牡馬の座を維持した。**

　日本ではフリートストリートダンサー（ジャパンカップダート）を出し、ブレイクランアウト（共同通信杯）が後継種牡馬となっている。

出生国・出生年・毛色	加国・1992年・鹿毛
競走年齢／競走成績 （勝ち鞍の距離）	3～4歳／米8戦6勝(1400～1700m)。フィリップHアイズリンHなど。北米リーディングサイアー(2007～2008年)。
父／母（母の父系）	ミスタープロスペクター／クラッシーンスマート （ターントゥ系）

6-1　カーリン（Curlin）米国型

　スマートストライクの後継種牡馬。いとこにレッドスパーダ（京王杯SC）がおり、母の父デピュティミニスター（ヴァイスリージェント系）は 1997 ～ 1998 年の北米リーディングサイアー。2 年連続年度代表馬に選出され、敗れた 5 戦のうち 1 つは芝のマンノウォーS 2 着、もう 1 つはオールウェザーの BC クラシック 4 着。

　日本では出走数が少ないが、パワーとスピード、成長力がある。本来はダート向きだが、配合次第で芝の活躍馬も出る。

出生国・出生年・毛色	米国・2004年・栗毛
競走年齢／競走成績 （勝ち鞍の距離）	3～4歳／米16戦11勝(1400～2000m)。BCクラシック、ドバイ・ワールドカップなど。北米年度代表馬・最優秀3歳牡馬(2007年)、北米年度代表馬・最優秀古牡馬(2008年)。
父／母（母の父系）	スマートストライク／シェリフズデピュティ （ヴァイスリージェント系～ノーザンダンサー系）

☑ その他のミスタープロスペクター系の主な種牡馬・活躍馬
ミスワキ系

- ●**アーバンシー**（1989年生・牝：凱旋門賞）
- ●**マーベラスクラウン**（1990年生：ジャパンカップ）

ウッドマン系

- ●*ヘクタープロテクター（1988年生：仏2000G）
- ●*ティンバーカントリー（1992年生：プリークネスS、BCジュヴェナイル）
- ●アドマイヤドン（1999年生：フェブラリーS）

ゴーンウエスト系

- ●ザフォニック（1990年生：英2000G）
- ●*ケイムホーム（1999年生：サンタアニタダービー）
- ●インティ（2014年生：フェブラリーS）
- ●アルマンゾル（2013年生：仏ダービー）
- ●スペイツタウン（1998年生：BCスプリント）
- ●リエノテソーロ（2014年生・牝：全日本2歳優駿）

シーキングザゴールド系

- ●シーキングザパール（1994年生・牝：モーリスドギース賞）
- ●マイネルラヴ（1995年生：スプリンターズS）
- ●ドバイミレニアム（1996年生：ドバイWC）
- ●ドバウィ（2002年生：愛2000G）
- ●*モンテロッソ（2007年生：ドバイWC）
- ●*マクフィ（2007年生：英2000G）

マキャヴェリアン系

- ●*ストーミングホーム（1998年生：英チャンピオンS）
- ●ストリートクライ（1998年生：ドバイWC）
- ●*ストリートセンス（2004年生：ケンタッキーダービー）
- ●ゼニヤッタ（2004年生・牝：BCクラシック）

スマートストライク系

- ●カーリン（2004年生：ドバイWC、BCクラシック）
- ●ブレイクランアウト（2006年生：GⅢ共同通信杯）　　　　*は輸入種牡馬。

[種牡馬事典] ミスタープロスペクター系

ミスタープロスペクター系⑤
その他Ⅱ

ミスタープロスペクターの誕生から約50年が経ち、現在では多くの分枝が生まれている。ここでは、これまでに取り上げなかったミスタープロスペクター系の種牡馬のうち、父系を形成するほどではなかったものの、日本に一定の影響を及ぼした馬をまとめて紹介する。

ミスタープロスペクターと日本

　ミスタープロスペクター系はアメリカの主流血統で、日本にも多くの競走馬や種牡馬が輸入されている。1990年代には外国産馬のショウリノメガミ（京都牝馬特別、中山牝馬S）、シェイクハンド（ニュージーランドT4歳S）が芝適性を示した。

　母の父として、初期はブライアンズタイムと相性がよく、チョウカイキャロル（オークス）、ノーリーズン（皐月賞）、フリオーソ（帝王賞2回など）が活躍。**後年はダートにシフトして、ベストウォーリア（マイルCS南部杯2回：父マジェスティックウォリアー）、サマリーズ（全日本2歳優駿：父ハードスパン）を出した。**

1 キンググローリアス(King Glorious) 米国型

　父はミスタープロスペクター直仔のニーヴァスで、母の父はアフリートやウッドマンと同じくトムフール系（マイナー系）。2歳時は5戦5勝し、世代の2番手（トップはイージーゴア）となった。

　ミスタープロスペクター系初のGI馬として日本に導入され、1993年に2歳リーディングサイアーとファーストクロップ・リーディングサイアーをダブル受賞して、仕上がりの早さを証明。**初期は芝の活躍馬も出した。**

出生国・出生年・毛色	米国・1986年・黒鹿毛
競走年齢／競走成績 （勝ち鞍の距離）	2〜3歳／米9戦8勝（900〜1800m）。ハスケル招待Hなど。
父／母（母の父系）	ニーヴァス／グローリアスナタリー（マイナー系）

176

2 アグネスデジタル 米国型

　父クラフティプロスペクターはGIでは2着が最高だったが、祖母の半兄にブラッシンググルーム（仏2000G）がいる良血種牡馬。

　芝GI4勝、ダートGI2勝した二刀流で、距離もダート1200mから芝2000mまでこなし、天皇賞秋で重馬場を克服。マイルGIで2度もレコード勝ちしたオールラウンダー。種牡馬としては、父のレベルには及ばないが、ヤマニンキングリーは札幌記念（芝2000m）とシリウスS（ダート2000m）に勝利してマルチぶりを示した。

出生国・出生年・毛色	米国・1997年・栗毛
競走年齢／競走成績 （勝ち鞍の距離）	2～6歳／日香首32戦12勝（1200～2200m）。天皇賞秋、マイルCS、安田記念、フェブラリーS、香港Cなど。JRA最優秀4歳以上牡馬（2001年）。
父／母（母の父系）	クラフティプロスペクター／チャンシースクウォー （ダンチヒ系～ノーザンダンサー系）
血統のポイント	▶平均勝距離：芝1580m／ダート1554m ▶芝／ダート：28%／72% 当初は芝馬もダート馬も出る。ヤマニンキングリーのような兼用型もいたが、年々ダート向きにシフトし、ダート1800mのGⅢに強い。芝の良馬場では2着が多く、ダートは不良馬場を得意とする。

3 アフリート（Afreet） 米国型

　父はミスタープロスペクター。アメリカに残したノーザンアフリートは、フリートアレックス（プリークネスS、ベルモントS）の父となっている。日本では、初期に桜花賞馬プリモディーネなど芝のGI馬を出したが、**実績は断然ダート。母の父としても息の長い影響力を及ぼしている**。

出生国・出生年・毛色	加国・1984年・栗毛
競走年齢／競走成績 （勝ち鞍の距離）	3～4歳／米15戦7勝（1200～1800m）。ジェロームHなど。
父／母（母の父系）	ミスタープロスペクター／ポライトレディ（マイナー系）

[種牡馬事典] ミスタープロスペクター系

4 ガルチ(Gulch) 米国型

父はミスタープロスペクター。母ジャミーラは58戦して米GⅠ3勝
のタフネス。母の父ランバンクシャスはダート1700mのコースレコー
ドホルダー。マイルを超える距離でも善戦したが、本質はスプリント色
の濃いマイラー。代表産駒はサンダーガルチ(ケンタッキーダービー、
ベルモントS)など。

出生国・出生年・毛色	米国・1984年・鹿毛
競走年齢／競走成績 (勝ち鞍の距離)	2〜4歳／米32戦13勝(1000〜1800m)。BCスプリント、ウッドメモリアルSなど。北米最優秀短距離馬(1988年)。
父／母(母の父系)	ミスタープロスペクター／ジャミーラ(ハンプトン系)

5 ジェイドロバリー(Jade Robbery) 欧州型

父はミスタープロスペクター。母の半兄にヌレイエフ、半姉の仔にサ
ドラーズウェルズがいる良血馬。日本で供用されたミスタープロスペク
ター種牡馬として初めてリーディングサイアー・ランキング上位に入
り、その後の同系種牡馬の呼び水となった。

**産駒はマイル前後の軽いダートが得意で、2歳戦から走れて勝ち上が
り率も高く、古馬になっても活躍できた産駒が多い。**

出生国・出生年・毛色	米国・1987年・黒鹿毛
競走年齢／競走成績 (勝ち鞍の距離)	2〜3歳／仏7戦2勝(1400〜1600m)。仏グランクリテリウムなど。
父／母(母の父系)	ミスタープロスペクター／ナンバー (ニジンスキー系〜ノーザンダンサー系)

6 スキャン(Scan) 米国型

母ヴィデオは名種牡馬カーリアンの全妹。ミスタープロスペクター×
ニジンスキーはジェイドロバリーと同配合だが、**スキャンは米国型の資
質を伝え、明らかに主戦場はダート**。母の父として出した産駒の上級馬
は東京ダートを得意とし、根岸Sや武蔵野Sでの好走例(メイショウマ

シュウ、ワイドバッハ、カフジテイクなど）が多い。

出生国・出生年・毛色	米国・1988年・鹿毛
競走年齢／競走成績 （勝ち鞍の距離）	2〜3歳／米16戦5勝（1400〜1800m）。ジェロームH、ペガサスH など。
父／母（母の父系）	ミスタープロスペクター／ヴィデオ （ニジンスキー系〜ノーザンダンサー系）

7 ウォーエンブレム（War Emblem） 米国型

　父アワエンブレムは、アメリカのレース名にその名を残す名牝パーソナルエンスン（米13戦全勝、GI8勝）の子。母の父ロードアトウォーはアルゼンチンの名マイラーで、アメリカ移籍後にGIを2勝した。サンデーサイレンスの父系やノーザンダンサーの血を持たないため、ポスト・サンデーサイレンスと期待されたが、牝馬に興味を示さず、初年度産駒はわずか4頭。ただし、7世代の約120頭からGI馬2頭を含む7頭の重賞ウイナーを出し、少数ながら質は高い。

出生国・出生年・毛色	米国・1999年・青鹿毛
競走年齢／競走成績 （勝ち鞍の距離）	2〜3歳／米13戦7勝（1600〜2000m）。ケンタッキーダービー、プリークネスS、ハスケル招待Hなど。北米最優秀3歳牡馬（2002年）。
父／母（母の父系）	アワエンブレム／スウィーテストレディ（マイナー系）

8 アルデバランII（Aldebaran） 米国型

　父はミスタープロスペクター。母チャイムズオブフリーダムは米GI勝ち馬で、いとこにスピニングワールド（BCマイル）がいる。**この父系にしては芝でも走り**、ダンスディレクター（シルクロードS連覇）、ダノンゴーゴー（ファルコンS）が重賞を制覇している。

出生国・出生年・毛色	米国・1998年・鹿毛
競走年齢／競走成績 （勝ち鞍の距離）	2〜5歳／英米25戦8勝（1400〜1600m）メトロポリタンHなど。北米最優秀短距離馬（2003年）。
父／母（母の父系）	ミスタープロスペクター／ チャイムズオブフリーダム （マイナー系）

[種牡馬事典] ターントゥ系

大系統❹
ターントゥ系

ターントゥ系はヘイルトゥリーズン系とサーゲイロード系に大別され、前者はヘイロー系とロベルト系、後者はサーアイヴァー系とハビタット系に分かれる。

ターントゥの5代血統表

ターントゥ（1951年生 鹿毛 愛国産）

			Phalaris 1913	Polymelus
Royal Charger 1942 栗毛	Nearco 1935 黒鹿毛	Pharos 1920 黒鹿毛		Bromus
			Scapa Flow 1914	Chaucer
				Anchora
		Nogara 1928 鹿毛	Havresac 1915	Rabelais
				Hors Concours
			Catnip 1910	Spearmint
				Sibola
	Sun Princess 1937 鹿毛	Solario 1922 鹿毛	Gainsborough 1915	Bayardo
				Rosedrop
			Sun Worship 1912	Sundridge
				Doctrine
		Mumtaz Begum 1932 鹿毛	Blenheim 1927	Blandford
				Malva
			Mumtaz Mahal 1921	The Tetrarch
				Lady Josephine
Source Sucree 1940 黒鹿毛 FNo.[1-w]	Admiral Drake 1931 黒鹿毛	Craig an Eran 1918 鹿毛	Sunstar 1908	Sundridge
				Doris
			Maid of the Mist 1906	Cyllene
				Sceptre
		Plucky Liege 1912 鹿毛	Spearmint 1903	Carbine
				Maid of the Mint
			Concertina 1896	St. Simon
				Comic Song
	Lavendula 1930 黒鹿毛	Pharos 1920 黒鹿毛	Phalaris 1913	Polymelus
				Bromus
			Scapa Flow 1914	Chaucer
				Anchora
		Sweet Lavender 1923 栗毛	Swynford 1907	John o'Gaunt
				Canterbury Pilgrim
			Marchetta 1907	Marco
				Hetie Sorrel

Pharos 3×3、Speamint 5×4、Sundridge 5×5

1 米国から欧州、日本へと分枝を伸ばす

ターントゥは種牡馬としてヘイルトゥリーズン、サーゲイロード（米3冠馬セクレタリアトの半兄）という2頭の大物を出した。**日本ではヘイルトゥリーズン産駒のヘイローとロベルトの系統が好成績を残し、現在はヘイロー産駒のサンデーサイレンス系が突出。**

ヘイルトゥリーズン系が広がった一因は、牝系のよさを引き出す能力に優れているうえに、ハイペリオン系牝馬やノーザンダンサー系牝馬との間で活躍馬を出せたことにある。

ターントゥのプロフィール

成績 タイトル	2～3歳／米8戦6勝(1000～1800m)。サラトガスペシャルS、フラミンゴS、ガーデンステートSなど。
種牡馬成績	北米2歳LS（1958年）
血統	父：ロイヤルチャージャー　母：ソースサクリー（マイナー系）
日本の主な 活躍馬	～1989	ホウヨウボーイ、ニホンピロウイナー、シャダイカグラ
	1990～	ヤマニンゼファー、ライスシャワー、ナリタブライアン、マヤノトップガン、チョウカイキャロル、ファレノプシス、サニーブライアン、シルクジャスティス、グラスワンダー、タイキシャトル、フラワーパーク
	2000～	ダンツフレーム、シルクプリマドンナ、タニノギムレット、ノーリーズン、タイムパラドックス、アーネストリー、スクリーンヒーロー、ウオッカ、ヴィクトリー、フリオーソ
	2010～	ゴールドアクター、モーリス、レインボーダリア

＊サンデーサイレンス系（→ P.196）に含まれるものを除く。

ターントゥ系の系譜

[種牡馬事典] ターントゥ系

ターントゥ系①
ヘイロー系

ターントゥの代表産駒ヘイルトゥリーズンは、1960年の米2歳チャンピオン。わずか13頭の初年度産駒から5頭のステークスウイナーが出て人気種牡馬となり、1970年にボールドルーラーの8連覇を阻止して、北米リーディングサイアーとなった。父系を発展させたのは1968年生まれのヘイローとロベルト。

日本に大きな影響を与え続ける父系

ヘイルトゥリーズン産駒は仕上がりの早さとスピードが武器で、直仔ヘイローは母系のよさを取り込む包容力で北米リーディングサイアー（1983年・1989年）を獲得した。ただし、ヘイロー系が父系として定着しているのは、サンデーサイレンスが大成功した日本とサザンヘイローが大成功したアルゼンチンのみで、限定的な発展にとどまる。**ノーザンダンサーやミスタープロスペクターのように、各国で大成功を収めるまでの柔軟性はいまのところ持ち合わせていない。**

ヘイロー系の系統図

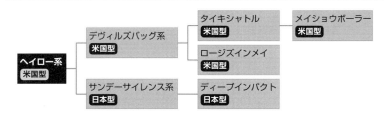

▶ヘイロー系の特徴

- 米国発祥のスピード血統で、母系によって適性は変化する。
- タイキシャトルはカーリアンの血を取り込み、芝マイル適性を強化。その産駒メイショウボーラーは母系の影響で、父よりもダート短距離にシフト。
- サンデーサイレンスは、アルゼンチンの高速中距離適性の高い血を母系から取り込む。
- ロージズインメイは、母系からスタミナとパワーを強化。

1 ヘイロー（Halo） 米国型

　ノーザンダンサーと同じ祖母を持ち、半兄にファーザーズイメージ（産駒に皐月賞馬ハワイアンイメージ）がいる。種牡馬になると名牝グロリアスソング（北米最優秀古馬牝馬）やサンデーサイレンスを出し、1983年・1989年に北米リーディングサイアーとなった。**気性が激しいことで知られ、それが産駒には勝負根性として伝わっている。**

```
ヘイロー
├ グロリアスソング（1976年・牝：北米最優秀古馬牝馬1回）
├ デヴィルズバッグ（1981年：シャンペンS）
│   ├ デヴィルヒズデュー（1989年：サバーバンH2回）
│   │   └ ロージズインメイ（2000年：ドバイWC）
│   ├ タイキシャトル（1994年：ジャックルマロワ賞）
│   │   └ メイショウボーラー（2001年：フェブラリーS）
├ サザンヘイロー（1983年：アルゼンチンLS）
└ サンデーサイレンス（1986年）
```

出生国・出生年・毛色	米国・1969年・黒鹿毛
競走年齢／競走成績（勝ち鞍の距離）	2〜5歳／米31戦9勝（1200〜2400m）。ユナイテッドネーションズHなど。北米リーディングサイアー（1983年、1989年）。
父／母（母の父系）	ヘイルトゥリーズン／コスマー（マイナー系）

2 デヴィルズバッグ（Devil's Bag） 米国型

　全姉にグロリアスソング。母の父エルバジェはステイヤーだが、勝利時の着差合計が51馬身というスピード馬で、「セクレタリアトの再来」と評された。良血種牡馬らしく、**芝ダートで優れたマイラーを輩出**。

出生国・出生年・毛色	米国・1981年・鹿毛
競走年齢／競走成績（勝ち鞍の距離）	2〜3歳／米9戦8勝（1400〜1700m）。シャンペンS、ローレルFなど。北米最優秀2歳牡馬（1983年）。
父／母（母の父系）	ヘイロー／バラッド（ハンプトン系）

183

[種牡馬事典] ターントゥ系

2-1 タイキシャトル 米国型

父デヴィルズバッグは北米最優秀古馬牝馬グロリアスソングの全弟。その父のスピードを受け継いだ**世界水準のマイラー**で、日本の貴重なスピード血統を築いた。母は愛1000G馬で、いとこにピースオブワールド（阪神JF）がいる。海外遠征をはさんでGⅠ6連勝し、3歳時にはダートのユニコーンSにも勝ち、**米国血統らしいスピードの持続力にも優れる**。母の父としてレーヌミノル（桜花賞）、ストレイトガール（ヴィクトリアマイル連覇など）、ワンアンドオンリー（日本ダービー）を出している。

出生国・出生年・毛色	米国・1994年・栗毛
競走年齢／競走成績 （勝ち鞍の距離）	3～4歳／日仏13戦11勝（1200～1600m）。ジャックルマロワ賞、マイルCS2回、安田記念、スプリンターズSなど。JRA最優秀短距離馬（1997年）、JRA年度代表馬・最優秀4歳以上牡馬・最優秀短距離馬（1998年）。
父／母（母の父系）	デヴィルズバッグ／ウェルシュマフィン （ニジンスキー～ノーザンダンサー系）

2-2 メイショウボーラー 米国型

祖母はアルゼンチンGⅠ（芝2000m）馬だが、母の産駒はいずれもスプリンター。当初は芝で活躍（デイリー杯2歳S勝ち）したが、4歳からダートに転じてフェブラリーSを制した。

出生国・出生年・毛色	日本・2001年・黒鹿毛
競走年齢／競走成績 （勝ち鞍の距離）	2～6歳／日香29戦7勝（1000～1600m）。フェブラリーSなど。
父／母（母の父系）	タイキシャトル／ナイスレイズ （ストームバード系～ノーザンダンサー系）
血統のポイント	▶平均勝ち距離：芝1387m／ダート1439m ▶芝／ダート：芝29％／ダート71％ 祖母はアルゼンチンGⅠ馬で、母の父はストームキャット。父タイキシャトルに比べ、ダート適性が強化されている。ダート1400mの勝ち星が多いが、牡馬はダート中長距離での穴も出す。2歳戦での体力の完成度勝負にも強く、2歳戦では芝でもダートと同じくらい勝つ。芝のイメージがない分、馬券妙味もある。代表例は、7歳でアイビスSDに勝ったラインミーティア。

2-3 ロージズインメイ（Roses in May）米国型

　父デヴィルヒズデューはデヴィルズバッグの代表産駒で、米中距離G
Ⅰ5勝。ロージズインメイは3歳5月にデビューして、5歳でドバイ・
ワールドカップに勝った晩成馬。スピード父系のイメージは影を潜め、
母の父であるプリンスキロ系のスタミナと馬力を強く受け継ぐ。**セール
スポイントは、パワーとスタミナ。**後継種牡馬ドリームバレンチの母は
スプリンターで、同じデヴィルズバッグ系のメイショウボーラーのよう
なタイプ。

出生国・出生年・毛色	米国・2000年・青鹿毛
競走年齢／競走成績 （勝ち鞍の距離）	3～5歳／米首13戦8勝(1700～2000m)。ドバイWCなど。
父／母（母の父系）	デヴィルヒズデュー／テルアシークレット(セントサイモン系)
血統のポイント	▶平均勝ち距離：芝1697m／ダート1640m ▶芝／ダート：芝40％／ダート60％ 芝もダートも、上がりがかかる前残りの展開、馬場を得意とする。これは母の父であるプリンスキロ系の影響もあるが、タフな前残りに強い馬を育成するラフィアン系の生産馬が多いことも影響していそう。

☑ ヘイロー系の主な種牡馬・活躍馬

デヴィルズバッグ系

- **デヴィルヒズヒュー**（1989年生：サバーバンH2回）
- ***ロージズインメイ**（2000年生：ドバイWC）
- **ドリームバレンチノ**（2007年生：JBCスプリント）
- **タイキシャトル**（1994年生：安田記念、ジャックルマロワ賞）
- **メイショウボーラー**（2001年生：フェブラリーS）

その他

- **グロリアスソング**（1976年生・牝：北米最優秀古馬牝馬）
- **サザンヘイロー**（1983年生：アルゼンチンリーディングサイアー）
- **グッバイヘイロー**（1985年生・牝：米GⅠ7勝）
- ***ジョリーズヘイロー**（1987年生：ドンH）
- **セイントリアム**（2000年生：BCクラシック）

＊は輸入種牡馬。

[種牡馬事典] ターントゥ系

ターントゥ系②
ロベルト系

英ダービー馬ロベルトに始まる父系は、日本ではリアルシャダイとブライアンズタイムの大成功で注目され、グラスワンダー、シンボリクリスエスが続いた。ブライアンズタイムを除くと競走馬としては二流で、欧米で大レースを勝ち切る馬力やスタミナを持たないほうが、日本に対応できるということかもしれない。

大一番でアッといわせる底力を秘めた父系

とにかくスタミナと馬力が豊富。使いながら良化するタイプが多く、芝ダートや距離も問わないが、パワフルさが勝りすぎて、日本の芝ではスピード負けする産駒も多い。**潜在的な底力を秘め、大一番でハマると、思わぬ強敵を倒すことがある。**スタミナやパワーという個性を産駒によく伝える特徴もある。

ロベルト系の系統図

▶ロベルト系の特徴

- スタミナとパワーに優れ、一昔前のタフな芝は得意だった。
- 相手強化の厳しい流れで潜在能力が引き出される。
- 現在の馬場ではスタミナを活かしきれない馬も多いが、タフな馬場になるとまとめて穴を出すこともある。
- 母の父がロベルト系の馬も、タフな馬場や相手強化によって潜在能力が引き出されやすい。

1 ロベルト（Roberto） 欧州型

母ブラマリーは米GⅠ馬で、母の父ナシュアは米年度代表馬。

種牡馬としては、リボー系牝馬と相性がよく、多数の活躍馬を出した。しかし、後継種牡馬として成功したのはせいぜいGⅡ勝ちかそれ以下ばかりなのが、この父系の不思議なところ。**強烈な個性を伝えない代わりに、あらゆる牝系と優れた親和性を示す。**

出生国・出生年・毛色	米国・1969年・鹿毛
競走年齢／競走成績 （勝ち鞍の距離）	2～4歳／愛英仏14戦7勝（1200～2400m）。英ダービー、コロネーションCなど。英愛最優秀3歳牡馬（1972年）。
父／母（母の父系）	ヘイルトゥリーズン／ブラマリー（ナスルーラ系）

2 シンボリクリスエス 欧州型

父クリスエスはロベルト産駒。日本ダービーはタニノギムレットの2着だったが、3歳・4歳時に天皇賞秋と有馬記念を連覇し、ジャパンカップ（中山開催）にも勝った。

ロベルト系らしいパワーとスタミナと、母父のボールドルーラー系から受け継ぐスピードの持続力を産駒に伝え、2009～2014年までリーディングサイアー10位以内を維持している。

出生国・出生年・毛色	米国・1999年・黒鹿毛
競走年齢／競走成績 （勝ち鞍の距離）	2～4歳／日15戦8勝（1600～2500m）。天皇賞秋2回、有馬記念2回など。JRA年度代表馬（2002～2003年）、JRA最優秀3歳牡馬（2002年）、JRA最優秀4歳以上牡馬（2003年）。
父／母（母の父系）	クリスエス／ティーケイ（ボールドルーラー系～ナスルーラ系）
血統のポイント	▶平均勝距離：芝1833m／ダート1706m ▶芝／ダート：50％／50％ 代表産駒にエピファネイア、サクセスブロッケン、サンカルロ、ストロングリターン。2017年のダービーは母の父シンボリクリスエスの馬が1・3着だった。最優秀障害馬オジュウチョウサンも、母の父シンボリクリスエス。ダートと芝の勝利比率はちょうど半々。同じロベルト系のブライアンズタイムと比べると、米国的なスピードの持続性に優れたタイプ。とはいえ、本質はロベルト系らしくタフな馬場、スタミナを要求されるレースに強い。ギヤの重いタイプで一度スピードに乗ると持続する能力に長けているが、急激に速くなる流れは苦手。

[種牡馬事典] ターントゥ系

3 シルヴァーホーク（Silver Hawk）欧州型

　母系は古めかしく地味な構成で、母はＧⅠマイラー。自身の重賞タイトルはＧⅢだけだが、愛ダービー２着、英ダービー３着がある。日本ではグラスワンダーがスクリーンヒーロー、モーリスへと父系をつなぎ、母の父としてはブラックホーク（安田記念＝９番人気）＆ピンクカメオ（ＮＨＫマイルＣ＝17番人気）兄妹を出した。「人気薄で一発」のロベルトの血は、ここにも受け継がれている。

出生国・出生年・毛色	米国・1979年・鹿毛
競走年齢／競走成績 （勝ち鞍の距離）	２〜３歳／英愛８戦３勝（1200〜1600m）。クレイヴンＳ（英ＧⅢ）など。
父／母（母の父系）	ロベルト／グリヴィタス（マイナー系）

3-1 スクリーンヒーロー 欧州型

　母の父サンデーサイレンス、祖母の父ノーザンテースト。日本競馬に欠かせない王道血統を牝系から取り込み、**日本の芝におけるポテンシャルのアベレージを高めたロベルト系種牡馬の成功例といえる。**

　初年度産駒のモーリスは1600〜2000m（マイルＧⅠ４勝、天皇賞秋、香港Ｃ）で、ゴールドアクターは2200m以上（有馬記念）で、それぞれ能力全開。ともに４歳以降に本格化した。モーリスのスピードは堀厩舎の調教手腕によるものも大きいが、そのスピードの源泉は中山1600mで当時の世界レコード（１分32秒２）を記録した祖母ダイナアクトレスに求められるのかもしれない。

出生国・出生年・毛色	日本・2004年・栗毛
競走年齢／競走成績 （勝ち鞍の距離）	２〜５歳／日23戦５勝（1800〜2600m）。ジャパンカップなど。JRA最優秀４歳以上牡馬。
父／母（母の父系）	グラスワンダー／ランニングヒロイン （サンデーサイレンス系〜ターントゥ系）

血統のポイント	▶平均勝距離：芝1759m／ダート1491m ▶芝／ダート：58％／42％ ロベルト系らしく、産駒の勝ち星はダートと芝が半々。とくに未勝利、500万条件は芝に比べて、ダートのほうが勝率は倍で、期待値も優秀。下級条件でダートのほうが優れた成績を残しているのは、ロベルト系の特徴を継ぐ馬が多いから。スクリーンヒーローのイメージはあまり持たず、芝ではダート馬が走るようなタフな馬場で狙いたい。ダート1400m以下の勝ち星が多いこともポイント。モーリスも厩舎によっては、ダート短距離を走っていた可能性がある。

4　リアルシャダイ（Real Sadai）　欧州型

　2年目産駒からシャダイカグラ（桜花賞）を出し、ヘイルトゥリーズン系の導入ブームを誘発。1993年にはノーザンテーストを抑えて、リーディングサイアーとなった。**当初は仕上がりの早いマイラーが多かったが、次第に中長距離馬が増え、**1995年の天皇賞春では産駒が1〜3着（ライスシャワー、ステージチャンプ、ハギノリアルキング）を独占。後継馬は残せなかったが、母の父としてもトウカイポイント（マイルCS）、イングランディーレ（天皇賞春）、アドマイヤジュピタ（天皇賞春）を輩出。芝3000m以上のGⅠで存在感を示した。

出生国・出生年・毛色	米国・1979年・黒鹿毛
競走年齢／競走成績 （勝ち鞍の距離）	2〜3歳／仏8戦2勝（2400〜2700m）。ドーヴィル大賞（仏GⅡ）など。日リーディングサイアー（1993年）。
父／母（母の父系）	ロベルト／デザートヴィクスン（マッチェム系）

5　ブライアンズタイム（Brian's Time）　欧州型

☑ ダート一流馬ながら、ダービー馬を輩出

　ロベルト産駒の中では異能のダート一流馬。追い込み一手の脚質で2着や3着も多かったが、フロリダダービーでは断然人気の2歳チャンピオンであるフォーティナイナーを破る大金星をあげ、大一番におけるロベルトの一発を受け継いでいることを示した。

　初年度産駒のナリタブライアンが3冠＋有馬記念に勝って大ブレイク。ブライアンズタイム系から4頭のダービー馬（ナリタブライアン、サニーブライアン、タニノギムレット、ウオッカ）が出ている。

激走馬を見抜く

血統の基礎知識

血統と馬の能力

レース条件別予想

種牡馬事典

血統の歴史と未来

[種牡馬事典] ターントゥ系

リーディングサイアーでトップ10以内を維持した期間はサンデーサイレンスの14年連続を上回る16年（1994～2009年）。産駒の連続重賞勝利年数でも17年連続のサンデーサイレンスを抜き、パーソロンに並ぶ18年を記録。連続記録が絶えたあとも重賞勝ち馬を出すなど、長年にわたって活躍し続けた。

☑ 晩年はダート種牡馬として活躍

晩年は芝の高速化と上がり勝負の競馬に対応できない分、ダートでの活躍馬が増加し、NARでも顕彰馬に選出された。

母の父としても秋華賞馬ティコティコタック（10番人気）、菊花賞馬スリーロールス（8番人気）、天皇賞馬ビートブラック（14番人気）、皐月賞馬ディーマジェスティ（8番人気）など、人気薄のGⅠホースを数多く出した。**「大一番での大穴」の破壊力は、母系に入っても健在。**

出生国・出生年・毛色	米国・1985年・黒鹿毛
競走年齢／競走成績 （勝ち鞍の距離）	2～4歳／米21戦5勝（1400～1800m）。フロリダダービー、ペガサスHなど。
父／母（母の父系）	ロベルト／ケーリズデイ（セントサイモン系）

5-1 ウオッカ

2007年の日本ダービーで史上初の父娘制覇と64年ぶりの牝馬の優勝（3頭目）を成し遂げたほか、牡馬を相手のGⅠをいくつも勝った歴史的名牝。母系は日本古来の名門フローリスカップ系から派生したワカシラオキ系で、5代までにノーザンダンサーを持たない。

引退後はシーザスターズ（ダンチヒ系）、フランケル（サドラーズウェルズ系）、インヴィンシブルスピリット（ダンチヒ系）など、ノーザンダンサー系のビッグネームと交配されている。

出生国・出生年・毛色	日本・2004年・鹿毛
競走年齢／競走成績 （勝ち鞍の距離）	2～6歳／日首26戦10勝（1600～2400m）。日本ダービー、ジャパンカップ、天皇賞秋、安田記念2回、ヴィクトリアマイル、阪神JFなど。JRA最優秀2歳牝馬（2006年）、特別賞（2007年）、JRA年度代表馬（2008～2009年）、最優秀4歳以上牝馬（2008～2009年）。
父／母（母の父系）	タニノギムレット／タニノシスター（ネヴァーベント系～ナスルーラ系）

☑ ロベルト系の主な種牡馬・活躍馬

クリスエス系

- **シンボリクリスエス**（1999年生：有馬記念2回、天皇賞秋2回）
- **ルヴァンスレーヴ**（2015年生：チャンピオンズC、ジャパンDD）
- **エピファネイア**（2010年生：ジャパンカップ、菊花賞）

シルヴァーホーク系

- **グラスワンダー**（1995年生：有馬記念2回）
- **スクリーンヒーロー**（2004年生：ジャパンカップ）
- **ゴールドアクター**（2011年生：有馬記念）
- **モーリス**（2011年生：天皇賞秋、安田記念、香港カップ）
- **アーネストリー**（2005年生：宝塚記念）

リアルシャダイ系

- **シャダイカグラ**（1986年生・牝：桜花賞）
- **ライスシャワー**（1989年生：菊花賞、天皇賞春2回）

ブライアンズタイム系

- **ナリタブライアン**（1991年生：3冠）
- **チョウカイキャロル**（1991年生・牝：オークス）
- **マヤノトップガン**（1992年生：菊花賞、有馬記念、天皇賞春）
- **サニーブライアン**（1994年生：日本ダービー、皐月賞）
- **シルクジャスティス**（1994年生：有馬記念）
- **ファレノプシス**（1995年生・牝：桜花賞、秋華賞）
- **シルクプリマドンナ**（1997年生・牝：オークス）
- **ダンツフレーム**（1998年生：宝塚記念）
- **タニノギムレット**（1999年生：日本ダービー）
- **ウオッカ**（2004年生・牝：日本ダービー、ジャパンカップ）
- **ノーリーズン**（1999年生：皐月賞）
- **ヴィクトリー**（2004年生：皐月賞）
- **フリオーソ**（2004年生：帝王賞2回、ジャパンダートダービー）
- **レインボーダリア**（2007年生・牝：エリザベス女王杯）

[種牡馬事典] ターントゥ系

ターントゥ系③
サーゲイロード系

ターントゥ系のうち、サーゲイロード系は主にヨーロッパで広がった。サーゲイロード系は、さらにサーアイヴァー系とハビタット系に大別できる。ハビタット系からはニホンピロウイナーが出ているが、直系父系は残っておらず、現在の日本への影響は限定的。

各地の特性を取り込んで生き残るローカル父系

ターントゥ系（サンデーサイレンス系を除く）は一定の勢力を保っているものの、特定の国・地域限定であるケースが多く、ノーザンダンサー系やミスタープロスペクター系のような世界的な広がりはない。

それは各地の主流血統の牝系の長所を取り入れて生き残ってきたためで、サンデーサイレンス系もその一例といえる。ほかには、**かつての日本でスピード血統として鳴らしたハビタット系、オーストラリア限定で広がるサートリストラム系**などがある。

サーゲイロード系の系統図

▶サーゲイロード系の特徴

- 1980年代にハビタット系のニホンピロウイナーが活躍。
- 上級馬は2000mまでこなしたが、本質はスプリンター。
- サートリストラム系は健在だが、日本への影響は限定的。
- オーストラリアでは、サートリストラムの血がいまも影響を及ぼす。

1 サーゲイロード（Sir Gaylord） 欧州型

サーゲイロードはターントゥの直仔で、米3冠馬セクレタリアトの半

兄。サーアイヴァーとハビタットを出し、ヘイルトゥリーズンと並ぶターントゥの有力後継馬となった。サーアイヴァーは米国産馬として久しぶりに英ダービーを勝ち、マイラーとして活躍したハビタットはヨーロッパのスピード血統として成功した。

出生国・出生年・毛色	米国・1959年・黒鹿毛
競走年齢／競走成績（勝ち鞍の距離）	2〜3歳／米18戦10勝（1100〜1800m）。サプリングSなど。
父／母（母の父系）	ターントゥ／サムシングロイヤル（セントサイモン系）

2-1 サートリストラム（Sir Tristram） 欧州型

　サーアイヴァー系のうち、いまも活気があるのがサートリストラムの系統。競走成績は凡庸だが、ハイペリオンの近親であり、バランスのとれた血統構成が評価されてオセアニアで大成功。オーストラリアで6回、ニュージーランドで7回、リーディングサイアーとなった。現在では、オセアニア競馬史上最高の種牡馬ともいわれている。

出生国・出生年・毛色	愛国・1971年・鹿毛
競走年齢／競走成績（勝ち鞍の距離）	2〜4歳／英愛仏米19戦2勝（1600〜1800m）。
父／母（母の父系）	サーアイヴァー／イゾルト（セントサイモン系）

2-2 ロンロ（Lonhro） 欧州型

　父オクタゴナルは豪州でGⅠ10勝した1995／1996年の年度代表馬。自身もオセアニアの主流血統であるサートリストラム系の後継馬で、1100m〜2200mで走り、4〜5歳時にGⅠ10勝をあげた。2003／2004年度代表馬に選出され、オセアニア史上初めて父子で年度代表馬となった。種牡馬としても、2010／2011年シーズンに豪州リーディングサイアーとなっている。

出生国・出生年・毛色	豪州・1998年・黒鹿毛
競走年齢／競走成績（勝ち鞍の距離）	2〜6歳／豪35戦26勝（1100〜2000m）。ATCジョージメインSなど。
父／母（母の父系）	オクタゴナル／シャディア（ミスタープロスペクター系）

3-1 スティールハート(Steel Heart) 欧州型

　父ハビタットの名を高めた名スプリンターで、英国短距離路線の王道レースを圧勝した。**父系も母系も短距離系で、日本向きのスピード血脈と期待されたとおり、優れたマイラーを数多く出した。**

出生国・出生年・毛色	愛国・1972年・黒鹿毛
競走年齢／競走成績 （勝ち鞍の距離）	2～3歳／英愛仏独12戦5勝(1000～1200m)。ミドルパークSなど。
父／母（母の父系）	ハビタット／エイワン（ハンプトン系）

3-2 ニホンピロウイナー 欧州型

　スティールハートの代表産駒で、ターントゥ系の日本への適性の高さを最初に示した種牡馬となった。母の父はチャイナロック（ハイセイコーの父）で、おじにキタノカチドキ（皐月賞、菊花賞）、おばにリードスワロー（エリザベス女王杯）兄妹がいる。

　グレード制が導入され、距離体系の整備が始まった時期に登場した**「史上最強マイラー」で、1200m～2000mまでこなした。**ターントゥ系の本質的なスピードを伝えたが、直系子孫は残っていない。

出生国・出生年・毛色	米国・1980年・黒鹿毛
競走年齢／競走成績 （勝ち鞍の距離）	2～5歳／日26戦16勝(1200～2000m)。マイルCS2回、安田記念など。JRA最優秀短距離馬(1983～1985年)。
父／母（母の父系）	スティールハート／ニホンピロエバート（ハンプトン系）

☑ サーゲイロード系の主な種牡馬・活躍馬

サーアイヴァー系

- **サートリストラム**（1971年生）
- **ザビール**（1986年生：「南半球のノーザンダンサー」）
- **オクタゴナル**（1992年生：豪年度代表馬）
- **ロンロ**（1998年生：豪年度代表馬）

ハビタット系

- *****スティールハート**（1972年生：ミドルパークS）
- **ニホンピロウイナー**（1980年生：マイルCS 2回、安田記念）
- **タカラスチール**（1982年生・牝：マイルCS）
- **ヤマニンゼファー**（1988年生：天皇賞秋、安田記念2回）
- **フラワーパーク**（1992年生・牝：スプリンターズS、高松宮杯）

＊は輸入種牡馬。

ニホンピロウイナーの血は僅差の勝負に強い!?

　これまでJRAのGIでは数多くの名勝負が繰り広げられ、写真判定が明暗を分けたケースも数多い。判定にもっとも時間を要したのは1996年のスプリンターズSだと思われるが、勝ったフラワーパーク（父ニホンピロウイナー）と2着エイシンワシントン（父オジジアン）の着差は1cmと言われた。

　同じくニホンピロウイナー産駒のヤマニンゼファーは、1993年の天皇賞秋を写真判定のハナ差で勝利。また、中距離を得意としたメガスターダムは、2001年のラジオたんぱ杯2歳Sをハナ差で勝ち、2005年の松籟ステークス（2400m）では1着同着となっている。

ターントゥ系はサンデーサイレンス系ばかりが目立っているが、ロベルト系のスクリーンヒーロー（写真）など、あなどれない種牡馬が多い。

[種牡馬事典] サンデーサイレンス系

大系統❺
サンデーサイレンス系

サンデーサイレンスはノーザンダンサーもミスタープロスペクターも持たない血統で配合の自由度は高く、日本の血統地図を書き換える大種牡馬となった。

サンデーサイレンスの5代血統表

サンデーサイレンス（1986年生 青鹿毛 米国産）

Halo 1969 黒鹿毛	Hail to Reason 1958 黒鹿毛	Turn-to 1951 鹿毛	Royal Charger 1942	Nearco
				Sun Princess
			Source Sucree 1940	Admiral Drake
				Lavendula
		Nothirdchance 1948 鹿毛	Blue Swords 1940	**Blue Larkspur**
				Flaming Swords
			Galla Colors 1943	Sir Gallahad
				Rouge et Noir
	Cosmah 1953 鹿毛	Cosmic Bomb 1944 黒鹿毛	Pharamond 1925	Phalaris
				Selene
			Banish Fear 1932	**Blue Larkspur**
				Herodiade
		Almahmoud 1947 栗毛	**Mahmoud** 1933	Blenheim
				Mah Mahal
			Arbitrator 1937	Peace Chance
				Mother Goose
Wishing Well 1975 鹿毛 FNo.[3-e]	Understanding 1963 栗毛	Promised Land 1954 芦毛	Palestinian 1946	Sun Again
				Dolly Whisk
			Mahmoudess 1942	**Mahmoud**
				Forever Yours
		Pretty Ways 1953 黒鹿毛	Stymie 1941	Equestrian
				Stop Watch
			Pretty Jo 1948	Bull Lea
				Fib
	Mountain Flower 1964 鹿毛	Montparnasse 1956 黒鹿毛	Gulf Stream 1943	Hyperion
				Tide-way
			Mignon 1946	Fox Cub
				Mi Condesa
		Edelweiss 1959 鹿毛	Hillary 1952	Khaled
				Snow Bunny
			Dowager 1948	Free France
				Marcellina

Blue Larkspur 5 × 5、Mahmoud 4 × 5

196

1 日本の高速馬場にマッチ

　サンデーサイレンスはダート主流のアメリカで活躍した一流馬だが、輸入当初は日本でこれほど活躍馬を輩出するとは思われていなかった。**それが自身の長所を伝えるだけでなく、配合相手の牝馬の資質や血統のよさを引き出す能力を最大限発揮し、一大父系を築いた。**

　日本は速い時計の出やすい野芝コースが主流（札幌と函館は洋芝コース）で、海外の同距離のレースと比べて、走破タイムはかなり速い。また、日本の芝コースは、道中では脚をタメて直線でスピードを発揮するレースパターンのほうが勝ちやすい。これはサンデーサイレンス系にとって、極めて有利な環境であった。

サンデーサイレンスのプロフィール

成績 タイトル	2～4歳／米14戦9勝(1200～2000m)。ケンタッキーダービー、プリークネスS、BCクラシックなど。北米年度代表馬・北米最優秀3歳牡馬（1989年）。
種牡馬成績	日LS（1995～2007年）、日BMS（2006～2017年）。
血統	父：ヘイロー　母：ウィシイングウェル（マイナー系）
日本の主な活躍馬 （直仔）	～1999	フジキセキ、ジェニュイン、タヤスツヨシ、ダンスパートナー、ダンスインザダーク、バブルガムフェロー、サイレンススズカ、ステイゴールド、スペシャルウィーク、トゥザヴィクトリー
	2000～	アグネスタキオン、エアシャカール、マンハッタンカフェ、ゴールドアリュール、デュランダル、アドマイヤグルーヴ、スティルインラブ、ゼンノロブロイ、ネオユニヴァース、ヘヴリーロマンス、ダイワメジャー
	2005～	ダンスインザムード、ハーツクライ、ディープインパクト、マツリダゴッホ

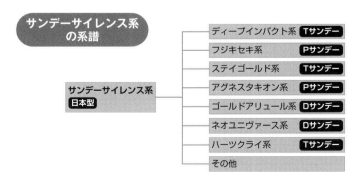

[種牡馬事典] サンデーサイレンス系

2　能力適性によって、3タイプに分けられる

　サンデーサイレンス系の種牡馬は、孫世代を含めると150頭を超える（2017年現在）。本書では、各産駒の能力適性から**Tサンデー系**（芝の中長距離向き）、**Pサンデー系**（芝の短距離～マイル向き）、**Dサンデー系**（ダート向き）に分けて解説する。

サンデーサイレンス系の能力適性による分類

サンデーサイレンス系

Tサンデー系
ディープインパクト　ブラックタイド
ステイゴールド　ゼンノロブロイ
ハーツクライ　ヴィクトワールピサ＊
マンハッタンカフェ　オルフェーヴル＊

Pサンデー系
ダイワメジャー　デュランダル
キンシャサノキセキ＊　マツリダゴッホ
フジキセキ　ディープブリランテ＊

Dサンデー系
ゴールドアリュール　カネヒキリ＊
ネオユニヴァース

＊はサンデーサイレンスの孫世代。

3　後継種牡馬はアウトブリードが主流

　サンデーサイレンスは12世代で901頭の勝ち馬を出し、重賞311勝（うちGI 71勝）をあげた。直仔のダービー馬6頭を含め、70頭以上が種牡馬となったが、現時点で父系として残る可能性があるのは10数頭となっている。

　主な後継種牡馬のうち、アグネスタキオン、フジキセキ、ネオユニヴァース、マンハッタンカフェは5代までのインブリードがなく、ノーザンダンサーもミスタープロスペクターも持っていない。

　ステイゴールド、スペシャルウィーク、ディープインパクトは4代前にノーザンダンサーを持ち、ゼンノロブロイは3代前にミスタープロスペクターを持つものの、5代までのインブリードはない。

多くの後継種牡馬が成功しているのも、こうした血の雑多性が繁殖牝馬の長所を引き出す方向に働いているからである。

198

サンデーサイレンス系の強みは「血の雑多性」

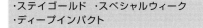

4 サンデーサイレンスはなぜ成功したのか

　サンデーサイレンスは北米リーディングサイアー×米GⅡ勝ち馬という配合で、母系に活躍馬がほとんどいない。良血馬イージーゴア（父アリダー）のライバルとして米2冠やBCクラシックに勝利したが、血統背景がアメリカの生産界では敬遠され、日本に導入された。

　1990年代初頭の日本ではノーザンテーストに代表されるノーザンダンサー系が勢いを失いつつある時期で、リアルシャダイ、トニービン、ブライアンズタイムらが台頭。そこに割って入ったサンデーサイレンスは、**日本の主流血統を受け継ぐ繁殖牝馬の資質を引き出す能力を活かして一時代を築いた。**しかも、ノーザンダンサーもミスタープロスペクターも持たない血統ゆえ、配合の自由度も高い。

　特筆すべきは血統構成が似ていて、お互いにライバルとなるはずの後継種牡馬がそれなりに成功し、サンデーサイレンス系と呼べる父系を築いている点だ。これは日本の近代競馬において、初めての快挙である。

5 サンデーサイレンスの配合の特徴

　血統表から読み取れるサンデーサイレンスのイメージは、ダート中距離戦に強く、芝2000mを超える距離は疑問というもの。**しかし、実際の産駒は健康で仕上がりが早く、瞬発力と勝負根性に優れるなど、予想をくつがえす好成績をあげ、またたく間に日本競馬界を席巻した。**

　とはいえ、ディープインパクトやハーツクライが誕生したのは、サンデーサイレンスが日本に来てから10年近く経ってから。より日本競馬に適したサンデーサイレンス産駒を誕生させるために、**繁殖牝馬との配合ノウハウや生まれた産駒の育成ノウハウを培うのに、10年近くの歳月を要したともいえる。**

199

[種牡馬事典] サンデーサイレンス系

サンデーサイレンス系①
ディープインパクト系

名手・武豊騎手が"空を飛んでいるみたい"と絶賛した走りで、多くのファンを魅了したディープインパクト。14戦12勝（GI7勝）という輝かしい戦績を残してターフを去り、13年連続リーディングサイアーに輝いたサンデーサイレンスの最高傑作として馬産地に迎えられた。

1 ディープインパクト Tサンデー

　ディープインパクトの3代母ハイクレアは世界的名牝系を形成し、母ウインドインハーヘアは独GI馬、母の父アルザオはリファール産駒と、母系には欧州型のスタミナ血脈が凝縮されている。

　牡馬にしては小柄だが、牡馬クラシック3冠を含むGI7勝をあげ、父の最高傑作と評された。日本中の期待を背負って挑んだ2006年の凱旋門賞は3着入線に終わった（のちに失格）。

　2012年から連続6年連続リーディングサイアー。母の父としても、キセキ（菊花賞：父ルーラーシップ）など質の高い産駒を送り出し、いずれ父を脅かすだろう。**父の産駒以上に、「日本・芝・中距離」のカテゴリーで強さを見せつけているが、芝の短距離やダート適性を持つ産駒は少ない。**

出生国・出生年・毛色	日本・2002年・鹿毛
競走年齢／競走成績 （勝ち鞍の距離）	2〜4歳／日仏14戦12勝（2000〜3200m）。3冠、天皇賞春、宝塚記念、ジャパンカップ、有馬記念など。JRA年度代表馬（2005〜2006年）、JRA最優秀3歳牡馬（2005年）、JRA最優秀4歳以上牡馬（2006年）。日リーディングサイアー（2012〜2017年）。
父／母（母の父系）	サンデーサイレンス／ウインドインハーヘア （リファール系〜ノーザンダンサー系）
血統のポイント	▶平均勝距離：芝1798m／ダート1699m ▶芝／ダート：91％／9％ スローペースの上がり勝負、末脚のキレが最大の武器。直線の長いコースが得意で、中山も以前ほど苦にしない。小回りローカルの函館は苦手だが、札幌芝は得意。福島は人気でも2着、3着が多い。1400m未満と2500m以上の信頼度はやや落ちる。

短距離型の牝馬との配合でスピードを補う

　芝2000m以上で活躍したディープインパクトは、**スピード型の血統構成を持つ繁殖牝馬との配合による成功例が多い。**代表例はストームキャットやフレンチデピュティで、ニックスと認識されている。

　近年は米国型ミスタープロスペクター系、米国型ノーザンダンサー系、ヘイロー系、欧州型の芝短距離適性を持つ繁殖牝馬との配合が増えている。これは機動性の高いスピードを加味し、小柄な体格を補いたい生産者の意向の表れ。**興味深いのは、種牡馬としてサンデーサイレンスとディープインパクトでは、成功する繁殖牝馬のパターンに違いがあること。**ディープインパクトの成功配合の1つである母の父ストームキャットは、サンデーサイレンスとの配合での成功例は少ない。

　ディープインパクトとハーツクライは、サンデーサイレンスと比べれば、より日本色、欧州色が高められた血統である。したがって、日本、ひいては世界で通用する繁殖牝馬と産駒の育成パターンも、サンデーサイレンスとは違ったものになるのだろう。

ディープインパクトのニックス

母父の父系	主な産駒（父馬）
米国型ノーザンダンサー系 **ストームバード系**	・キズナ、サトノアラジン、リアルスティール、ラキシス、アユサン （すべて母の父ストームキャット）
米国型ノーザンダンサー系 **ヴァイスリージェント系**	・ショウナンパンドラ、マカヒキ、アンジュデジール （ともに母の父フレンチデピュティ）
欧州型 **ミスタープロスペクター系**	・トーセンラー、スピルバーグ（ともに母の父リシウス） ・ヴィルシーナ、ヴィブロス（ともに母の父マキャヴェリアン） ・マリアライト（母の父エルコンドルパサー）
欧州型ノーザンダンサー系 **ダンチヒ系**	・ジェンティルドンナ（母の父ベルトリーニ） ・サトノダイヤモンド（母の父オーペン） ・サトノアレス（母の父デインヒル）

2　ジェンティルドンナ

　2017年末現在、ディープインパクト産駒の最高賞金獲得馬は、並み

[種牡馬事典] サンデーサイレンス系

いる牡馬を抑えてこの馬である。母は英2歳GⅠ馬で、母の父ベルトリーニは英GⅢ勝ちのスプリンター。ダービー馬ワンアンドオンリー、皐月賞馬ノーリーズンらが出るコートリーディー系出身で、日本との親和性が高い。この馬の成功が、ディープインパクトに短距離系牝馬を配合することが増えた一因にもなっている。

牝馬3冠だけでも偉業だが、3歳牝馬として初めてジャパンカップに勝ち、史上初めて連覇を果たした。牝馬でジャパンカップと有馬記念に勝ったのも史上初で、どちらもディープインパクトとの父娘制覇である。引退後は2年続けてキングカメハメハと配合されている。

出生国・出生年・毛色	日本・2009年・鹿毛
競走年齢／競走成績 （勝ち鞍の距離）	2～5歳／日首19戦10勝（1600～2500m）。牝馬3冠、ジャパンカップ2回、有馬記念、ドバイ・シーマクラシックなど。JRA年度代表馬（2012年、2014年）、JRA最優秀3歳牝馬（2012年）、JRA最優秀4歳以上牝馬（2013～2014年）。
父／母（母の父系）	ディープインパクト／ドナブリーニ （ダンチヒ系～ノーザンダンサー系）

☑ ディープインパクト系の主な種牡馬・活躍馬

- ●ダノンシャーク（2008年生：マイルCS）
- ●トーセンラー（2008年生：マイルCS）
- ●マルセリーナ（2008年生・牝：桜花賞）
- ●リアルインパクト（2008年生：安田記念）
- ●ヴィルシーナ（2009年生・牝：ヴィクトリアマイル2回）
- ●ジェンティルドンナ（2009年生・牝：牝馬3冠）
- ●ジョワドヴィーヴル（2009年生・牝：阪神JF）
- ●スピルバーグ（2009年生：天皇賞秋）
- ●トーセンホマレボシ（2009年生：GⅡ京都新聞杯）
- ●ディープブリランテ（2009年生：日本ダービー）
- ●キズナ（2010年生：日本ダービー）
- ●ラキシス（2010年生・牝：エリザベス女王杯）
- ●エイシンヒカリ（2011年生：イスパーン賞）
- ●サトノアラジン（2011年生：安田記念）
- ●ショウナンパンドラ（2011年生・牝：ジャパンカップ）
- ●ハープスター（2011年生・牝：桜花賞）

- **マリアライト**（2011年生・牝：宝塚記念）
- **ミッキーアイル**（2011年生：NHKマイルC、マイルCS）
- **ショウナンアデラ**（2012年生・牝：阪神JF）
- **ダノンプラチナ**（2012年生：朝日杯FS）
- **ミッキークイーン**（2012年生・牝：オークス）
- **リアルスティール**（2012年生：ドバイ・ターフ）
- *ヴィブロス*（2013年生・牝：ドバイ・ターフ）
- **ヴァンキッシュラン**（2013年：GⅡ青葉賞）
- **サトノダイヤモンド**（2013年生：有馬記念）
- **シンハライト**（2013年生・牝：オークス）
- **ディーマジェスティ**（2013年生：皐月賞）
- **マカヒキ**（2013年生：日本ダービー）
- **アルアイン**（2014年生：皐月賞）
- **サトノアレス**（2014年生：朝日杯FS）
- **アンジュデジール**（2014年生：JBCレディスクラシック）
- **サクソンウォリアー**（2015年生：レーシングポストトロフィー）
- **ダノンプレミアム**（2015年生：朝日杯FS）
- **ワグネリアン**（2015年生：日本ダービー）
- **フィエールマン**（2015年生：菊花賞）
- **ケイアイノーテック**（2015年生：NHKマイルC）
- *ダノンファンタジー*（2016年生：阪神JF）

2019年以降に後継争いが本格化

　2017年までに産駒をデビューさせた主な後継種牡馬は、ディープブリランテとトーセンホマレボシ。2018年にダノンバラード、トーセンラーの産駒が登場。**「種牡馬の種牡馬」としての真価が問われるのは、キズナ（日本ダービー）、スピルバーグ（天皇賞秋）、リアルインパクト（安田記念）らの産駒が走り出す2019年以降になるだろう。**

　一方、2018年の欧州クラシックでは、デビュー3連勝で英2歳GⅠレーシングポストトロフィーに優勝したサクソンウォリアー（2015年生）が注目を集める。父サンデーサイレンスでは成し得なかった、海外の名門厩舎による大レース制覇にも期待がかかる。

激走馬を見抜く

血統の基礎知識

血統と馬の能力

レース条件別予想

種牡馬事典

血統の歴史と未来

203

[種牡馬事典] サンデーサイレンス系

サンデーサイレンス系②
フジキセキ系

サンデーサイレンスの初年度産駒で、最初の活躍馬。弥生賞の勝利を最後に4戦4勝で引退し、"高嶺の花"となった父の代替種牡馬として多くの繁殖牝馬を集めた。一方、シャトルサイアーとして豪州でも供用され、数は少ないが、サンクラシーク（ドバイ・シーマクラシック）などの活躍馬を出した。

1 フジキセキ [Pサンデー]

　母系はヨーロッパの名馬ミルリーフと同じミランミル系のファミリー（22-d）。母の父ルファビュリューは仏ダービー馬で、仏ブルードメアリーディングサイアー（1980年）。種牡馬として長年、安定した成績を残せたのは、祖母の父を通じて流れ込む異質なマッチェム系の血の影響とも考えられる。

　2011年生がラストクロップ。ブルードメアサイアー・ランキングでは、2010年から10位圏内をキープして好調。母の父としての代表産駒に、サウンドトゥルー（チャンピオンズカップ、JBCクラシックなど）がいる。

出生国・出生年・毛色	日本・1992年・青鹿毛
競走年齢／競走成績 （勝ち鞍の距離）	2～3歳／日4戦4勝（1200～2000m）。朝日杯3歳S、弥生賞など。JRA最優秀2歳牡馬（1994年）。
父／母（母の父系）	サンデーサイレンス／ミルレーサー（セントサイモン系）
血統のポイント	▶平均勝距離：芝1575m／ダート1504m ▶芝／ダート：芝53%／ダート47% 父サンデーサイレンスよりダート比率が高く、母の父としてはダートの勝ち鞍が多い。勝負どころの反応がよく内枠、内差しで好成績。後方一気ではなく、好位から馬群を割るのが勝ちパターン。牝馬はヴィクトリアマイル、牡馬は阪神Cで好成績。

逆境からはい上がって人気種牡馬に

　父サンデーサイレンスの代替種牡馬として集まる繁殖牝馬の質は、一流とはいえなかった。しかし、2006年早々、カネヒキリのフェブラリーSを含み、産駒が4週連続で重賞勝ちし、豪州から逆輸入されたキ

ンシャサノキセキ（2003年生）もNHKマイルC3着となった。この年初めてリーディングサイアー・ランキングで父に次ぐ2位となり、人気種牡馬の地位を獲得した。

VS ディープインパクト

・スプリント適性、ダート適性においてはディープインパクトより優れた産駒を出しやすい。
・好位の競馬、内枠を利した競馬ができる馬を出しやすい。

☑ **フジキセキ系の主な種牡馬・活躍馬**
- **キンシャサノキセキ**（2003年生：高松宮記念）**Pサンデー**
- **シュウジ**（2013年生：GⅡ阪神C）
- **モンドキャンノ**（2014年生：GⅡ京王杯2歳S）
- **コイウタ**（2003年生・牝：ヴィクトリアマイル）
- **ドリームパスポート**（2003年生：GⅡ神戸新聞杯）
- **ファイングレイン**（2003年生：高松宮記念）
- **エイジアンウインズ**（2004年生・牝：ヴィクトリアマイル）
- **ダノンシャンティ**（2007年生：NHKマイルC）**Pサンデー**
- **サダムパテック**（2008年生：マイルCS）
- **ストレイトガール**（2009年生・牝：ヴィクトリアマイル2回）
- **イスラボニータ**（2011年生：皐月賞）
- **ダイタクリーヴァ**（1997年生：GⅡスプリングS）**Dサンデー**
- **カネヒキリ**（2002年生：ジャパンカップダート2回）**Dサンデー**
- **ミツバ**（2012年生：川崎記念）
- **ロンドンタウン**（2013年生：コリアC）
- **グレイスティアラ**（2003年生・牝：コリアC、全日本2歳優駿）

[種牡馬事典] サンデーサイレンス系

サンデーサイレンス系③
ステイゴールド系

国内GIで惜敗を繰り返し、ブロンズ・シルバーコレクターと呼ばれたが、2001年のドバイ・シーマクラシックに勝利（当時はGII）。さらにその年末、デビュー50戦目の香港ヴァーズで念願のGIウイナーとなった。種牡馬としても晩年に個性的な大物を出して、サンデーサイレンス系隆盛の一翼を担っている。

1 ステイゴールド Tサンデー

母の全兄にサッカーボーイ、全妹にレクレドール（ローズS）がいる。めいのショウナンパンドラ（ジャパンカップ、秋華賞）を除くと、ステイゴールドと同じくGIにあと一歩というレースが多い一族である。

6歳まで走っている間にサンデーサイレンス系の大物種牡馬が増え、種牡馬としてのスタートは恵まれたものとはいえなかった。しかし、「ステイゴールド×メジロマックイーン」が黄金配合となり、ドリームジャーニーやオルフェーヴル、ゴールドシップが出てブレイク。リーディング上位の常連種牡馬に脱皮した。

ディープインパクトやハーツクライに比べると、昭和の芝中長距離競馬に強い血が母馬に宿る個性も魅力。

出生国・出生年・毛色	日本・1994年・黒鹿毛
競走年齢／競走成績 （勝ち鞍の距離）	2～7歳／日首香50戦7勝（2000～2500m）。香港ヴァーズ、ドバイ・シーマクラシック（当時GII）など。JRA特別賞（2001年）。
父／母（母の父系）	サンデーサイレンス／ゴールデンサッシュ（ハンプトン系）
血統のポイント	▶平均勝距離：芝1936m／ダート1712m ▶芝／ダート：86%／14% 母系にノーザンテーストの血が流れる。1970年代から日本に根づいている日本の昭和牝系。ディープインパクトやハーツクライに比べて、「昭和競馬」の適性に優れる。具体的には馬場が荒れて昔のような馬場になった状態、昔のような小回りの流れ、昔のようなハードトレーニングや間隔を詰めたローテーションの適応力などで、いずれも適性はディープインパクトやハーツクライよりも上。日本の悲願といわれるようになった凱旋門賞への適性も高い。

ディープインパクトと相反する個性

　父譲りの気性の激しさは産駒に長所として伝わり、種牡馬7年目の2011年からリーディングサイアーの上位をキープ。

　芝の中長距離を得意とする点はディープインパクトと同じだが、直線が短い内回りコースや急坂でも鋭い脚を使えるのが特徴。そこから、「ディープインパクト産駒の凡走＝ステイゴールド産駒の好走」という構図が描ける。得意の中山や阪神の中距離ではステイゴールド産駒同士、父子同士（ステイゴールド産駒とドリームジャーニー産駒など）の決着も見られる。コンスタントに活躍馬を出す父系ではなく、ときに大物が出ると見たほうがよさそう。

VS ディープインパクト

- ・重い芝やスタミナを消耗してからの底力を問われる馬力勝負に強い。
- ・凱旋門賞の好走歴は、ディープインパクト産駒のものを上回る。
- ・欧州的な馬力を問われる消耗戦になった場合、ディープインパクト産駒が人気を裏切り、ステイゴールド産駒が穴をあける。
- ・気まぐれな気性を受け継ぎやすい。
- ・後継馬のオルフェーヴル、ドリームジャーニー、ゴールドシップも似た特性を持つ可能性がある。

☑ ステイゴールド系の主な種牡馬・活躍馬

- ●**ドリームジャーニー**（2004年生：有馬記念）`Tサンデー`
- ●**ナカヤマフェスタ**（2006年生：宝塚記念）`Tサンデー`
- ●**オルフェーヴル**（2008年生：3冠）`Tサンデー`
- ●**エポカドーロ**（2015年生：皐月賞）
- ●*ロックディスタウン*（2015年生・牝：GⅢ札幌2歳S）
- ●*ラッキーライラック*（2015年生・牝：阪神JF）
- ●**ゴールドシップ**（2009年生：有馬記念）
- ●**フェノーメノ**（2009年生：天皇賞春2回）
- ●**オジュウチョウサン**（2011年生：中山大障害2回）
- ●*レッドリヴェール*（2011年生・牝：阪神JF）
- ●*アドマイヤリード*（2013年生・牝：ヴィクトリアマイル）
- ●**レインボーライン**（2013年生：天皇賞春）

[種牡馬事典] サンデーサイレンス系

サンデーサイレンス系④
アグネスタキオン系

2000年ラジオたんぱ杯で翌年のダービー馬ジャングルポケット、NHK マイルカップ馬クロフネを完封し、皐月賞まで4戦4勝。故障でそのまま引退した「幻のダービー馬」。種牡馬としても2008年にリーディングサイアーになっており、11歳で早世したのが惜しまれる。遺したのは8世代。

1 アグネスタキオン Pサンデー

弥生賞では不良馬場を克服し、同じコースの皐月賞を5秒以上速いタイムで勝った競走能力には底知れないものがあった。母は桜花賞馬、祖母アグネスレディーはオークス馬。全兄アグネスフライトはダービー馬で祖母・母・子3代のクラシック制覇を成し遂げた。

後継種牡馬のディープスカイはボールドルーラー系を3本持つことに加え、リボー系のキートゥザミントの血も持つ。**これにより、ダート向きの持続力やパワーが強化された。結果、ダート中長距離や重い芝を得意とする産駒が出やすい。**

アグネスタキオンのスピードの継承は芝1800mのレコードを記録したグランデッツァ、あるいは活躍馬を多く出した繁殖牝馬がスピードに長けた仔を出すことに託されている状況だ。

出生国・出生年・毛色	日本・1998年・栗毛
競走年齢／競走成績 （勝ち鞍の距離）	2～3歳／日4戦4勝（2000m）。皐月賞、弥生賞、ラジオたんぱ杯3歳Sなど。日リーディングサイアー（2008年）。
父／母（母の父系）	サンデーサイレンス／アグネスフローラ （ボールドルーラー系～ナスルーラ系）
血統のポイント	▶平均勝ち距離：芝1724m／ダート1578m ▶芝／ダート：芝62％／ダート38％ 能力の底を見せていないが、種牡馬成績は優秀（2008年日本LS1位）。芝の1600～2000mを得意とした。高速馬場で先行して押し切るスピードが持ち味。母の父としても、先行力とスピードの持続力を伝えている。芝ダートとも、直線が平坦な京都を得意とした。

2 ダイワスカーレット

　半兄にダイワメジャー、近親にヴァーミリアンらがズラリとならぶ日本有数の名牝系。有馬記念を牝馬として37年ぶりに制した。ノーザンテーストとサンデーサイレンスの血を持つため、配合相手にはキングカメハメハ、ハービンジャー、エンパイアメーカーなどが選ばれ、6年続けて牝馬を出産。現役競走馬時代からのライバルであるウオッカとの、2世対決にも注目が集まる。

出生国・出生年・毛色	日本・2004年・栗毛
競走年齢／競走成績 （勝ち鞍の距離）	2〜4歳／日12戦8勝（1600〜2500m）。有馬記念、桜花賞、秋華賞、エリザベス女王杯など。JRA最優秀3歳牝馬・最優秀父内国産馬（2007年）。
父／母（母の父系）	アグネスタキオン／スカーレットブーケ （ノーザンテースト系〜ノーザンダンサー系）

☑ アグネスタキオン系の主な種牡馬・活躍馬

- **ロジック**（2003年生：NHKマイルC）
- **アドマイヤオーラ**（2004年生：GⅡ弥生賞） Pサンデー
- **レインボーペガサス**（2005年生：GⅢ関屋記念）
- **ノーザンリバー**（2008年生：GⅢアーリントンC）
- **レーヴディソール**（2008年生・牝：阪神JF）
- **グランデッツァ**（2009年生：GⅡスプリングS）
- **ダイワスカーレット**（2004年生・牝：有馬記念、桜花賞）
- **トーセンモナーク**（2005年生：ヴィクトワールピサの半兄） Tサンデー
- **リトルアマポーラ**（2005年生・牝：エリザベス女王杯）
- **トーセンイマジゲン**（2004年生：デュランダルの半弟）
- **キャプテントゥーレ**（2005年生：皐月賞） Dサンデー
- **ディープスカイ**（2005年生：日本ダービー） Dサンデー
- **モルトベーネ**（2012年生：GⅢアンタレスS）
- **タマノブリュネット**（2012年生・牝：GⅡLプレリュード）
- **キョウエイギア**（2013年生：ジャパンダートダービー）
- **サウンドスカイ**（2013年生：全日本2歳優駿）

[種牡馬事典] サンデーサイレンス系

サンデーサイレンス系⑤
ゴールドアリュール系

サンデーサイレンスの8世代目産駒。2003年のフェブラリーS勝ち（中山1800mで開催）は、サンデーサイレンスにとって初めてのJRAダートGI勝ちとなった。サンデーサイレンス系のダート大将だが、芝でもダービー5着（1着タニノギムレット）という実績がある。

1 ゴールドアリュール Dサンデー

　母系はヌレイエフ、ニジンスキー、ヴェイグリーノーブルが入った重厚なヨーロッパ血統で、母はノーザンダンサーの2×4を持つ。**この母系から馬力を受け継ぎ、サンドコースといわれるダート中距離に高い適性を示した。**

　父に初めてのダートGIタイトルを贈ったフェブラリーSは中山1800mで実施されたもので、ゴールドアリュール自身は東京ダート1600mの出走歴はない。**それでも産駒は東京ダート1600mで行われるフェブラリーSを得意としており、産駒は5勝をあげている。**

出生国・出生年・毛色	日本・1999年・栗毛
競走年齢／競走成績 （勝ち鞍の距離）	2〜4歳／日16戦8勝（1800〜2000m）。フェブラリーS、東京大賞典、ダービーグランプリ、ジャパンダートダービーなど。JRA最優秀ダートホース（2002年）。
父／母（母の父系）	サンデーサイレンス／ニキーヤ（ヌレイエフ系〜ノーザンダンサー系）
血統のポイント	▶平均勝距離：芝1724m／ダート1578m ▶芝／ダート：12%／88% ダートの場合、平場よりも特別戦のほうが優秀な成績を残している。とくに東京ダート1600m、京都ダート1400m、中山ダート1200mの特別戦が得意。東京ダート1600mと京都ダート1400mは芝スタートに加え、コース形態から直線でスピードに乗りやすいため、芝中距離適性を発揮しやすい。ゴールドアリュールはダービーでも5着に走ったように、本場アメリカのダート血統馬に比べて芝適性が高い。とくに上級条件では芝適性が要求される馬場、コースで注目したい。

NARとタフな芝に良積のある種牡馬との配合に注目

☑ **ダートNo.1サイアーを争い続けた**

ゴールドアリュールは2009年以後、総合ダートサイアー・ランキング（中央＋地方）で上位をキープし、2011年以後はキングカメハメハと毎年のようにトップ争いを続けている。

☑ 欧州型のタフな血が日本でのダート適性を高めた

主な活躍馬のうち、芝の重賞を勝ったフーラブライド、タケミカヅチは母系にマルゼンスキーを、エピカリス（UAEダービー2着）やゴールドドリームはニジンスキー（マルゼンスキーの父）をそれぞれ持つ。マルゼンスキーや、代表産駒エスポワールシチーの母の父ブライアンズタイムは、いまよりもタフな馬場だったJRAの芝中長距離戦とNARのダート戦で多数の活躍馬を輩出した共通点がある。

後継馬の成否が問われるのはこれからだが、ダート向きの種牡馬はダートにおける能力をより高める配合が志向されるため、**ダート一辺倒ではなく、タフな芝向きの産駒が出る可能性はある**。

とはいえ、本丸は地方のダート中距離を得意とするタイプを出しそうだ。地方のダート中距離はタフな構造をしており、ダート血統と欧州の芝長中距離血統を組み合わせたような配合が結果を出しやすいためだ。ゴールドアリュールには、その適性に長けた後継種牡馬が多い。

☑ ゴールドアリュール系の主な種牡馬・活躍馬

- ●エスポワールシチー（2005年生：フェブラリーS）Dサンデー
- ●オーロマイスター（2005年生：マイルCS南部杯）
- ●スマートファルコン（2005年生：JBCクラシック2回）Dサンデー
- ●タケミカヅチ（2005年生：GⅢダービー卿CT）
- ●フーラブライド（2009年生・牝：GⅢ愛知杯）
- ●クリソライト（2010年生：ジャパンダートダービー）
- ●コパノリッキー（2010年生：フェブラリーSなどダートGⅠ9勝）
- ●グレイスフルリープ（2010年生：JBCスプリント）
- ●メイショウスミトモ（2011年生：GⅢシリウスS）
- ●ゴールドドリーム（2013年生：チャンピオンズC、フェブラリーS）
- ●サンライズノヴァ（2014年生：GⅢユニコーンS）

[種牡馬事典] サンデーサイレンス系

サンデーサイレンス系⑥
ネオユニヴァース系

サンデーサイレンス産駒は牡馬クラシックで17勝したが、複数レースを勝ったのは3冠馬ディープインパクト、2冠馬エアシャカール、そしてネオユニヴァースの3頭しかいない。後継馬の成否はこれからだが、成長力やスタミナに富むサンデーサイレンス系として存在感を放っている。

1 ネオユニヴァース Dサンデー

　母の父クリスは全欧チャンピオンマイラーだが、母系は欧州型の重厚な血統構成。そのため、サンデーサイレンス産駒であっても切れ味勝負ではなく、好位から抜け出すレースが定番だった。重馬場で日本ダービーやGⅡきさらぎ賞を制したように、**パワーが豊富で、産駒もダートや洋芝、道悪をこなすものが多い**。皐月賞を2勝、札幌2歳Sを3勝しているように2歳戦から走れるが、ネオリアリズムのように古馬になって本格化する産駒もいる。

　後継馬ヴィクトワールピサは、父よりは芝中距離適性を示す産駒が多いものの、父と同じくダート重賞勝ち馬も出している。

ネオユニヴァース

- アンライバルド（2006年：皐月賞）
- ロジユニヴァース（2006年：日本ダービー）
- ヴィクトワールピサ（2007年：ドバイWC、皐月賞、有馬記念）
  - ジュエラー（2013年・牝：桜花賞）
- サウンズオブアース（2011年：有馬記念2着、ジャパンカップ2着）
- ネオリアリズム（2011年：香クイーンエリザベスⅡC）

出生国・出生年・毛色	日本・2000年・鹿毛
競走年齢／競走成績 （勝ち鞍の距離）	2～4歳／日13戦7勝（1400～2400m）。皐月賞、日本ダービーなど。JRA最優秀3歳牡馬（2003年）。
父／母（母の父系）	サンデーサイレンス／ポインテッドパス（ネイティヴダンサー系）

血統のポイント	▶平均勝距離:芝1794m／ダート1645m ▶芝／ダート:47%／53% 当初は芝の活躍馬が多かったが、勝利数で見ると徐々にダートにシフトしつつある。芝は中山と札幌が得意だが、総じて2着・3着が多く、距離は1800〜2200m。ダートではオープン特別での好走例が多い。

CHECK! タフな中山でディープ産駒の追撃をかわす

2017年2月26日 2回中山2日11R 第91回中山記念(芝1800m)晴・良

着順	馬名	人気	タイム／着差	血統のポイント
1	ネオリアリズム	3	1.47.6	父ネオユニヴァース。
2	サクラアンプルール	8	3/4	父キングカメハメハ。
3	ロゴタイプ	7	1/2	父ローエングリン。

中山芝1800mは小回り、かつ坂を2度上るタフなコースで、パワーなどのダート適性が求められる。ディープインパクトに比べ、ダート1800m適性の高いネオユニヴァースとキングカメハメハの産駒が1・2着。ディープインパクト産駒の1番人気アンビシャス、2番人気リアルスティール、4番人気ヴィブロスは、それぞれ4着、8着、5着に終わった。

☑ ネオユニヴァース系の主な種牡馬・活躍馬

- ●ゴールスキー（2007年生：GⅢ根岸S）
- ●グレンツェンド（2013年生：GⅡ東海S）
- ●アンライバルド（2006年生：皐月賞）**Tサンデー**
- ●ロジユニヴァース（2006年生：日本ダービー）**Tサンデー**
- ●ヴィクトワールピサ（2007年生：ドバイWC、有馬記念）**Tサンデー**
- ●ジュエラー（2013年生・牝：桜花賞）
- ●トーセンファントム（2007年生：GⅢ東京スポーツ杯2歳S2着）
  Tサンデー
- ●ブレイブスマッシュ（2013年生：GⅢファルコンS2着）
- ●**サウンズオブアース**（2011年生：有馬記念2着）
- ●デスペラード（2008年生：GⅡステイヤーズS2回）
- ●フラアンジェリコ（2008年生：GⅢ京成杯AH）
- ●**ネオリアリズム**（2011年生：香クイーンエリザベスⅡC）
- ●サンデーウィザード（2012年生：GⅢ新潟大賞典）
- ●**ブライトエンブレム**（2012年生：GⅢ札幌2歳S）

213

［種牡馬事典］サンデーサイレンス系

サンデーサイレンス系⑦
ハーツクライ系

日本国内で唯一ディープインパクトに先着した馬。サンデーサイレンス×トニービンというリーディングサイアー同士の配合で、リーディングサイアーの上位の常連をキープ。ディープインパクトと同じく、繁殖牝馬を短距離系にシフトし、ディープインパクトとキングカメハメハの2強の壁に挑む。

1 ハーツクライ Tサンデー

　　母は新潟記念、新潟大賞典の勝ち馬。母の父トニービンは1994年のリーディングサイアーで、サンデーサイレンス×トニービンからはアドマイヤベガ（日本ダービー）、リンカーン（阪神大賞典、京都大賞典、日経賞）などが誕生している。

　　自身はGI2着3回のうっぷんを有馬記念で晴らし、ドバイ・シーマクラシックも連勝。キングジョージでも差のない3着に好走した。**母系にリファールを持ち、東京芝2400mで高いパフォーマンスを発揮した点はディープインパクトに近く、産駒や相性のよい繁殖牝馬も共通する傾向がある。**

出生国・出生年・毛色	日本・2001年・鹿毛
競走年齢／競走成績 （勝ち鞍の距離）	3〜5歳／日首英19戦5勝（2000〜2500m）。有馬記念、ドバイ・シーマクラシックなど。JRA最優秀4歳上牡馬（2005年）。
父／母（母の父系）	サンデーサイレンス／アイリッシュダンス （グレイソヴリン系〜ナスルーラ系）
血統のポイント	▶平均勝距離：芝1866m／ダート1691m ▶芝／ダート：74％／26％ 母の父トニービンの影響もあり、東京芝を得意とする産駒が多い。母の父が短距離型や米国型という配合も増え、3歳前半までの勝ち星も増えた。ただし、ハーツクライの晩成長距離指向を補う配合が増えたとはいえ、本質は芝2200m以上の古馬混合戦を得意とする種牡馬であることも意識したい。

気になる後継種牡馬の動向

　　種牡馬としては短距離系の繁殖牝馬との配合が増えてから成績が上向

き、リーディングサイアー5位圏内をキープする。

　後継種牡馬の産駒デビューは2018年以後だが、ロンジン・ワールド・ベストレースホース・ランキングでトップになったジャスタウェイは母系からスピードを取り込み、父よりも適性距離が短くなる可能性がある。

VS ディープインパクト

・古馬混合の芝2400m以上重賞は、ディープインパクトと互角以上。とくに牡馬。
・2500mは、ディープインパクト以上の安定感がある。
・母の父が米国型、短距離型の配合も増え、3歳前半から走る馬が増えたのは同じ。
・ハーツクライがディープインパクトよりも人気下位の挑戦者の立場で有馬記念を勝ったように、1番人気ではない状況で思い切って乗るほうが結果は出る。

☑ ハーツクライ系の主な種牡馬・活躍馬

- アドマイヤラクティ（2008年生：コーフィールドC）
- ウインバリアシオン（2008年生：GⅡ日経賞）
- カレンミロテック（2008年生：GⅡ金鯱賞　宝塚記念・天皇賞春2着）
- ジャスタウェイ（2009年生：安田記念、ドバイ・デューティフリー）
- フェイムゲーム（2010年生：GⅢダイヤモンドS3回）
- ヌーヴォレコルト（2011年生・牝：オークス）
- マジックタイム（2011年生・牝：GⅢダービー卿CT）
- ワンアンドオンリー（2011年生：日本ダービー）
- シュヴァルグラン（2012年生：ジャパンカップ）
- サトノクロニクル（2014年生：GⅢチャレンジC）
- スワーヴリチャード（2014年生：大阪杯）
- リスグラシュー（2014年生・牝：エリザベス女王杯）
- グレイル（2015年生：GⅢ京都2歳S）
- タイムフライヤー（2015年生：ホープフルS）

[種牡馬事典] サンデーサイレンス系

サンデーサイレンス系⑧
その他

サンデーサイレンスの優れている点は、優秀な後継種牡馬を出したこと。2011年の日本ダービーでは、出走17頭中11頭がサンデーサイレンスの孫だった。このとき、産駒を出走させていたのが200～215ページで紹介した種牡馬（ゴールドアリュールを除く）。ここでは、それ以外の主な種牡馬を取り上げる。

1 ダンスインザダーク Tサンデー

全姉妹にダンスパートナー（オークス）、ダンスインザムード（桜花賞）、近親にスズカマンボ（天皇賞春）がいる。菊花賞馬3頭（ザッツザプレンティ、デルタブルース、スリーロールス）を出したステイヤー種牡馬だが、**晩年は馬場の高速化・スロー化が進んだことで、消耗戦になりやすい1800m以下が活躍の場となりつつある。**

いまのところ父系として目立つ後継馬は出ていないが、母の父としてラブリーデイ（天皇賞秋、宝塚記念など）、ショウリュウムーン（チューリップ賞など）、アルバート（ステイヤーズS2回など）らを輩出。

出生国・出生年・毛色	日本・1993年・鹿毛
競走年齢／競走成績 （勝ち鞍の距離）	2～3歳／日8戦5勝(1600～3000m)。菊花賞、日本ダービー2着など。JRA最優秀3歳牡馬(1996年)。
父／母（母の父系）	サンデーサイレンス／ダンシングキイ (ニジンスキー系～ノーザンダンサー系)

2 スペシャルウィーク Tサンデー

日本有数の名牝系であるシラオキ系の出身で、その点で数多いサンデーサイレンス系種牡馬の中でも、貴重な存在である。

3冠レースすべてに出走（3・1・2着）し、古馬GIを3勝した頑健さはその牝系に由来するのかもしれない。6頭いるサンデーサイレンスのダービー馬のうち、唯一社台系以外の牧場で生産された馬である。

種牡馬としては、シーザリオ（オークス、アメリカンオークス）、ブエナビスタという2頭の名牝を出す。一方、ダート巧者（ゴルトブリッ

ツ、ローマンレジェンドなど）も輩出。母の父としてはエピファネイア
とリオンディーズの兄弟、クラリティスカイ（NHK マイルカップ）、
ディアドラ（秋華賞）など、**底力を感じさせる産駒を出している。**

出生国・出生年・毛色	日本・1995年・黒鹿毛
競走年齢／競走成績 （勝ち鞍の距離）	2〜4歳／日17戦10勝（1600〜3200m）。日本ダービー、天皇賞春秋、ジャパンカップなど。JRA特別賞（1999年）。
父／母（母の父系）	サンデーサイレンス／キャンペンガール （ニジンスキー系〜ノーザンダンサー系）

2-1 シーザリオ

　母は芝2200mの北米GⅢ2勝馬。ニジンスキー系、サドラーズウェ
ルズ系を通じて生じたノーザンダンサーの3×5は日本では重すぎるイ
メージだが、その底力をタメにタメて切れる末脚に変え、日米のオーク
スを制した。日本のオークスは33秒3の末脚を発揮、アメリカンオー
クスはレースレコードで快勝し、父内国産の日本調教馬として初めての
海外GⅠ制覇を成しとげた。産駒にエピファネイア（父シンボリクリスエ
ス：菊花賞、ジャパンカップ）、リオンディーズ（父キングカメハメハ：朝
日杯FS）、サートゥルナーリア（父ロードカナロア：ホープフルS）がいる。

出生国・出生年・毛色	日本・2002年・青毛
競走年齢／競走成績 （勝ち鞍の距離）	2〜3歳／日米6戦5勝（1600〜2400m）。オークス、アメリカンオークスなど。JRA最優秀3歳牝馬・最優秀父内国産馬（2005年）。
父／母（母の父系）	スペシャルウィーク／キロフプリミエール （サドラーズウェルズ系〜ノーザンダンサー系）

2-2 ブエナビスタ

　母ビワハイジはカーリアンの持込馬で、本馬のほかにも5頭の重賞ウ
イナーを出したが、父はいずれもサンデーサイレンス系。母系はドイツ
の名門血統で、近親にマンハッタンカフェがいる。
　国内のレースではほとんどが1番人気で、牡牝混合戦にも挑戦し、勝
てないまでも2着を死守。秋華賞とジャパンカップで降着はあったが、
掲示板を外したレースは2度のみという堅実さは牝馬ばなれしていた。

[種牡馬事典] サンデーサイレンス系

出生国・出生年・毛色	日本・2006年・黒鹿毛
競走年齢／競走成績 （勝ち鞍の距離）	2〜5歳／日至23戦9勝（1600〜2500m）。天皇賞秋、ジャパンカップ、桜花賞、オークス、ヴィクトリアマイルなど。JRA年度代表馬（2010年）、最優秀2歳・3歳・4歳以上牝馬（2008〜2011年）。
父／母（母の父系）	スペシャルウィーク／ビワハイジ （ニジンスキー系〜ノーザンダンサー系）

3 マンハッタンカフェ Tサンデー

　近親にビワハイジ（阪神3歳牝馬S）、ブエナビスタ（年度代表馬）らがいるドイツの名牝系出身。3歳夏以後に急成長した晩成型で、長距離GI3勝。日本の反主流血統が集められているため、ノーザンダンサー系やミスタープロスペクター系の繁殖牝馬と相性がよい。

　産駒はスプリンターからステイヤーまで幅広い適性を示し、芝の1600m、2000m、2200m、3200m、ダートの1600mでGI馬を出している。2009年には前年に首位に立ったアグネスタキオンを抑えて、リーディングサイアーとなっている。

出生国・出生年・毛色	日本・1998年・青鹿毛
競走年齢／競走成績 （勝ち鞍の距離）	3〜4歳／日仏12戦6勝（1800〜3200m）。菊花賞、有馬記念、天皇賞春など。JRA最優秀4歳以上牡馬（2002年）。日リーディングサイアー（2009年）。
父／母（母の父系）	サンデーサイレンス／サトルチェンジ（セントサイモン系）
血統のポイント	▶平均勝距離：芝1763m／ダート1649m ▶芝／ダート：63%／37% 1400m・1800m・2200mという非根幹距離を得意とするのが特徴。2016年のエリザベス女王杯はマンハッタンカフェ産駒の1〜2着。非根幹得意の血統らしく、自分の得意条件に戻れば激走する産駒が多い。ルージュバックも、重賞勝利はすべて非根幹距離。ルージュバックは追い込み型だったが、前走中団より前で競馬をしていた馬が芝1800mに出走するパターンの期待値は高い。コーナーを器用に回ることが要求される函館芝は、距離問わず得意だ。

4 ゼンノロブロイ Tサンデー

　母の父マイニングは米国型ミスタープロスペクター系で、Tサンデー系の中では血統的に異質。ただし、マイニングの母の父バックパサー

（マイナー系）は、スピードの加速力と持続力に優れた米国型の中距離タイプで、母の父としての優秀さは世界的に知られている。

2004年、4歳時に秋の古馬3冠（天皇賞秋、ジャパンカップ、有馬記念）を連勝し、サンデーサイレンス産駒として、初めて年度代表馬のタイトルを獲得した。小回りである中山コースの有馬記念でレコード勝ちしたように、**サンデーサイレンス系の中でも中長距離における持続力勝負に優れ、ダート指向の馬を出しやすい。**

出生国・出生年・毛色	日本・2000年・黒鹿毛
競走年齢／競走成績 （勝ち鞍の距離）	3〜5歳／日英20戦7勝（1600〜2500m）。天皇賞秋、ジャパンカップ、有馬記念、日本ダービー2着など。JRA年度代表馬・最優秀4歳以上牡馬（2004年）。
父／母（母の父系）	サンデーサイレンス／ローミンレイチェル（ミスタープロスペクター系）
血統のポイント	▶平均勝距離：芝1801m／ダート1670m ▶芝／ダート：54%／46% 母系のダート指向の高さもあり、産駒はダートでの勝ち星が多い。とはいえ、ゴールドアリュールほどのダート型、馬力型ではなく、芝指向の強いダートコースでの勝ち星が目立つタイプ。ゴールドアリュールと同じく、東京ダート1600mで注目。新潟や阪神のダート1800mも悪くない。芝重賞では牝馬に注目。パワーが要求される馬場、コースで行われるレースで買いたい。

5 ダイワメジャー Pサンデー

母は重賞4勝。半妹にダイワスカーレットがいて、祖母スカーレットインクを祖とする一大牝系を築きつつある。ダイワメジャー自身は大型馬で、初勝利はダートだが、1600〜2000mで重賞8勝した名マイラー。**産駒もマイラーが多いが、サンデーサイレンス系特有の切れ味ではなく、父と同じように先行して抜け出すパワーとスピードの持続力を武器とする。**2〜3歳春までのマイル戦は仕上がりの早さで勝てているが、3歳戦以降は直線のスピードで勝負するタイプの馬が成長してくることもあり、差し切られるシーンが増える。2歳戦や平場の短距離は堅実で、平場のダート1400mをこなす馬も出しやすい。

サンデーサイレンス×ノーザンテーストという配合はデュランダル、アドマイヤマックスと同じで、マイル以下の活躍馬が多い。これに祖母が持つドミノ系×テディ系というアウトサイダー配合がスパイスのよう

[種牡馬事典] サンデーサイレンス系

に利き、ゴール前で二の脚を使う勝負強さを生み出している。

出生国・出生年・毛色	日本・2001年・栗毛
競走年齢／競走成績 （勝ち鞍の距離）	2～6歳／日首28戦9勝（1600～2000m）。皐月賞、天皇賞秋、マイルCS2回、安田記念など。JRA最優秀短距離馬（2006～2007年）。
父／母（母の父系）	サンデーサイレンス／スカーレットブーケ （ノーザンテースト系～ノーザンダンサー系）
血統のポイント	▶平均勝距離：芝1549m／ダート1478m ▶芝／ダート：65％／35％ サンデーサイレンス系の中では2歳戦、ダート1400m適性が高い産駒を出しやすく、これは勝ち星を稼ぐうえでのセールスポイントの1つ。かつては阪神芝1600mを得意とする産駒も多かった。しかし、年々軽い馬場になってディープインパクトをはじめとする直線スピードタイプが有利になっていることは、ダイワメジャーにとって受難。反対に2017年の桜花賞のように、タフな馬場になって末脚が削がれる馬場になれば有利。重賞は芝1400m以下の2歳限定戦から3歳前半までが勝負。社台グループもそこを意識して、仕上げてくる。

6 ブラックタイド [Tサンデー]

重賞勝ちはスプリングSのみだが、ディープインパクトの全兄という血統が認められて種牡馬となり、年度代表馬キタサンブラックを出して一気に評価を高めた。マイネルフロスト（毎日杯）など、長く現役を続けるタフな馬が多い。サンデーサイレンス系種牡馬は全般的にキングマンボ系と相性がよく、ブラックタイドも例外ではない。

出生国・出生年・毛色	日本・2001年・黒鹿毛
競走年齢／競走成績 （勝ち鞍の距離）	2～6歳／日22戦3勝（1800～2000m）。スプリングSなど。
父／母（母の父系）	サンデーサイレンス／ウインドインハーヘア （リファール系～ノーザンダンサー系）
血統のポイント	▶平均勝距離：芝1709m／ダート1576m ▶芝／ダート：61％／39％ ダートの勝ち星シェアが30％以上で、ディープインパクトよりもパワフルな馬を出す。坂のあるダートよりも平坦なダートを好み、もっとも得意とするのは京都ダート1800m。関東では中山より東京、関西では阪神より京都。キタサンブラックを除いても、芝の特別戦は期待値が優秀。上級条件まで出世した馬は追いかけてもいい。根幹距離よりも非根幹距離を得意とする産駒も多く、芝2000mでは勝ちきれず、1800m、2200m以上で勝利する産駒が出やすい。ブラックタイドも、自身唯一の重賞勝ち星は1800mだった。

☑ その他のサンデーサイレンス系の主な種牡馬・活躍馬

ダンスインザダーク系
- ●**ザッツザプレンティ**（2000年生：菊花賞）`Dサンデー`
- ●**スリーロールス**（2006年生：菊花賞）`Tサンデー`

スペシャルウィーク系
- ●*シーザリオ*（2002年生・牝：オークス、アメリカンオークス）
- ●*ブエナビスタ*（2006年生・牝：オークス、桜花賞、ジャパンカップ）
- ●*トーホウジャッカル*（2011年生：菊花賞）

マンハッタンカフェ系
- ●*ジョーカプチーノ*（2006年生：NHKマイルC）`Pサンデー`
- ●*ヒルノダムール*（2007年生：天皇賞春）`Tサンデー`
- ●*クイーンズリング*（2012年生・牝：エリザベス女王杯）

ゼンノロブロイ系
- ●*サンテミリオン*（2007年生・牝：オークス）

ダイワメジャー系
- ●*コパノリチャード*（2010年生：高松宮記念）
- ●*メジャーエンブレム*（2013年生：NHKマイルC）
- ●*レーヌミノル*（2014年生・牝：桜花賞）
- ●*アドマイヤマーズ*（2016年生：朝日FS）

ブラックタイド系
- ●*キタサンブラック*（2012年生：ジャパンカップ）

その他
- ●**スズカマンボ**（2001年生：天皇賞春）`Dサンデー`
- ●**アドマイヤベガ**（1996年生：日本ダービー）`Tサンデー`
- ●**アドマイヤマックス**（1999年生：高松宮記念）`Pサンデー`
- ●**ケイティブレイブ**（2013年生：JBCクラシック、帝王賞、川崎記念）
- ●**デュランダル**（1999年生：マイルCS 2回）`Pサンデー`

[種牡馬事典] サンデーサイレンス系

サンデーサイレンス系⑨
名牝系

サンデーサイレンス系の能力を把握するためには、後継種牡馬だけではなく、繁殖牝馬としての成績傾向にも目を向けたい。優れた競走馬が必ずしも優れた母になれるとは限らないが、潜んでいた才能が開花することもあるので、血統表中のサンデーサイレンスには常に注目したい。

ノーザンダンサー系と好相性

　サンデーサイレンス系牝馬でGIに勝ったのは14頭。母の父がノーザンダンサー系である牝馬がもっとも多く10頭を占め、ナスルーラ系、ネイティヴダンサー系、ターントゥ系、ヘロド系が1頭ずつとなっている。

　ほとんどが牝馬限定レースで、古馬混合のGI勝ちはヘヴンリーロマンス（2000年生：天皇賞秋）、ビリーヴ（1998年生：スプリンターズS、高松宮記念）の2頭。その点、ディープインパクト系牝馬はジェンティルドンナ（ジャパンカップ、有馬記念）、ショウナンパンドラ（ジャパンカップ）、マリアライト（宝塚記念）が中長距離の古馬混合GIを勝っており、**父よりもフィリーサイアーの傾向がある。**

母の父としての絶大な影響力

　サンデーサイレンスを母の父に持つGI（JRA）馬は24頭。このうち、母もGI馬であるケースは、アドマイヤグルーヴ（子に皐月賞と日本ダービーのドゥラメンテ）、ヘヴンリーロマンス（子にJBCクラシックのアウォーディー）の2組しかいない。

　GI馬24頭中、牡馬は19頭で、そのほとんどは種牡馬となり、サンデーサイレンスの影響力を広げている。また、母の父がサンデーサイレンスの高額賞金獲得馬の上位馬の父馬を見ると、ミスタープロスペクター系、ノーザンダンサー系、ターントゥ系の順に多い。このことは、サンデーサイレンス系を含めたこの4系統が現在の日本の主流血統であることを端的に示している。

1 アドマイヤグルーヴ

　祖母はオークス馬ダイナカール。母エアグルーヴ（オークス、天皇賞秋など）の産駒にルーラーシップ（香港クイーンエリザベスC）などがいる。祖母の父ガーサントは1969年の日本リーディングサイアーで、以降もノーザンテスト、トニービン、サンデーサイレンスという歴代のリーディングサイアーを配された**日本屈指の名牝系で、その中でもっとも成功しているのが、この系統である。**

　アドマイヤグルーヴは5代までにインブリードを持たず、そこにキングカメハメハを配して誕生したのが2015年の2冠馬ドゥラメンテで、母仔4代によるGⅠ制覇を達成した。

出生国・出生年・毛色	日本・2000年・鹿毛
競走年齢／競走成績 （勝ち鞍の距離）	2〜5歳／日21戦8勝（1600〜2200m）。エリザベス女王杯2回など。JRA最優秀4歳以上牝馬（2004年）。
父／母（母の父系）	サンデーサイレンス／エアグルーヴ （グレイソヴリン系〜ナスルーラ系）

2 ヘヴンリーロマンス

　4歳年末の阪神牝馬Sで重賞を初制覇し、札幌記念を勝って臨んだ天皇賞秋で14番人気という低評価を覆して優勝した。

　ジャングルポケットとの間にアウォーディーを得たあとに渡米、アムールブリエ（父スマートストライク：エンプレス杯2回）、ラニ（父タピット：UAEダービー）らのダート巧者を生んだ。**母系に流れるサドラーズウェルズ、リボー系、セントサイモン系といった欧州の重厚な血がダート中距離に向くためだ。**以降の産駒も外国産馬で、配合相手にはディストーテッドユーモア（フォーティナイナー系）、オーサムアゲイン（ヴァイスリージェント系）などが選ばれている。

出生国・出生年・毛色	日本・2000年・鹿毛
競走年齢／競走成績 （勝ち鞍の距離）	2〜5歳／日33戦8勝（1600〜2000m）。天皇賞秋、札幌記念など。
父／母（母の父系）	サンデーサイレンス／ファーストアクト （サドラーズウェルズ系〜ノーザンダンサー系）

[種牡馬事典] ノーザンダンサー系

大系統❻
ノーザンダンサー系

ノーザンダンサーは抜群の適応力を持ち、世界の血統地図を書き換えた大種
牡馬。そのため、その子孫は世界各国で多様に広がっている。

ノーザンダンサーの5代血統表

ノーザンダンサー（1961年生 鹿毛 加国産）

Nearctic 1954 黒鹿毛	Nearco 1935 黒鹿毛	Pharos 1920 黒鹿毛	Phalaris 1913	Polymelus
				Bromus
			Scapa Flow 1914	Chaucer
				Anchora
		Nogara 1928 鹿毛	Havresac 1915	Rabelais
				Hors Concours
			Catnip 1910	Spearmint
				Sibola
	Lady Angela 1944 栗毛	Hyperion 1930 栗毛	Gainsborough 1915	Bayardo
				Rosedrop
			Selene 1919	Chaucer
				Serenissima
		Sister Sarah 1930 黒鹿毛	Abbots Trace 1917	Tracery
				Abbots Anne
			Sarita 1924	Swynford
				Molly Desmond
Natalma 1957 鹿毛 FNo.[2-d]	Native Dancer 1950 芦毛	Polynesian 1942 黒鹿毛	Unbreakable 1935	Sickle
				Blue Glass
			Black Polly 1936	Polymelian
				Black Queen
		Geisha 1943 芦毛	Discovery 1931	Display
				Ariadne
			Miyako 1935	John P. Grier
				La Chica
	Almahmoud 1947 栗毛	Mahmoud 1933 芦毛	Blenheim 1927	Blandford
				Malva
			Mah Mahal 1928	Gainsborough
				Mumtaz Mahal
		Arbitrator 1937 鹿毛	Peace Chance 1931	Chance Shot
				Peace
			Mother Goose 1922	Chicle
				Flying Witch

Gainsborough 4 × 5、Chaucer 5 × 5

1 現在では欧州型、米国型に分けられる

　ノーザンダンサーは、カナダ産馬として初めてケンタッキーダービーを制した名馬。**種牡馬としても適応力に富んだ産駒たちが世界各国のレースを席巻し、世界の血統地図を劇的に書き換えた。**現在は、米国型ノーザンダンサー系と欧州型ノーザンダンサー系に二分される。

ノーザンダンサーのプロフィール

成績 タイトル	2〜3歳／加米18戦14勝（1100〜2000m）。ケンタッキーダービー、プリークネスSなど。北米最優秀3歳牡馬、加年度代表馬（ともに1964年）。
種牡馬成績	英愛LS（1970年、1977年、1983〜1984年）、北米LS（1971年）
血統	父：ニアークティック　母：ナタルマ（ネイティヴダンサー系）
日本の主な活躍馬	〜1979	マルゼンスキー
	1980〜	アンバーシャダイ、ホリスキー、スズカコバン、シリウスシンボリ、ダイナガリバー、メリーナイス、サクラチヨノオー、スーパークリーク
	1990〜	メジロライアン、レオダーバン、フサイチコンコルド、ビワハイジ
	2000〜	テイエムオペラオー、アサクサキングス、アサクサデンエン、メイショウサムソン、ローエングリン
	2010〜	サトノクラウン、ソウルスターリング

[種牡馬事典] ノーザンダンサー系

ノーザンダンサー系①
ニジンスキー系

ニジンスキーは英クラシック3冠を制したように、同世代では抜きん出た能力と体力を持ち、その資質を受け継ぐ産駒を通じてノーザンダンサーの中でも一大父系を築いた。ヨーロッパではカーリアン系が広がり、日本でもマルゼンスキー系が一定の影響力を持った。

底力とスタミナを秘めるが、軽やかなスピードはない

　ニジンスキーはノーザンダンサーの2年目産駒で、父の評価を決定的にした存在。日本では持込馬のマルゼンスキーがケタ違いのスピードを見せつけ、多数の活躍馬を送り出した。1990年代には欧州での代表産駒カーリアンから、ダービー馬フサイチコンコルドが誕生している。

　ただし、欧州3冠馬ラムタラ、凱旋門賞馬マリエンバードなど、輸入種牡馬のほとんどは不振に終わり、マルゼンスキーも後継馬を残せていない。日本の馬場が欧州型血統には不遇であることに加え、能力を開花させる繁殖牝馬が日本に揃っていなかったことも悲運であった。

ニジンスキー系の系統図

▶ニジンスキー系の特徴

- 1970〜1980年代に、持込馬のマルゼンスキーとその産駒が活躍。
- ヨーロッパで活躍した一流馬ほど、種牡馬としては不振。
- 1980〜1990年代は、芝の中長距離、ダートの中距離で一定の成績を残す。
- いまよりタフな芝とダートの両方をこなした産駒も少なくない。
- ニジンスキーの血を持つ繁殖牝馬、母系にニジンスキーを持つ種牡馬は多く、いまも影響を与え続けている。

1 ニジンスキー（Nijinsky）欧州型

　母、母の父はともにカナダ年度代表馬で、母の祖父ブルリーは北米リーディングサイアー5度の名種牡馬。良血ではあるが、格下と見られていたカナダの生産馬が1970年に英クラシック3冠を達成したことはイギリス競馬界に大きな衝撃を与えた。

　そして、これがノーザンダンサー系の快進撃の始まりだった。日本にも多数の種牡馬が輸入されたが、持込馬のマルゼンスキー以外は期待外れで、ダートや地方競馬でなんとか面目を保った。主戦場の欧州でも衰退しつつあるが、2011年の凱旋門賞ではデインドリーム（ニジンスキーの曾孫）が久々に存在感を発揮した。

出生国・出生年・毛色	加国・1967年・鹿毛
競走年齢／競走成績 （勝ち鞍の距離）	2〜3歳／英愛仏13戦11勝（1200〜2921m）。英クラシック3冠、愛ダービー、キングジョージなど。英愛リーディングサイアー（1986年）。
父／母（母の父系）	ノーザンダンサー／フレーミングページ（マイナー系）

ニジンスキー系の主な輸入種牡馬をチェック

ロイヤルアカデミーⅡ（1987年生）欧州型

　父ニジンスキー。おいのストームキャットと似た血統構成であるためか、マイラーとして活躍し、BCマイルなどに勝利。**ニジンスキー系にしてはスピードがある産駒を出した。**代表産駒は安田記念を勝った香港馬ブリッシュラック。母の父として、ダビルシム（欧州最優秀2歳牡馬：父ハットトリック）を出した。スプリント王国オーストラリアの名牝ブラックキャビア（25戦全勝）の祖父（父の父）でもある。

ラムタラ（1992年生）欧州型

　父ニジンスキー。デビュー2戦目で英ダービーに勝ち、4戦4勝で欧州3冠を達成。「奇跡の馬」と呼ばれた。約44億円で日本に導入されたが、リーディングサイアー・ランキングは2002年の13位が最高。母の父としてヒルノダムール（天皇賞春）を出したくらいで、種牡馬としては失敗だったが、競馬ファンは決してその名を忘れない。

[種牡馬事典] ノーザンダンサー系

2 マルゼンスキー 欧州型

　祖母クイルは北米最優秀2歳牝馬。当時の日本では、持込馬はクラシックに出られなかったが、芝ダートを問わず圧倒的なスピードを誇り、「スーパーカー」と呼ばれた。

　当時の日本の種牡馬の中では圧倒的な能力を持っており、日本の古い牝系出身の重賞ウイナーはマルゼンスキーの血を持っていることが多い。たとえばローレルゲレイロ（高松宮記念：セレタ系）、ウイニングチケット（日本ダービー：スターロッチ系）などがいる。

　力強いスピードを産駒に伝え、種牡馬としては大成功。20頭以上が種牡馬入りしたが、サンデーサイレンスの登場と時期が重なり、父系を広げることは叶わなかった。**さらに馬場の高速化やスローペース化も重なり、牝系からサンデーサイレンス系を支える側に回ることになった。**その象徴がダービー馬スペシャルウィーク（母の父マルゼンスキー：シラオキ系）である。

マルゼンスキー（1974年：朝日杯3歳S）

- ホリスキー（1979年：菊花賞）
- スズカコバン（1980年：宝塚記念）
- サクラトウコウ（1981年：GⅢ七夕賞）
  - ネーハイシーザー（1990年：天皇賞秋）
- サクラチヨノオー（1985年：日本ダービー）
- レオダーバン（1988年：菊花賞）

出生国・出生年・毛色	日本・1974年・鹿毛
競走年齢／競走成績 （勝ち鞍の距離）	2〜3歳／日8戦8勝（1200〜1800m）。朝日杯3歳Sなど。JRA最優秀2歳牡馬（1976年）。
父／母（母の父系）	ニジンスキー／シル（マイナー系）

3 カーリアン（Caerleon） 欧州型

　重厚感のある血統構成だが、産駒は仕上がりが早く、マイラーが多かった。その評価を覆した英ダービー馬ジェネラスが活躍した1991年

には、前年王者のサドラーズウェルズを抑えて2度目の英愛リーディングサイアーとなっている。

　日本では外国産馬や持込馬がマイラーとして活躍し、1990年代になってダービー馬フサイチコンコルドが出た。ただし、日本に輸入された後継種牡馬はそれなりの大物でも不振だった。

　タイキシャトルの母の父として知られるが、サンデーサイレンス系とニックスがあり、母の父としてピースオブワールド、ジョワドヴィーヴル（阪神JF）、ダノンシャーク（マイルCS）など、優れたマイラーを出した。また、2009年の牝馬クラシックでライバルだったブエナビスタとレッドディザイアは、ともに母の父がカーリアンである。

カーリアン

- ジェネラス（1988年：英愛ダービー、キングジョージ）
- シンコウラブリイ（1989年・牝：マイルCS）
- フサイチコンコルド（1993年：日本ダービー）
  - バランスオブゲーム（1999年：弥生賞などGII6勝）
- ビワハイジ（1993年・牝：阪神3歳牝馬S）
- ゼンノエルシド（1997年：マイルCS）
- マリエンバード（1997年：凱旋門賞）

出生国・出生年・毛色	米国・1980年・鹿毛
競走年齢／競走成績 （勝ち鞍の距離）	2～3歳／英愛仏8戦4勝（1200～2400m）。仏ダービー、ベンソン&ヘッジズGCなど。英愛リーディングサイアー（1989年、1991年）。
父／母（母の父系）	ニジンスキー／フォーシアー（セントサイモン系）

3-1　フサイチコンコルド 欧州型

　祖母サンプリンセスは英オークス馬。半弟アンライバルド（皐月賞）、おいにリンカーン（菊花賞2着）、ヴィクトリー（皐月賞）がいる。

　3戦のキャリアでダービーに勝った和製ラムタラ。英愛リーディングサイアー同士の配合で、ノーザンダンサーの3×3の強いインブリードを持つ点もラムタラ（ノーザンダンサーの2×4）によく似ている。

　産駒の勝ち鞍はダートのほうが多く、芝ではGIIまでしか勝てなかっ

[種牡馬事典] ノーザンダンサー系

た（バランスオブゲームなど）が、母の父としてはジョーカプチーノ
（NHK マイルカップ）を出した。

出生国・出生年・毛色	日本・1993年・鹿毛
競走年齢／競走成績 （勝ち鞍の距離）	3歳／日5戦3勝（1800〜2400m）。日本ダービーなど。
父／母（母の父系）	カーリアン／バーレークイン （サドラーズウェルズ系〜ノーザンダンサー系）

カーリアン系の主な輸入種牡馬をチェック

ジェネラス（1988年生）欧州型

　父カーリアン。英ダービーなどに勝利し、フリーハンデ 139 ポンド
の 1990 年代欧州最強馬。半妹の孫にディーマジェスティ（皐月賞）。
代表産駒はエリモハリアー（函館記念 3 連覇）、母の父としての産駒に
ガルボ（ダービー卿 CT）がいる。自身の産駒より、母系の血で記憶さ
れていくことになりそうだ。

マリエンバード（1997年生）欧州型

　父カーリアン。6 ヵ国の 16 競馬場で 17 戦し、異なる競馬場で 8 勝
したタフネス。カーリアン産駒としては、ジェネラスと双璧をなす。
芝 2400m の G I 3 連勝目となった凱旋門賞には、マンハッタンカフェ
（13 着）が出走していた。母の父として、デンコウアンジュ（アルテミ
ス S、ヴィクトリアマイル 2 着）を出している。

4 ダンシングキイ（Dancing Key）

　サンデーサイレンスとの配合で、ダンスパートナー（オークスなど）、
ダンスインザダーク（菊花賞）、ダンスインザムード（桜花賞など）と
いう 3 頭の G I 馬を生み、父がトニービンのエアダブリンも長距離重賞
を 3 勝した。ニジンスキー産駒の繁殖牝馬としては、日本国内最高の成
績を残した。

出生国・出生年・毛色	米国・1983年・鹿毛
競走年齢／競走成績 （勝ち鞍の距離）	不出走
父／母（母の父系）	ニジンスキー／キーパートナー（セントサイモン系）

☑ ニジンスキー系の主な種牡馬・活躍馬

マルゼンスキー系

- ●**ホリスキー**（1979年生：菊花賞）
- ●**スズカコバン**（1980年生：宝塚記念）
- ●**ネーハイシーザー**（1990年生：天皇賞秋）
- ●**サクラチヨノオー**（1985年生：日本ダービー）
- ●**レオダーバン**（1988年生：菊花賞）
- ●**ヤエノムテキ**（1985年生：皐月賞、天皇賞秋）

カーリアン系

- ●**シンコウラブリイ**（1989年生・牝：マイルCS）
- ●**エルウェーウィン**（1990年生：朝日杯3歳S）
- ●**ビワハイジ**（1993年生・牝：阪神3歳牝馬S）
- ●**フサイチコンコルド**（1993年生：日本ダービー）
- ●**バランスオブゲーム**（1999年生：GⅡ弥生賞）
- ●**ゼンノエルシド**（1997年生：マイルCS）
- ●***マリエンバード**（1997年生：凱旋門賞）

その他

- ●**イソノルーブル**（1988年生・牝：オークス）
- ●**ホクトベガ**（1990年生・牝：エリザベス女王杯）
- ●**メイセイオペラ**（1994年生：フェブラリーS）
- ●***ロイヤルアカデミーⅡ**（1987年生：BCマイル）
- ●**ブリッシュラック**（1999年生：安田記念）
- ●***ラムタラ**（1992年生：欧州3冠）
- ●**スーパークリーク**（1985年生：菊花賞、天皇賞春秋）
- ●**エイシンプレストン**（1997年生：香クイーンエリザベスⅡC 2回）

* は輸入種牡馬。

[種牡馬事典] ノーザンダンサー系

ノーザンダンサー系②
ヴァイスリージェント系

ヴァイスリージェントの競走成績は平凡だったが、11年連続でカナダのリーディングサイアーになるなど、種牡馬として大成功を収めた。世界的にはデピュティミニスターを通じた父系が繁栄し、日本ではフレンチデピュティ〜クロフネ父子が多くの活躍馬を出している。

カナダ発祥のパワフルなスピード血統が日本に浸透

　ヴァイスリージェントは全兄ヴァイスリーガル（カナダ年度代表馬）のおかげで種牡馬となったが、種牡馬としては兄をしのぐ成功を収めた。代表産駒はデピュティミニスターで、その直仔フレンチデピュティは日本でも多くの活躍馬を出した。

　フレンチデピュティ系は、米国ダート戦で重要なスピードの持続性を母系から強化した血統で、米国的な要素が強い。2歳戦から活躍でき、スピードの持続力に優れ、人為的に造成された路盤のコースを得意とする。**息子のクロフネは母系から芝適性を取り込むことができ、その分、ダートの上級クラスで活躍する確率は父に見劣る。**

ヴァイスリージェント系の系統図

ヴァイスリージェント系 米国型	デピュティミニスター系 米国型	フレンチデピュティ 米国型	クロフネ 米国型

▶ヴァイスリージェント系の特徴

- 2歳戦から活躍できる。
- 芝ダートともに、スピードの持続性で押し切れる馬場を得意とする。
- クロフネ産駒は、配合次第で芝適性を獲得できる。
- フレンチデピュティもクロフネも、芝のGI級は牝馬が多い。
- せん馬の活躍馬が出やすい傾向がある。

1 ヴァイスリージェント（Vice Regent） 米国型

　パワー兼備のスピード型種牡馬。母はノーザンテーストの母の父ヴィ

クトリアパークの半妹で、当時のカナダを代表する名牝系の出身。**兄よりもきついと評された気性が産駒の勝負強さにつながり、パワフルなスピードを子孫に伝えた。**直仔パークリージェントは母の父がノーザンテーストの母の父と同じヴィクトリアパーク（マイナー系）で、それが功を奏したのか、地方競馬のリーディングサイアーに2度なっている。

出生国・出生年・毛色	加国・1967年・栗毛
競走年齢／競走成績 （勝ち鞍の距離）	2〜4歳／加米5戦2勝（1200〜1400m）。加リーディングサイアー（1979〜1989年）。
父／母（母の父系）	ノーザンダンサー／ヴィクトリアレジナ（マイナー系）

2　デピュティミニスター（Deputy Minister）　米国型

　競走馬時代は仕上がりの早さを武器に、2歳戦で9戦8勝した。初期に2頭の名牝（米GⅠ5勝のオープンマインド、米GⅠ7勝のゴーフォーワンド）を出して名種牡馬の座を確立。

　代表産駒オーサムアゲインとゴーストザッパーは、史上初めてBCクラシック父子制覇を達成（1998年、2004年）。オーサムアゲインは母の父として、ルージュバック（毎日王冠、オークス2着）、ミラクルレジェンド（JBCレディスクラシック2回）とローマンレジェンド（東京大賞典）姉弟を出し、**日本の中距離ダートに適性を示している。**

デピュティミニスター

- オープンマインド（1986年・牝：BCジュヴェナイルF、ケンタッキーオークス）
- ゴーフォーワンド（1987年・牝：BCジュヴェナイルF）
- フレンチデピュティ（1992年：北米GⅡジェロームH）
- オーサムアゲイン（1994年：BCクラシック）
  - ゴーストザッパー（2000年：BCクラシック）

出生国・出生年・毛色	加国・1979年・黒鹿毛
競走年齢／競走成績 （勝ち鞍の距離）	2〜4歳／加米22戦12勝（1000〜1800m）。ローレルフューチュリティ、ヤングアメリカSなど。北米最優秀2歳牡馬、加年度代表馬（ともに1981年）。北米リーディングサイアー（1997〜1998年）。
父／母（母の父系）	ヴァイスリージェント／ミントコピー（マッチェム系）

[種牡馬事典] ノーザンダンサー系

3 フレンチデピュティ（French Deputy）米国型

　直仔のノボジャックやクロフネの活躍で輸入され、米国競馬のトレンドを日本型にシフトする役割を果たした。産駒にアイビスSD（芝1000m）のサンアディュ、天皇賞春（芝3200m）のアドマイヤジュピタ、芝とダートで重賞を勝ったクロフネがいるように、**配合次第で多様な産駒を出す**。日本でのリーディングサイアー・ランキングは6位が最高だが、ブルードメアサイアー・ランキングでは2015〜2017年に3年連続2位となっている。

フレンチデピュティ（1992年）日ブルードメアSL 3位（2015〜2017年）

- ノボジャック（1997年：JBCスプリント）
- クロフネ（1998年：NHKマイルカップ、ジャパンカップダート）
  - フサイチリシャール（2003年：朝日杯FS）
  - スリープレスナイト（2004年・牝：スプリンターズS）
  - カレンチャン（2007年・牝：スプリンターズS、高松宮記念）
  - クラリティスカイ（2012年：NHKマイルカップ）
- アドマイヤジュピタ（2003年：天皇賞春）
- サウンドトゥルー（2010年：チャンピオンズC）

出生国・出生年・毛色	米国・1992年・栗毛
競走年齢／競走成績 （勝ち鞍の距離）	2〜3歳／米6戦4勝（1200〜1600m）。ジェロームH（北米GII）など。
父／母（母の父系）	デピュティミニスター／ミッテラン（セントサイモン系）
血統のポイント	▶平均勝距離：芝1598m／ダート1455m ▶芝／ダート：36%／64% 当初は芝の活躍馬が多かったが、近年はダートにシフト。古馬なって急成長する馬は、大仕事をする可能性がある。せん馬にすることで、成績が安定する馬もいる（たとえば、チャンピオンズカップやJBCクラシックなど勝ったサウンドトゥルーなど）。

4 クロフネ 米国型

　外国産馬が出走可能になった2001年、毎日杯とNHKマイルカップ

を圧勝して「黒船襲来」を印象づけた。初ダートの武蔵野Sで9馬身差、続くジャパンカップダートで7馬身差というケタ違いの強さを見せた。

　母の父は無名種牡馬だが、その父パゴパゴは豪2歳チャンピオンで、ダンシングブレーヴの祖母の父でもある。**2歳の芝レースや芝1200mに高い適性を示しているのは、この血の影響と見られる。**

　芝の上級レースでは牝馬の活躍が目立ち、母の父としてはステファノス（富士S）、シャイニングレイ（CBC賞）などを出している。

出生国・出生年・毛色	米国・1998年・芦毛
競走年齢／競走成績 （勝ち鞍の距離）	2〜3歳／日10戦6勝（1600〜2100m）。ジャパンカップダート、NHKマイルCなど。JRA最優秀ダートホース（2001年）。
父／母（母の父系）	フレンチデピュティ／ブルーアヴェニュー（マイナー系）
血統のポイント	▶平均勝距離：芝1586m／ダート1577m ▶芝／ダート：28%／72% 芝ダートともに、スピードの持続性を生かせる軽い馬場が得意。ダートは軽い馬場状態で注目。GIでは牝馬の活躍が目立ち、とくに東京マイルGIで複数の産駒が実績を残した。ただし、産駒全体ではもう少しパワー寄りで、東京ダート1600mを得意とする馬が多い。とくにダート1700m以上からの距離短縮に注目。芝は1200m以下での適性が高いタイプも出す。こちらも距離短縮での出走に注目したい。

☑ ヴァイスリージェント系の主な種牡馬・活躍馬

フレンチデピュティ系 ※クロフネ系以外

- **ノボジャック**（1997年生：JBCスプリント）
- **アドマイヤジュピタ**（2003年生：天皇賞春）
- **ピンクカメオ**（2004年生・牝：NHKマイルカップ）
- **サウンドトゥルー**（2010年生：チャンピオンズカップ）

クロフネ系

- **フサイチリシャール**（2003年生：朝日杯FS）
- **スリープレスナイト**（2004年生・牝：スプリンターズS）
- **カレンチャン**（2007年生・牝：スプリンターズS、高松宮記念）
- **ホエールキャプチャ**（2008年生・牝：ヴィクトリアマイル）
- **クラリティスカイ**（2012年生：NHKマイルカップ）
- **アエロリット**（2014年生・牝：NHKマイルカップ）

[種牡馬事典] ノーザンダンサー系

ノーザンダンサー系③
リファール系

ノーザンダンサー系の中でも日本向きのスピードを伝える血統で、とくに芝のスピードの絶対値を上げる遺伝力を持つ。代表的な種牡馬はダンシングブレーヴで、日本ではその直仔であるホワイトマズルやキングヘイローの産駒が活躍している。

芝でのトップスピードを高めるのに欠かせない血に

リファールはスピードのあるマイラーとして活躍し、産駒は芝のマイル～中長距離を得意とした。日本には直仔だけで20頭以上が輸入されて一定の成績を残し、ノーザンダンサー系の中で成功した血統といえる。

代表産駒のダンシングブレーヴは、リファール×ターントゥ系。日本を代表する種牡馬ディープインパクトはターントゥ系×リファール系で、その代表産駒ジェンティルドンナもリファールの4×4を持つ。リファールの血はサンデーサイレンス系との配合において芝のトップスピードを高め、サンデーサイレンス系の特徴を強化する特性があるため、今後も確実に日本に残るだろう。

リファール系の系統図

| リファール系 欧州型 | ダンシングブレーヴ系 欧州型 | ホワイトマズル |
| | | キングヘイロー |

▶リファール系の特徴

- 1980年代にリィフォーとモガミの産駒が活躍。
- 1990年代以降は、ダンシングブレーヴ系が活躍馬を出した。
- 加速力に優れ、直線の瞬発力勝負に強く、配合次第で距離もこなす。
- 芝におけるトップスピードの絶対値を高めるポテンシャルがある。

1 リファール（Lyphard） 欧州型

自身は一流マイラーでありながら、中長距離もこなした。代表産駒で

あるダンシングブレーヴ（凱旋門賞）やマニラ（BCターフ）の活躍で、名種牡馬の地位も確立。

日本では1980年代にリィフォーやモガミが大成功し、中継画面に映らないほどの大逃げで人気を集めたツインターボを出したライラリッジ、芦毛のベリファ・メンデス父子など多くの直仔が輸入された。

メンデス産駒のリナミックスは仏リーディングサイアーとなり、ヨーロッパにおけるリファール系の中心となっている。

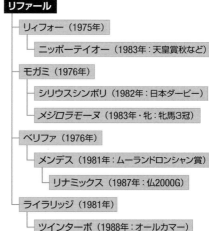

出生国・出生年・毛色	米国・1969年・鹿毛
競走年齢／競走成績（勝ち鞍の距離）	2～3歳／仏英愛12戦6勝（1400～2100m）。ジャックルマロワ賞など。仏リーディングサイアー（1978～1979年）、北米リーディングサイアー（1986年）。
父／母（母の父系）	ノーザンダンサー／グーフド（マイナー系）

2 ダンシングブレーヴ（Dancing Brave） 欧州型

後方一気の末脚で凱旋門賞をレコード勝ちし、1986年にフリーハンデ141（1980年代最高）を獲得。種牡馬成績が伸びず、日本への譲渡が決まった直後に英愛ダービーでコマンダーインチーフ、伊ダービーでホワイトマズルが激走し、輸出を惜しむ声が湧き起こった。

英国供用中にマリー病という奇病にかかったため、産駒数は少ないものの、種牡馬として重賞25勝（うちGⅠ6勝）をあげ、母の父としてもスイープトウショウ（宝塚記念、エリザベス女王杯、秋華賞）、メイショウサムソン（皐月賞、日本ダービー、天皇賞春秋）を出した。

今後の日本でも、その血を引く繁殖牝馬はもちろん、父系を残す可能性も残されている世界的な名血である。

[種牡馬事典] ノーザンダンサー系

出生国・出生年・毛色	米国・1983年・鹿毛
競走年齢／競走成績 （勝ち鞍の距離）	2〜3歳／英仏米10戦8勝（1600〜2400m）。凱旋門賞、キング ジョージ、英2000G、エクリプスSなど。欧州・英仏年度代表馬（1986 年）。
父／母（母の父系）	リファール／ナヴァフォプリンセス（ターントゥ系）

2-1 ホワイトマズル 欧州型

　キングジョージで、同父を持つコマンダーインチーフを交わして2着（1着はオペラハウス）に入り、日本における種牡馬レースでも優位を保った。**長距離やダートもこなし、短距離の追い込み馬も出したが、人気で凡走する半面、人気薄で好走する意外性がある。**

　同年齢のライバル・コマンダーインチーフは英愛ダービーに勝つなど、優れた競争成績を残した。半兄にウォーニング（父ノウンファクト）、いとこに凱旋門賞馬レインボウクエストがいる良血馬だが、種牡馬成績が伸び悩んだのはコマンダーインチーフの血が日本には重すぎたのだろう。

出生国・出生年・毛色	英国・1990年・鹿毛
競走年齢／競走成績 （勝ち鞍の距離）	2〜4歳／英仏米伊日17戦6勝（2000〜2500m）。伊ダービーなど。
父／母（母の父系）	ダンシングブレーヴ／フェアオブザファース（マイナー系）

2-2 キングヘイロー 欧州型

　母グッバイヘイローは日本への輸出が惜しまれた名牝で、当時の日本における最高レベルの良血馬。母の父ヘイローが米国型で、コマンダーインチーフやホワイトマズルに比べて米国的なスピード能力が高い。しかし追い込んで届かないレースが多く、5歳の高松宮記念でようやくGⅠ馬となった。

　日本のリファール系種牡馬は伝統的に牝馬のGⅠ活躍馬を多く出す傾向があり、キングヘイローも代表産駒はカワカミプリンセス（オークス）。高松宮記念で父子制覇を達成し、スプリンターズSにも勝ったローレルゲレイロが後継馬となっている。

238

出生国・出生年・毛色	日本・1995年・鹿毛
競走年齢／競走成績 （勝ち鞍の距離）	2〜5歳／日27戦6勝（1200〜1800m）。高松宮記念など。
父／母（母の父系）	ダンシングブレーヴ／グッバイヘイロー（ヘイロー系〜ターントゥ系）
血統のポイント	▶平均勝距離：芝1557m／ダート1495m ▶芝／ダート：55%／45% 前向きな気性から繰り出されるスピードと、その持続力が武器。その気性とスピードは母の父に入っても遺伝する。自身も距離短縮で悲願のGⅠ制覇をしたように、前向きな気性をコントロールしやすい距離短縮が有効。とくに1400m以下への距離短縮は、芝ダート問わず注目。また、ダートでは揉まれない外枠のほうが走りやすい。ヘイローのダート適性とリファールの馬力を兼ね備えているため、NARのダートでは母の父に入っても期待値が優秀。

☑ リファール系の主な種牡馬・活躍馬

ホワイトマズル系

- **スマイルトゥモロー**（1999年生・牝：オークス）
- **シャドウゲイト**（2002年生：シンガポール航空国際カップ）
- **アサクサキングス**（2004年生：菊花賞）
- **ニホンピロアワーズ**（2007年生：ジャパンカップダート）

キングヘイロー系

- **カワカミプリンセス**（2003年生・牝：オークス、秋華賞）
- **ローレルゲレイロ**（2004年生：スプリンターズS、高松宮記念）

その他

- **ニッポーテイオー**（1983年生：天皇賞秋、安田記念、マイルCS）
- **シリウスシンボリ**（1982年生：日本ダービー）
- *メジロラモーヌ*（1983年生・牝：牝馬3冠）
- **レガシーワールド**（1989年生：ジャパンカップ）
- **コマンダーインチーフ**（1990年生：英愛ダービー）
- *キョウエイマーチ*（1994年生・牝：桜花賞）
- *アインブライド*（1995年生・牝：阪神3歳牝馬S）
- **レギュラーメンバー**（1997年生：JBCクラシック）
- *テイエムオーシャン*（1998年生・牝：桜花賞、秋華賞）

[種牡馬事典] ノーザンダンサー系

ノーザンダンサー系④
ノーザンテースト系

ノーザンテーストはノーザンダンサーの直仔。1970年代に日本に輸入されると、その産駒たちは日本競馬界を席巻し、またたく間に日本の血統地図を大きく塗り替えた。サンデーサイレンスが登場してからは、母の父として高い影響力を保ち、日本の重要血統としてその血を残している。

日本で開花したノーザンダンサー系

　フランスのGIを1つ勝っただけの馬が、日本の競馬をこれほど劇的に変えるとは、いったい誰が予想しただろうか。そもそも、1970年代にノーザンダンサーのGI馬が日本に来ることも大きな驚きだった。

　競走成績は超一流とはいえないが、日本にとって初めての世界水準の種牡馬といえる。**1977年生から20世代連続で重賞勝ち馬を出し、その数は41頭を数える（障害レース含む）。**リーディングサイアー通算10回。1993年にその座を譲ってからも2000年まで10位以内をキープし、ブルードメアサイアー・ランキングでも17年連続首位を守った。しかし、直系の父系が存続する可能性は極めて低い。

ノーザンテースト系の系統図

ノーザンテースト系 日本型	アンバーシャダイ系 日本型	メジロライアン 日本型

▶ノーザンテースト系の特徴

- 1980年代半ば以降の日本の競馬シーンを一変させた大種牡馬。
- 仕上がりが早く、成長力もある。
- 距離の長短、芝ダートを問わずに多くの活躍馬を出した。
- ゴール前で二の脚を使う勝負根性で大レースに勝利。

1 ノーザンテースト（Northern Taste） 日本型

　祖母レディアンジェラの2×3、ハイペリオンの4×3という強いイ

240

ンブリードを持つ。英牝馬3冠プリティポリーにさかのぼる牝系は種牡馬の宝庫で、マイネルラヴ、ワークフォースなどが出ている。

後継種牡馬は50頭を超えるが、ノーザンダンサー系牝馬が増えた影響もあり、ダービー馬ダイナガリバー、アンバーシャダイ・メジロライアン父子がかろうじて、その血をつないだ。

ノーザンテースト

```
├─ アンバーシャダイ（1977年：有馬記念）
│       └─ メジロライアン（1987年：宝塚記念）
└─ ダイナガリバー（1983年：日本ダービー）
```

出生国・出生年・毛色	加国・1971年・栗毛
競走年齢／競走成績 （勝ち鞍の距離）	2～4歳／仏英20戦5勝（1300～1500m）。フォレ賞など。日リーディングサイアー10回（1982～1988年、1990～1992年）。
父／母（母の父系）	ノーザンダンサー／レディヴィクトリア（マイナー系）

母系に入って万能性の高い能力を見せつける

母の父、祖母の父としては絶大な存在感を発揮し、3冠馬オルフェーヴルはノーザンテーストの4×3を持つ。母系にノーザンテーストを持つGI馬は数多く、2015年には4代前（曾祖母の父）にノーザンテーストを持つドゥラメンテが2冠を制し、ショウナンパンドラがジャパンカップに勝った。**5代血統表を見るときは、日本向きの資質を補う存在としてチェックすべき種牡馬である。**

「ノーザンテーストは二度成長する」の格言通り、ノーザンテーストの血を持つ馬はいまもなお、古馬になってもう一段階、成長を見せる馬も多い。ステイゴールド系（母母父がノーザンテースト）はノーザンテーストの血を継承する役割も担う。

ノーザンテーストの母の父としての主な産駒

サンデーサイレンス系

父	産駒（主な勝ち鞍）
サンデーサイレンス	・アドマイヤマックス（高松宮記念） ・デュランダル（マイルCS2回、スプリンターズS） ・ダイワメジャー（皐月賞、天皇賞秋、マイルCS2回、安田記念）
アドマイヤベガ	・キストゥヘヴン（桜花賞）
アグネスタキオン	・ダイワスカーレット（桜花賞、秋華賞、エリザベス女王杯、有馬記念）

[種牡馬事典] ノーザンダンサー系

ターントゥ系

父	産駒（主な勝ち鞍）
リアルシャダイ	・イブキマイカグラ（阪神3歳S）
ブライアンズタイム	・レインボーダリア（エリザベス女王杯）

グレイソヴリン系

父	産駒（主な勝ち鞍）
コジーン	・アドマイヤコジーン（安田記念、朝日杯3歳S）
トニービン	・サクラチトセオー（天皇賞秋） ・エアグルーヴ（オークス、天皇賞秋） ・テレグノシス（NHKマイルC）
ミラクルアドマイヤ	・カンパニー（天皇賞秋、マイルCS）
ジャングルポケット	・トーセンジョーダン（天皇賞秋）

プリンスリーギフト系

父	産駒（主な勝ち鞍）
サクラユタカオー	・サクラバクシンオー（スプリンターズS2回） ・サクラキャンドル（エリザベス女王杯）

2 アンバーシャダイ 日本型

　ノーザンテーストの初年度産駒で、4歳秋に急成長して有馬記念に勝つと、6歳まで一線級で活躍。差されたら差し返す勝負根性に優れ、ノーザンテーストの二の脚と成長力を最初に見せつけた名馬。**産駒は中長距離を中心に活躍し、リーディングサイアー・ランキングは最高3位。**大一番での2着も多く、GIウイナーはメジロライアンのみである。母の父としても、父ほどの影響力は発揮できなかった。

出生国・出生年・毛色	日本・1977年・鹿毛
競走年齢／競走成績 （勝ち鞍の距離）	3～6歳／日34戦11勝（1600～3200m）。有馬記念、天皇賞春など。
父／母（母の父系）	ノーザンテースト／クリアアンバー（ヘロド系）

2-1 メジロライアン 日本型

　父アンバーシャダイと、おじのメジロティターン（メジロマックイーンの父）は3200mの天皇賞馬。同年齢のメジロマックイーン、メジロ

パーマーとで宝塚記念を３連覇（1991〜1993年）したが、勝った宝塚記念以外は追い込んで届かずのレースが多かった。牝系から取り込んだ欧州的なスタミナと馬力は産駒のメジロブライト（天皇賞春）に受け継がれたが、レースの高速化が進む中で後継馬は残せていない。

　もう１頭の代表産駒メジロドーベルは阪神３歳牝馬Ｓからエリザベス女王杯まで、牝馬限定ＧＩを５勝した名牝で、孫にショウナンラグーン（青葉賞）がいる。今後も、メジロのスタミナ牝系の源として発展する可能性を秘める。

出生国・出生年・毛色	日本・1987年・鹿毛
競走年齢／競走成績 （勝ち鞍の距離）	３〜６歳／日19戦7勝（1600〜2500m）。宝塚記念など。
父／母（母の父系）	アンバーシャダイ／メジロチェイサー（セントサイモン系）

☑ ノーザンテースト系の主な種牡馬・活躍馬

アンバーシャダイ系

- メジロライアン（1987年生：宝塚記念）
- メジロブライト（1994年生：天皇賞春）
- *メジロドーベル*（1994年生・牝：オークスなど牝馬ＧＩ５勝）

その他

- *ギャロップダイナ*（1980年生：天皇賞秋、安田記念）
- *シャダイソフィア*（1980年生・牝：桜花賞）
- *ダイナカール*（1980年生・牝：オークス）
- *ダイナガリバー*（1983年生：日本ダービー、有馬記念）
- *ファイトガリバー*（1993年生・牝：桜花賞）
- *アドラーブル*（1989年生・牝：オークス）

[種牡馬事典] ノーザンダンサー系

ノーザンダンサー系⑤
ヌレイエフ系

ヌレイエフ系は前向きな気性によって、短距離やダートで活躍する馬が多い。日本に導入された直仔種牡馬は多いが、その産駒たちよりも、むしろ輸入繁殖牝馬を通じて大きな影響を及ぼしている。日本ではファスリエフの父、あるいはゴールドアリュールの母の父として影響力を持つ。欧州型と米国型に分けられる。

世界のマイルレースを湧かせた血の伝道者

　病気によりわずか3戦のキャリアで引退したため、ヌレイエフ自身の能力は未知数だが、配合次第で短距離や中距離にも対応できる種牡馬となる。**とくに芝のマイル路線では、欧米の両地域で良積を残した産駒も多い。**日本で活躍するキングマンボ、ゴールドアリュールもヌレイエフを母系に持ち、オールマイティーな活躍を見せる血である。

　ただし、ほかのノーザンダンサー系に比べて父として繁殖牝馬の個性を引き出す柔軟性に欠ける。そのため、直仔種牡馬の数が多いにもかかわらず、父系の広がりは本場の欧州でもいまひとつ。**現在は欧州型のピヴォタル系と、少数の米国型系統がわずかに命脈を保つ。**娘のミエスク産駒にキングマンボがいることから、母系から及ぼす影響力のほうが大きくなっている。

ヌレイエフ系の系統図

▶ヌレイエフ系の特徴

- 前向きな気性により、短距離やダートの活躍馬が多い。
- 数の上からも、父としてより、母の父としての影響力が大きい。
- 現役馬の母の父としては、ピヴォタルに注目。
- 父系としては先細りしている。

1 ヌレイエフ（Nureyev） 欧州型 米国型

　ノーザンダンサー産駒のレコード価格（130万ドル）で落札された良血馬で、半姉フェアリーブリッジはサドラーズウェルズ＆フェアリーキング兄弟の母。母の父フォルリ（ハイペリオン系）は、アルゼンチンの歴史的名馬として知られる。

　産駒はフォルリから受け継いだ筋力をスピードとパワーにシフトして、スピードのあるマイラーが多い。シアトリカル（BCターフ）、パントレセレブル（凱旋門賞）は母系から持続力を引き出し、米欧の芝中距離戦で活躍した。日本に導入されたヌレイエフの直仔種牡馬の中にはビッグネームもいたが、大物産駒は出ていない。

　ただし、母の父としては優秀で、パワーを秘めたスピードの源泉となっている。ヴィルシーナ・シュヴァルグラン・ヴィブロスのきょうだいは、祖母の父がヌレイエフだ。

ヌレイエフ（1977年）

- シアトリカル（1982年：BCターフなどGI6勝）
- ポーラーファルコン（1987年：英スプリントC）
  - ピヴォタル（1993年：ナンソープS）
    - シユーニ（2007年：ジャンリュックラガルデール賞）
- ハートレイク（1991年：安田記念）
- スピニングワールド（1993年：愛2000G、BCマイル）
- パントレセレブル（1994年：凱旋門賞、仏ダービー）
- ブラックホーク（1994年：安田記念、スプリンターズS）
- ストラヴィンスキー（1996年：ジュライC、ナンソープS）
- ファスリエフ（1997年：フェニックス賞、モルニ賞）

出生国・出生年・毛色	米国・1977年・鹿毛
競走年齢／競走成績 （勝ち鞍の距離）	2～3歳／英仏3戦2勝（1400～1500m）。ジェベル賞、トーマス・ブライアン賞。仏リーディングサイアー（1987年、1997年）。
父／母（母の父系）	ノーザンダンサー／スペシャル（ハンプトン系）

[種牡馬事典] ノーザンダンサー系

母の父としての 代表産駒	・トゥザビクトリー(エリザベス女王杯) ・ゴールドアリュール(フェブラリーSなど) ・フサイチパンドラ(エリザベス女王杯) ・ジャングルポケット(日本ダービー、ジャパンカップ) ・スリープレスナイト(スプリンターズS) ・イーグルカフェ(NHKマイルカップ、ジャパンカップダート)

ヌレイエフの主な直仔種牡馬をチェック

🐎 シアトリカル(Theatrical)(1982年生) 欧州型

　BCターフなどに勝利した1987年米芝チャンピオン。安田記念に勝ったタイキブリザードの半兄として知られる。ヒシアマゾン(エリザベス女王杯)のような芝の中長距離馬を多く出した。直仔のザグレブ(愛ダービー)も輸入種牡馬で、道営所属馬として活躍したコスモバルクを出した。

🐎 スピニングワールド(Spinning World)(1993年生) 欧州型

　ノーザンダンサーの2×3を持つ。マイルGIを5勝し、フランス調教馬として初めて愛2000Gに勝利。引退後は米愛豪新のシャトル種牡馬となり、2000年には日本で供用。母の父として、ヌーヴォレコルト(オークス)を出している。

🐎 パントレセレブル(Peintre Celebre)(1994年生) 欧州型

　ヌレイエフ×アリダーという仏米リーディングサイアー同士の配合で、凱旋門賞をレコードで圧勝した。その印象が鮮烈なだけに、種牡馬としては期待外れ。2001年に日本で供用され、母の父としてピュアブリーゼ(オークス2着)を出している。

🐎 ファスリエフ(Fasliyev)(1997年生) 米国型

　母の父ミスタープロスペクターの影響が強い米国型。愛英仏の2歳戦で5連勝した早熟のスピード馬。2008年から日本で供用。優れた体力と前向きな気性が特徴で、1400m以下のダートが主戦場。2013年に急死したため、2018年4歳世代がラストクロップ。

2 ピヴォタル（Pivotal） 欧州型

　父はヌレイエフ産駒のポーラーファルコン（英スプリントC）。父子ともにスプリンターだったが、産駒はサリスカ（英愛オークス）、アフリカンストーリー（ドバイ・ワールドカップ）など、幅広い距離をこなす。母の父が日本で実績のあるコジーン（グレイソヴリン系）であり、母の父としてミッキーロケット（日経新春杯）、ファンディーナ（フラワーC）を出し、日本との相性はよさそう。

　後継馬のシューニもスプリンター（1000mで3勝）だが、衰退傾向にあるヌレイエフ系の中で活気を保ち、**仕上がりの早さと芝向きのスピードを供給する父系として、一定の需要はありそう。**

出生国・出生年・毛色	英国・1993年・栗毛
競走年齢／競走成績 （勝ち鞍の距離）	2〜3歳／英6戦4勝（1000〜1200m）。ナンソープSなど。
父／母（母の父系）	ポーラーファルコン／フィアレスリヴァイヴァル （グレイソヴリン系〜ナスルーラ系）

☑ ヌレイエフ系の主な種牡馬・活躍馬

- シアトリカル（1982年生：BCターフ）
- ヒシアマゾン（1991年生・牝：エリザベス女王杯）
- ワールドクリーク（1995年生：東京大賞典）
- *フォティテン（1984年生）
- ワンダーパヒューム（1992年生・牝：桜花賞）
- ミエスク（1984年生・牝：BCマイル連覇などGⅠ10勝）
- ポーラーファルコン（1987年生：英スプリントC）
- ピヴォタル（1993年生：ナンソープS）
- *ハートレイク（1991年生：安田記念）
- *スピニングワールド（1993年生：BCマイル）
- *パントレセレブル（1994年生：凱旋門賞）
- ブラックホーク（1994年生：安田記念）
- *ストラヴィンスキー（1996年生：ジュライC）
- *ファスリエフ（1997年生：フェニックス賞）

＊は輸入種牡馬。

[種牡馬事典] ノーザンダンサー系

ノーザンダンサー系⑥
ダンチヒ系

レースで結果を残せなかった"未完の大器"ダンチヒは、その秘めた筋力とスピード能力を産駒に遺伝する能力が高い。各国の繁殖牝馬の個性を引き出す柔軟性も高く、欧州や豪州を中心に一大父系を築き上げた。とくにグリーンデザート系、デインヒル系がおおいに繁栄している。

米国流のスピードをベースに欧州・豪州で大きく開花

　ダンチヒの本質は、圧倒的なスピードと2歳戦から活躍できる体力を活かし、短距離適性が高い産駒を出すこと。そこに母系の資質を引き出す柔軟性が加わり、欧州の中距離をこなせる産駒が多数誕生したことで父系が大きく発展した。

　サンデーサイレンス系と比べると、整備された路盤で行われる中距離の芝レースでの瞬発力勝負に見劣る産駒が多い。そのため、日本では欧州ほど父系を発展できない状態。母系を通じ、日本の芝適性が高いサンデーサイレンス系の個性を強く引き継ぐ種牡馬が誕生するかどうかが、日本におけるダンチヒ系の成功のカギとなっている。

ダンチヒ系の系統図

▶ダンチヒ系の特徴

- グリーンデザート〜ケープクロス系は欧州の芝中距離向き。
- デインヒル系は、欧州と豪州で父系を広げている。
- 日本では、ハービンジャーがサンデーサイレンス系牝馬とのニックスで成功している。

1 ダンチヒ(Danzig) 米国型

　一般競走で見せた圧倒的なスピードが認められて種牡馬となった幸運な馬。代表産駒は、1990年代最強スプリンターのディジュール（ナンソープSなど）だが、配合相手の長所を引き出す能力に優れ、BCマイルを連覇したルアーのような一流マイラーも出した。**代を重ねた父系はもはや短距離一辺倒ではなく、力強さやスタミナを備えた万能型に変貌している。**

出生国・出生年・毛色	米国・1977年・鹿毛
競走年齢／競走成績 （勝ち鞍の距離）	2〜3歳／米3戦3勝(1100〜1400m)。北米リーディングサイアー(1991〜1993年)。
父／母（母の父系）	ノーザンダンサー／パドノム（マイナー系）

2 グリーンデザート(Green Dessert) 欧州型

　ダンチヒ産駒として初めて欧州GⅠに勝ち、**短距離向き種牡馬として堅実な成績を残す。**直仔ケープクロスを通じて父系のイメージをクラシックタイプに転換した。母系はヤマニンパラダイス（阪神3歳S）、ノーリーズン（皐月賞）、ワンアンドオンリー（日本ダービー）らと同じコートリーディーケイ系。母の父として、ティーハーフ（函館スプリントS）らにスプリント能力を伝えている。

出生国・出生年・毛色	米国・1983年・鹿毛
競走年齢／競走成績 （勝ち鞍の距離）	2〜3歳／英愛仏米14戦5勝(1000〜1400m)。ジュライCなど。
父／母（母の父系）	ダンチヒ／フォーリンクリア（ターントゥ系）

2-1 ケープクロス(Cape Cross) 欧州型

　母は英愛最優秀2歳牝馬で、母の父アホヌーラ（産駒に英ダービー馬ドクターデヴィアス）は、希少なヘロド系。母系には重厚な欧州型の血脈が取り込まれているが、自身は中級マイラーだった。

　欧州年度代表馬を3頭出してダンチヒ系の適性範囲を広げ、日本では母の父としてダービー馬ロジユニヴァースを出した。直仔ベーカバド

[種牡馬事典] ノーザンダンサー系

（パリ大賞典など仏米11戦6勝）は日本で供用中。

出生国・出生年・毛色	愛国・1994年・黒鹿毛
競走年齢／競走成績 （勝ち鞍の距離）	2〜5歳／英仏米加首19戦5勝(1600m)。ロッキンジSなど。英仏 リーディングサイアー(2009年)。
父／母（母の父系）	グリーンデザート／パークアピール(ヘロド系)

ケープクロスが送り出した欧州年度代表馬

ウィジャボード(Ouija Bord)(2001年生)

　2004年と2006年に選出された。7ヵ国13競馬場の2000〜2400mで、牡馬相手に3年連続GI勝ちを記録した歴史的名牝。2006年ジャパンカップ3着。毎年ビッグネームと交配され、ガリレオとの産駒オーストラリアが2014年の英愛ダービー、英国際Sで3連勝を飾った。

シーザスターズ(Sea the Stars)(2006年生) 欧州型

　2011年選出。母は名牝アーバンシー、半兄は欧州トップサイアーのガリレオ（父サドラーズウェルズ）。史上初めて3歳で英2000G、英ダービー、凱旋門賞に勝ち、GI6連勝を記録した。種牡馬としても偉大な兄を追う。

ゴールデンホーン(Golden Horn)(2012年生) 欧州型

　2015年選出。母の父がマイラーのドバイディスティネーション（父キングマンボ）で、配合的にはマイラー色が濃いが、2000m以上で優れたパフォーマンスを発揮した。2016年から英国で供用。

ケープクロス
- ウィジャボード（2001年・牝：英愛オークス）
- シーザスターズ（2006年：凱旋門賞、英ダービー）
  - タグルーダ（2011年・牝：キングジョージ、英オークス）
  - ハーザンド（2013年：英愛ダービー）
- ゴールデンホーン（2012年、凱旋門賞、英ダービー）

3 デインヒル（Danehill） 欧州型

　母の父ヒズマジェスティは、セントサイモン系の主流血統の１つである**リボーの直仔。スタミナと馬力を伝える種牡馬として成功し、デインヒルもそうした特徴を受け継いでいる。**祖母がノーザンダンサーの半妹で、ノーザンダンサーの母ナタルマの３×３のインブリードを持つ。

　自身は1200mのGⅠに勝っただけだが、オセアニアへのシャトル種牡馬の草分けとして大成功。2005〜2007年にはサドラーズウェルズを抑えて英愛リーディングサイアーとなり、オーストラリアでも９回リーディングサイアーとなった。後継馬の１頭コディアックは2017年、２歳戦で53頭の勝ち馬を出し、世界記録を更新した。

出生国・出生年・毛色	米国・1986年・鹿毛
競走年齢／競走成績 （勝ち鞍の距離）	２〜３歳／英愛仏９戦４勝（1200〜1400m）。スプリントCなど。英愛リーディングサイアー（2005〜2007年など）。
父／母（母の父系）	ダンチヒ／レイジアーナ（セントサイモン系）

日本では他国での大成功に比べて低調

☑ 自慢のスタミナや馬力が日本では足かせに

　デインヒルは日本でも1996年に１年だけ供用されたが、大物産駒には恵まれず、他国での成功に比べると見劣りする。デザートキング（愛ダービーなど）や、ロックオブジブラルタル（GⅠ７連勝でミルリーフの記録を更新）という大物の直仔種牡馬も苦戦した。

　日本の芝中距離では伸びのあるトップスピード能力が求められるが、それは欧州や豪州での産駒が武器としたスタミナや馬力とは相反する。それが日本でのみ不振を招いた一因だろう。

☑ 母の父としてパワー強化に貢献

　母の父としては、14戦無敗の名馬フランケル（父ガリレオ）、凱旋門賞などGⅠ５勝のデインドリーム（父ロミタス）などの名馬を輩出。日本でもエイジアンウインズ（ヴィクトリアマイル）、フェノーメノ（天皇賞春２回）、サトノアレス（朝日杯FS）などを出し、**絶対的な筋力や２歳戦から戦える体力を強化する血となっている。**

激走馬を見抜く

血統の基礎知識

血統と馬の能力

レース条件別予想

種牡馬事典

血統の歴史と未来

[種牡馬事典] ノーザンダンサー系

3-1 リダウツチョイス（Redaute's Choice）欧州型

　デインヒルの直仔で、1200〜1600mの豪GⅠ4勝馬。産駒がオセアニアのクラシックで活躍して通算3度リーディングサイアーとなり、オセアニアのダンチヒ系の基礎を固めた。後継種牡馬のスニッツェルと豪リーディングサイアーの1・2位を独占（2013／2014シーズン）したこともある。

出生国・出生年・毛色	豪国・1996年・鹿毛
競走年齢／競走成績 （勝ち鞍の距離）	3〜4歳／豪10戦5勝(1100〜1600m)。コーフィールドGなど。
父／母（母の父系）	デインヒル／シャンタツチョイス(ハンプトン系)

3-2 ファストネットロック（Fastnet Rock）欧州型

　デインヒルの直仔で、豪州のGⅠスプリンター。種牡馬としては、英チャンピオンSのファシネイティングロック、英オークスのクオリファイ、マンノウォーSのズコヴァなど、欧米でGⅠ馬を輩出。オセアニアではマイル以下を主戦場に、2度リーディングサイアーになっている。

出生国・出生年・毛色	豪国・2001年・鹿毛
競走年齢／競走成績 （勝ち鞍の距離）	3〜4歳／豪19戦6勝(1000〜1200m)。ライトニングSなど。
父／母（母の父系）	デインヒル／ピカデリーサーカス(ニジンスキー系〜ノーザンダンサー系)

3-3 ハービンジャー（Harbinger）欧州型

　クラシックは不出走だったが4歳で本格化し、3連勝で挑んだキングジョージで、英ダービー馬ワークフォースらに11馬身差をつけ、コースレコード（2分26秒78）で圧勝。2011年から日本で供用されて3世代目で大ブレイク、4世代目のブラストワンピースが有馬記念に優勝した。

　上級馬の多くは母父がサンデーサイレンス系・キングマンボ系で、日本競馬への親和性が極めて高く、日本における新世代のノーザンダンサー系として存在感を示している。繁殖牝馬の選定や育成ノウハウの積み重ねにより、さらなる成功が期待できる。

出生国・出生年・毛色	英国・2006年・鹿毛
競走年齢／競走成績 （勝ち鞍の距離）	3〜4歳／英9戦6勝（2100〜2700m）。キングジョージなど。
父／母（母の父系）	ダンシリ／ペナンパール（ネイティヴダンサー系）
血統のポイント	▶平均勝距離：芝1893m／ダート1700m ▶芝／ダート：93%／7% 父ダンシリの本質は広いコースの馬力勝負で、広くて差しの決まる馬場が合う。高速小回りの前残り馬場は苦手だが、外差しが決まる馬場は向く。中山2000mの京成杯で2勝。

4-1 チーフズクラウン（Chief's Crown） 米国型

芝の活躍馬も多く出したマルチ種牡馬。母は米3冠馬セクレタリアト×ニューヨーク牝馬3冠クリスエバートという良血馬。前哨戦に強く、本番で惜敗する詰めの甘さがあったが、欧州型の芝の一流馬を出した。

日本では母の父として、アグネスデジタル（天皇賞秋など）、ゴールドティアラ（ユニコーンS）、ディープスカイ（日本ダービー、NHKマイルC）を輩出し、近年は京都芝外回りGIで活躍が目立つ。

出生国・出生年・毛色	米国・1982年・鹿毛
競走年齢／競走成績 （勝ち鞍の距離）	2〜3歳／米21戦12勝（1100〜2000m）。。BCジュヴェナイル、ホープフルS、トラヴァーズSなど。
父／母（母の父系）	ダンチヒ／シックスクラウンズ（ボールドルーラー系〜ナスルーラ系）

4-2 チーフベアハート（Chief Bearhart） 米国型

父チーフズクラウン。産駒はステイヤーのマイネルキッツ（天皇賞春）から、スプリンターのビービーガルダン（スプリンターズS2着）まで多才。**芝ダートの二刀流や、芝の京都のようなスピード持続性勝負に強い血である。**

出生国・出生年・毛色	加国・1993年・栗毛
競走年齢／競走成績 （勝ち鞍の距離）	2〜5歳／米日26戦12勝（1600〜2400m）。BCターフ、マンハッタンHなど。北米最優秀芝牡馬（1997年）。
父／母（母の父系）	チーフズクラウン／アメリアベアハート （ボールドルーラー系〜ナスルーラ系）

[種牡馬事典] ノーザンダンサー系

4-3 ハードスパン(Hard Spun) 米国型

　ダンヒのラストクロップ。大レースでは2〜4着と勝ち味に遅かっ
たが、米豪と南アフリカでGⅠ馬を輩出。日本でもサマリーズが全日本
2歳優駿に勝ち、1シーズン限定産駒は2017年デビュー。**実績通り、
ダンヒ産駒らしいスピードを伝えられれば2歳戦から注目できる。**

出生国・出生年・毛色	米国・2004年・鹿毛
競走年齢／競走成績 （勝ち鞍の距離）	2〜3歳／米13戦7勝(1100〜1800m)。キングビショップSなど。
父／母（母の父系）	ダンヒ／ターキッシュトライスト （レイズアネイティヴ系〜ネイティヴダンサー系）

☑ **ダンヒ系の主な種牡馬・活躍馬**
　グリーンデザート系
- ●**ケープクロス**（1994年生：ロッキンジS）
- ●**ウィジャボード**（2001年生・牝：英愛オークス）
- ●**シーザスターズ**（2006年生：英ダービー、凱旋門賞）
- ●**ハーザンド**（2013年生：英愛ダービー）
- ●***ベーカバド**（2007年生：パリ大賞典）
- ●**ゴールデンホーン**（2012年生：英ダービー、凱旋門賞）
- ●**インヴィンシヴルスピリット**（1997年生：英スプリントC）
- ●**ロウマン**（2004年生：仏ダービー）

　デインヒル系
- ●**デインヒルダンサー**（1993年生：愛フェニックスS）
- ●**フェアリーキングプローン**（1995年生：安田記念）
- ●**リダウツチョイス**（1996年生：コーフィールドG）
- ●**ダンシリ**（1996年生：仏GⅡミュゲ賞）
- ●***ハービンジャー**（2006年生：キングジョージ）
- ●**ディアドラ**（2014年生・牝：秋華賞）
- ●**ペルシアンナイト**（2014年生：マイルCS）
- ●**モズカッチャン**（2014年生・牝：エリザベス女王杯）
- ●**ブラストワンピース**（2015年生：有馬記念）

- ***ロックオブジブラルタル**（1999年生：英愛2000G）
- **ファインモーション**（1999年生・牝：エリザベス女王杯）
- **ファストネットロック**（2001年生：ライトニングS）
- **ノースライト**（2001年生：英ダービー）
- **ジョージワシントン**（2003年：英2000G）
- **ディラントーマス**（2003年生：凱旋門賞）
- **デュークオブマーマレード**（2004年生：キングジョージ）

その他

- **チーフズクラウン**（1982年生：BCジュヴェナイル）
- ***エルハーブ**（1991年生：英ダービー）
- **グランドロッジ**（1991年生：セントジェームズパレスS）
- **シンダー**（1997年生：英愛ダービー、凱旋門賞）
- ***チーフベアハート**（1993年生：BCターフ）
- **マイネルレコルト**（2002年生：朝日杯FS）
- **メルシーエイタイム**（2002年生：中山大障害）
- **ビービーガルダン**（2004年生：GⅢ阪急杯）
- **マイネルキッツ**（2003年生：天皇賞春）
- **コンチェルト**（1994年生：米GⅡジムビームS ）
- **ベラミーロード**（2002年生：ウッドメモリアルS）
- ***トビーズコーナー**（2008年生：ウッドメモリアルS）
- **ポリッシュプレジデント**（1986年生：ジャックルマロワ賞）
- ***ピルサドスキー**（1992年生：BCターフ）
- ***アジュディケーティング**（1987年生：シャンペンS）
- **アジュディミツオー**（2001年生：東京大賞典2回）
- **ヤマニンパラダイス**（1992年生・牝：阪神3歳牝馬S）
- **アナバー**（1992年生：ジュライC）
- **ゴルディコヴァ**（2005年生・牝：BCマイル3連覇）
- **ラングフール**（1992年生：ヴォスバーグS）
- **アポロケンタッキー**（2012年生：東京大賞典）
- **アグネスワールド**（1995年生：ジュライC）
- ***ハードスパン**（2004年生：キングビショップS）
- **サマリーズ**（2010年生・牝：全日本2歳優駿）

* は輸入種牡馬。

[種牡馬事典] ノーザンダンサー系

ノーザンダンサー系⑦
ストームバード系

超良血馬ストームバードに始まる血統だが、実質的な始祖は直仔のストームキャット。2歳の高額賞金レースが多い北米で、仕上がりの早さを武器に一大父系を築き、クラシックレースなどで好走。ヨーロッパでも牝系から欧州型の血を取り込んで、欧州のレース条件にも対応しつつある。

早熟さとスピードがベースで日本でも拡大中

　北米の小回りコースでスピードとパワーを発揮する父系で、仕上がりも早く2歳戦に強い。配合次第で長い距離もこなし、一部はヨーロッパの芝でも好走している。**日本では2歳戦に強く、ダートや芝の短距離適性が高い。**母の父として、ダービー馬キズナ（父ディープインパクト）を輩出するなど、繁殖牝馬の血としても注目を集める。

　父系としても**2歳戦適性の高さとスピード、パワーが注目を集め、勢力を徐々に拡大中。**2017年に導入されたヘニーヒューズは、日本でもすでにGⅠ馬を出した。世界的名種牡馬スキャットダディの父ヨハネスブルグも、さらなる活躍が期待されている。

ストームバード系の系統図

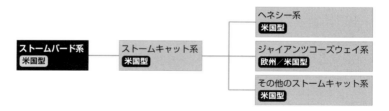

▶ストームバード系の特徴

- 基本は2歳戦、短距離ダート適性が高い。新馬にも強いが、古馬混合の芝中距離適性は見劣る。
- 母系の配合次第では、芝適性の高いタイプにも徐々にシフトできる。
- 馬格のあるパワフルな馬を出しやすい。
- ジャイアンツコーズウェイは、欧州の芝マイル適性が高い血統にシフト。

1 ストームバード(Storm Bird) 米国型

　1歳落札価格が100万ドル（約70億円）の良血馬。母の父ニュープロヴィデンスは、ニジンスキーの母の父であるブルページ産駒なので、ストームバードとニジンスキーはよく似た配合となっている。

　2歳戦で5戦5勝した能力をすべて見せることなく、故障で引退したが、種牡馬としては大成功。初期の活躍馬は牝馬にかたよっていたが、ストームキャットが人気種牡馬となって面目を保った。日本では母の父として、ウインバリアシオン（青葉賞）などを出している。

出生国・出生年・毛色	加国・1978年・鹿毛
競走年齢／競走成績 （勝ち鞍の距離）	2～3歳／愛英仏6戦5勝(1200～1600m)。デューハーストSなど。
父／母（母の父系）	ノーザンダンサー／サウスオーシャン（マイナー系）

2 ストームキャット(Storm Cat) 米国型

　ストームバード系を欧米に広げた優秀な2代目で、同父系はストームキャットを起点に枝分かれしていく。祖母クリムゾンセイントは800m（4F）の世界レコードホルダー、おじにロイヤルアカデミーII（BCマイル）がいる。母系からもスピードを受け継ぎ、2歳戦に強く、北米ダートと欧州の芝で実績を積み、ストームバード系をノーザンダンサー系の主流の1つに押し上げた。

出生国・出生年・毛色	米国・1983年・黒鹿毛
競走年齢／競走成績 （勝ち鞍の距離）	2～3歳／米8戦4勝(1200～1700m)。ヤングアメリカSなど。北米リーディングサイアー（1999～2000年）。
父／母（母の父系）	ストームバード／テルリングァ（ボールドルーラー系～ナスルーラ系）
母の父としての 代表産駒	・アユサン（桜花賞） ・キズナ（日本ダービー） ・ラキシス（エリザベス女王杯） ・エイシンヒカリ（香港C、イスパーン賞） ・サトノアラジン（安田記念） ・リアルスティール（ドバイ・ターフ） ・ファレノプシス（桜花賞、秋華賞、エリザベス女王杯） ・メイショウボーラー（フェブラリーS） ・ロードカナロア（香港スプリント2回、スプリンターズS2回、安田記念、高松宮記念）

[種牡馬事典] ノーザンダンサー系

3　ヘネシー（Hennessy）[米国型]

　自身は２歳で燃え尽きた超早熟型。2001年の北米２歳リーディングサイアーで、**産駒は２歳戦オンリーではなく、距離もマイルまでこなす。**

出生国・出生年・毛色	米国・1993年・栗毛
競走年齢／競走成績 （勝ち鞍の距離）	２歳／米９戦４勝（1000〜1400m）。北米ホープフルSなど。
父／母（母の父系）	ストームキャット／アイランドキティ（マイナー系）

3-1　ヨハネスブルグ（Johannsburg）[米国型]

　おじのテイルオブザキャット（米GⅡ勝ち）も、ストームキャット系種牡馬として活躍。ヨハネスブルグ自身は、２歳時に欧米GⅠ４連勝を含む７戦全勝。芝とダートのGⅠに勝利した点も魅力。後継種牡馬スキャットダディは11歳で急死したが、69頭のステークスウイナーを出し、世界的な評価は高い。日本での勝ち上がり率も高く、芝ダートともに走れる。受胎率さえ高ければ、もっと高く評価される種牡馬だろう。

出生国・出生年・毛色	米国・1999年・鹿毛
競走年齢／競走成績 （勝ち鞍の距離）	２〜３歳／英愛仏米10戦７勝（1000〜1700m）。BCジュヴェナイルなど。欧州最優秀２歳牡馬（2001年）、北米最優秀２歳牡馬（2001年）。
父／母（母の父系）	ヘネシー／ミス（マイナー系）

3-2　ヘニーヒューズ（Henny Hughes）[米国型]

　ヘネシー産駒で、２歳６月から３連勝後、GⅠで３戦連続２着。３歳７月からスプリント戦で３連勝した。

　オーストラリアに移籍した直後に娘のビホルダーが大活躍（BCジュヴェナイルF、BCディスタフなどGⅠ11勝）し、2014年から日本で供用。輸入前の産駒から複数の重賞ウイナーが出ていたうえに、来日直前にアジアエクスプレスが朝日杯FSを勝ち、さらに注目が集まった。

　モーニン（フェブラリーS）も輸入前の産駒で、真価が問われるのは日本生まれの産駒がデビューする2017年以降だが、**芝ダートを問わず２歳戦に向き、同父のヨハネスブルグより勝負強さが見られる。**

出生国・出生年・毛色	米国・2003年・栗毛
競走年齢／競走成績 （勝ち鞍の距離）	2〜3歳／米10戦6勝（1000〜1400m）。キングズビショップS、ヴォスバーグSなど。
父／母（母の父系）	ヘネシー／メドウフライヤー（セントサイモン系）

4 ジャイアンツコーズウェイ（Giant's Causeway） 米国型

先行して他馬を競り落とし、並んだら抜かせない勝負根性で英愛の芝GⅠを6勝。生涯連対率は100％で、「Iron Horse（鉄馬）」と称された。種牡馬としても数多くのGⅠウイナーを出してストームバード系の主流となり、北米リーディングサイアーを3度、北米2歳リーディングサイアーを2度獲得している。

出生国・出生年・毛色	米国・1997年・栗毛
競走年齢／競走成績 （勝ち鞍の距離）	2〜3歳／英愛仏米13戦9勝（1200〜2100m）。セントジェームズパレスS、エクリプスS、サセックスS、英国際S、愛チャンピオンSなど。欧州年度代表馬（2000年）。北米リーディングサイアー（2009〜2010年、2012年）。
父／母（母の父系）	ストームキャット／マリアズストーム（レッドゴッド系〜ナスルーラ系）

4-1 シャマーダル（Shamardal） 欧州型

母はストリートクライの全姉、祖母は愛オークス馬で、近親にネオユニヴァース（日本ダービー）がいる。仏2000Gと仏ダービーの連覇は44年ぶりの快挙だったが、2年目産駒のロベデヴェガであっさり父子制覇を達成した。母系から欧州型の血を取り込んで、欧州型ノーザンダンサー系種牡馬として父以上に広いカテゴリーに対応し、欧州で父系を広げている。

出生国・出生年・毛色	米国・2002年・鹿毛
競走年齢／競走成績 （勝ち鞍の距離）	2〜3歳／英仏首7戦6勝（1200〜2100m）。仏2000G、仏ダービーなど。欧州最優秀2歳牡馬（2004年）。
父／母（母の父系）	ジャイアンツコーズウェイ／ヘルシンキ （マキャヴェリアン系〜ミスタープロスペクター系）

[種牡馬事典] ノーザンダンサー系

5-1 テイルオブザキャット（Tale of the Cat）米国型

　父ストームキャット。3歳デビューで中距離までこなしたことは、この父系においては希少価値がある。おいにヨハネスブルグ、いとこにプルピットがいる。

出生国・出生年・毛色	米国・1994年・黒鹿毛
競走年齢／競走成績 （勝ち鞍の距離）	3〜4歳／米9戦5勝（1400〜1700m）。キングスビショップS（米GⅡ＝当時）など。
父／母（母の父系）	ストームキャット／ヤーン（ミスタープロスペクター系）

5-2 バーンスタイン（Bernstein）米国型

　父ストームキャット。アイルランドのGⅢ2勝馬ながら、アルゼンチンのリーディングサイアーとなった。持込馬カラコンティ（母の父サンデーサイレンス）は仏調教馬として仏2000GとBCマイルに勝ち、2016年から米国で供用されている。

出生国・出生年・毛色	米国・1997年・鹿毛
競走年齢／競走成績 （勝ち鞍の距離）	2〜3歳／英愛米8戦4勝（1200〜1400m）。コンコルドS（愛GⅢ）、レイルウェイS（愛GⅢ）など。
父／母（母の父系）	ストームキャット／ラアファームド （レイズアネイティヴ系〜ネイティヴダンサー系）

5-3 ディスクリートキャット（Discreet Cat）米国型

　父はストームキャット産駒のフォレストリー（キングスビショップS）。シガーマイルHでタイ・レコードをマークしたスピードが持ち味で、米国ではダートと芝でGⅠウイナーを出している。

出生国・出生年・毛色	米国・2003年・鹿毛
競走年齢／競走成績 （勝ち鞍の距離）	2〜4歳／米首9戦6勝（1200〜1800m）。シガーマイルH、UAEダービー（首GⅡ）など。
父／母（母の父系）	フォレストリー／プリティディスクリート（マイナー系）

☑ ストームバード系の主な種牡馬・活躍馬

ヘネシー系

- ●***ヨハネスブルグ**（1999年生：BCジュヴェナイル）
- ●**ホウライアキコ**（2011年生・牝：GⅢデイリー杯2歳S）
- ●**サンライズバッカス**（2002年生：フェブラリーS）
- ●***ヘニーヒューズ**（2003年生：キングスビショップS）
- ●**ビホルダー**（2010年生・牝：BCディスタフ2回）
- ●**アジアエクスプレス**（2011年生：朝日杯3歳S）
- ●**モーニン**（2012年生：フェブラリーS）

ジャイアンツコーズウェイ系

- ●**シャマーダル**（2002年生：仏ダービー）
- ●**ロベデヴェガ**（2007年生：仏ダービー）
- ●**スズカコーズウェイ**（2004年生：GⅡ京王杯SC）
- ●**エイシンアポロン**（2007年生：マイルCS）
- ●***エスケンデレヤ**（2007年生：ウッドメモリアルS）

その他

- ●**ハーラン**（1989年生：ヴォスバーグS）
- ●**ハーランズホリディ**（1999年生：フロリダダービー）
- ●**エーシンフォワード**（2005年生：マイルCS）
- ●***タバスコキャット**（1991年生：ベルモントS）
- ●**テイルオブザキャット**（1994年生：北米GⅡキングスビショップS）
- ●**ジオポンティ**（2005年生：米芝GⅠ7勝）
- ●**テイルオブエカティ**（2005年生：ウッドメモリアルS）
- ●**フォレストリー**（1996年生：キングスビショップS）
- ●**ディスクリートキャット**（2003年生：シガーマイルH）
- ●**キャットシーフ**（1996年生：BCクラシック）
- ●**バーンスタイン**（1997年生：愛GⅢコンコルドS）
- ●**ゴスホークケン**（2005年生：朝日杯FS）
- ●**カラコンティ**（2011年生：BCマイル）
- ●***スタチューオブリバティ**（2000年生：英GⅢコヴェントリーS）

＊は輸入種牡馬。

[種牡馬事典] ノーザンダンサー系

ノーザンダンサー系⑧
サドラーズウェルズ系

現役時代は同馬主・同厩舎のエルグランセニョールの2番手扱いだったが、種牡馬になるや通算14回も英愛リーディングサイアーとなった。産駒はヨーロッパの2000〜2400mを得意として大レースを勝ちまくり、ガリレオ、モンジューという優れた後継馬を得て、欧州最大の父系の座を維持している。

欧州でノーザンダンサー系の王道を守る

欧州の自然の地形を活かしたコースでも減速しない馬力と底力が持ち味。一方、整備が行き届いた日本の芝コースでは、それほど馬力や底力を求められないため、サンデーサイレンス系に遅れをとっている。

日本ではスピード不足で父系としては苦戦しているが、日本の芝適性が高いターントゥ系や欧州型ミスタープロスペクター系（キングマンボ系など）の血を取り込めれば、成功する可能性はある。

サドラーズウェルズ系の系統図

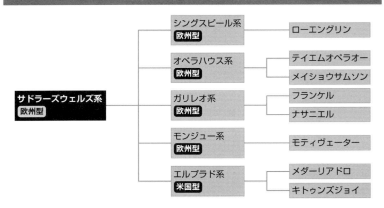

▶サドラーズウェルズ系の特徴

- スタミナと馬力が豊富で、欧州の大レースに強い。
- 日本の高速馬場では、スピードの絶対値や瞬発力が不足。
- 日本では、芝の道悪のような力のいる馬場で台頭する。

- 日本でも母の父、祖母の父として底力のある活躍馬を輩出。
- 直仔よりも代を重ねた種牡馬のほうが日本に適応しやすい。

1 サドラーズウェルズ（Sadler's Wells） 欧州型

　同じ母系からはフェアリーキング（全弟）、ヌレイエフ（おじ）など、ノーザンダンサー系の大種牡馬が出ている。自身の最長勝ち距離は2000mだが、**産駒は2000m以上で強さを発揮**。ただし、不思議と英ダービーに勝てず、初制覇は13世代目のガリレオである。

　芝向きの中長距離血統で成長力もあるが、日本で良績があるのは、オペラハウスとその産駒であるメイショウサムソン、テイエムオペラオー。あるいはシングスピール産駒のローエングリンと、さらにその産駒ロゴタイプ。今後は、エルプラドの系統にも期待を寄せたい。なお、モーリスの母の父はサドラーズウェルズ系のカーネギーなので、モーリスはサドラーズウェルズの血を日本に残す一役も担うことになる。

　近年は母系に入って**底力やスタミナを補強し**、サンデーサイレンス系の祖母の父（皐月賞勝ちのディーマジェスティ、天皇賞秋勝ちのスピルバーグ、秋華賞勝ちのレッドディザイアなど）として存在感を発揮中。

出生国・出生年・毛色	米国・1981年・鹿毛
競走年齢／競走成績（勝ち鞍の距離）	2〜3歳／英仏11戦6勝(1400〜2000m)。愛2000G、エクリプスSなど。英愛リーディングサイアー（1990年・1992〜2004年）、仏リーディングサイアー（1993〜1994年、1999年）。
父／母（母の父系）	ノーザンダンサー／フェアリーブリッジ(ターントゥ系)
母の父としての代表産駒（日本）	・フサイチコンコルド(日本ダービー) ・エルコンドルパサー(NHKマイルC、ジャパンカップ、サンクルー大賞) ・ヘヴンリーロマンス(天皇賞秋) ・シーザリオ(オークス、アメリカンオークス) ・アンライバルド(皐月賞) ・エイシンアポロン(マイルCS)

2 シングスピール（Singspiel） 欧州型

　父インザウイングスはサドラーズウェルズの直仔で、BCターフなど米仏GI3勝。母グロリアスソングは、父がサンデーサイレンスと同じヘイローを持つスピード馬。サンデーサイレンスと同じく、日本の人工

[種牡馬事典] ノーザンダンサー系

的な芝コースへの適性が高い名牝だ。

シングスピール自身も、同じく人工的な馬場への適性が高い。ジャパンカップとドバイ・ワールドカップの優勝がそれを物語る。母の父としても、「つくられた競馬場」で必要なスピードを強化する役割を担い、シンハライトやローブティサージュを出している。

出生国・出生年・毛色	愛国・1992年・鹿毛
競走年齢／競走成績 （勝ち鞍の距離）	2～5歳／英仏米日首21戦10勝（1400～2400m）。ジャパンカップ、ドバイ・ワールドカップなど。北米最優秀芝牡馬（1996年）。
父／母（母の父系）	インザウイングス／グロリアスソング（ヘイロー系～ターントゥ系）

2-1 ローエングリン 欧州型

父シングスピール。仏オークス馬の母カーリング産駒のうち、ローエングリン、リベルタス、エキストラエンドはいずれも30戦以上しながら重賞でも好走する「無事これ名馬」ファミリー。

代表産駒のロゴタイプ（朝日杯FS、皐月賞、安田記念）も日首香でタフに戦い続けた。**産駒は日本の軽い芝への適性が高く、テンからスピードの持続性を要求されるレースパターンを得意とする産駒が多い。**

出生国・出生年・毛色	日本・1999年・栗毛
競走年齢／競走成績 （勝ち鞍の距離）	2～8歳／日仏香48戦10勝（1600～2200m）。マイラーズC2回、中山記念2回など。
父／母（母の父系）	シングスピール／カーリング（ネヴァーベンド系～ナスルーラ系）

3 オペラハウス（Opera House） 欧州型

自身は使われながら4歳で本格化し、5歳でGⅠを制した晩成の全欧古馬王者。母は愛オークス馬、母の父ハイトップは英2000G勝ち馬で母の父として定評がある。テイエムオペラオーやメイショウサムソンを出し、サドラーズウェルズ系で唯一、日本で成功した血統といえる。

出生国・出生年・毛色	英国・1998年・鹿毛
競走年齢／競走成績 （勝ち鞍の距離）	2～5歳／英愛仏米18戦8勝（1400～2400m）。キングジョージ、エクリプスS、コロネーションCなど。欧州最優秀古馬（1993年）。
父／母（母の父系）	サドラーズウェルズ／カラースピン（マイナー系）

3-1 テイエムオペラオー 欧州型

　4歳時は古馬の王道を歩んで、GI5勝を含む8戦全勝、翌年には天皇賞春を連覇して、GI7勝を達成した。母の父は現代競馬にとっては重い血統のブラッシンググルーム（ネヴァーベンド系）で、4歳で本格化したサドラーズウェルズ系らしさが種牡馬としてはマイナスに働く。

出生国・出生年・毛色	日本・1996年・栗毛
競走年齢／競走成績 （勝ち鞍の距離）	2～5歳／日26戦14勝（1800～3600m）。皐月賞、天皇賞春2回、宝塚記念、天皇賞秋、ジャパンカップ、有馬記念など。JRA年度代表馬（2000年）、JRA最優秀3歳・4歳以上牡馬（1999～2000年）。
父／母（母の父系）	オペラハウス／ワンスウエド（レッドゴッド系～ナスルーラ系）

3-2 メイショウサムソン 欧州型

　クラシックでも古馬の王道路線でも好走した点は、テイエムオペラオーとよく似ている。母が日本適性の高いリファール系×プリンスリーギフト系で、**産駒にはジリ脚タイプや重巧者も多く、いろいろ注文はつくが、上がりのかかる馬場やスタミナ勝負を得意とするセールスポイントを活かして産駒が重賞を制覇。**GIでも大穴馬券を演出した。

　初重賞勝ちは2歳重賞（アルテミスS勝ちのデンコウアンジュ）だったが、牡馬として初重賞ウイナーとなったルミナスウォリアー（函館記念）は6歳の遅咲き。**じっくりと力をつけて勝ち上がる産駒も多い。**

出生国・出生年・毛色	日本・2003年・鹿毛
競走年齢／競走成績 （勝ち鞍の距離）	2～5歳／日仏27戦9勝（1600～3200m）。皐月賞、日本ダービー、天皇賞春秋など。JRA最優秀3歳牡馬（2006年）、JRA特別賞（2007年）。
父／母（母の父系）	オペラハウス／マイヴィヴィアン（リファール系～ノーザンダンサー系）

4 ガリレオ（Galileo） 欧州型

　英愛リーディングサイアー×凱旋門賞馬という超豪華配合で、半弟に英ダービーや凱旋門賞などGI6勝のシーザスターズ（父ケープクロス）がいる。欧州クラシックの王道を歩み、史上2頭目、ニジンスキー

[種牡馬事典] ノーザンダンサー系

以来31年ぶりに英愛ダービーとキングジョージを制した。

　種牡馬としても大成功し、2008年以降、デインヒルサンダーが1位になった2009年を除いて英愛リーディングサイアーに君臨。サドラーズウェルズ系の個性が強く出ると、日本では厳しい。ただし、母の父がミスワキなので、**同父系で似た能力を秘めるキングマンボ系のような個性を引き出せれば、日本に適応する後継種牡馬が出る可能性はある。**

出生国・出生年・毛色	愛国・1998年・鹿毛
競走年齢／競走成績 （勝ち鞍の距離）	2〜3歳／愛英米8戦6勝（1600〜2420m）。英愛ダービー、キングジョージなど。欧州最優秀3歳牡馬（2001年）。英愛リーディングサイアー（2008年、2010〜2017年）。
父／母（母の父系）	サドラーズウェルズ／アーバンシー（ミスタープロスペクター系）

4-1　フランケル（Frankel）欧州型

　GⅠ10勝を含む14勝のほとんどが楽勝の「怪物」。全弟ノーブルミッションもGⅠを3勝し、「ガリレオ×デインヒル系牝馬」は黄金配合とされる。産駒のGⅠ初勝利は、日本のソウルスターリング（阪神JF）。日本での出走馬もそれなりに増えそうだが、繁殖牝馬と育成牧場、厩舎によって距離適性や得意条件が変わりそう。ソウルスターリングは、母がドイツの欧州型スタミナ血統。管理した藤沢和雄厩舎は、昔から欧州のマル外血統を東京芝でタメを効かせて走らせる名人。

出生国・出生年・毛色	英国・2008年・鹿毛
競走年齢／競走成績 （勝ち鞍の距離）	2〜4歳／英14戦14勝（1400〜2100m）。英2000G、英チャンピオンS、インターナショナルS、サセックスS2回、クイーンエリザベスⅡS、セントジェームズパレスS、クイーンアンS、ロッキンジS、デューハーストSなど。欧州最優秀2歳・3歳・古馬牡馬（2010〜2012年）、欧州年度代表馬（2011〜2012年）。
父／母（母の父系）	ガリレオ／カインド（ダンチヒ系〜ノーザンダンサー系）

4-2　ナサニエル（Nathaniel）欧州型

　競走成績は同年齢のフランケルに及ばないが、スタミナと闘争心に優れ、2400mを得意とした。初年度産駒のエネイブルはGⅠ5連勝で凱旋門賞を制し、2017年欧州年度代表馬に選ばれている。

出生国・出生年・毛色	愛国・2008年・鹿毛
競走年齢／競走成績 （勝ち鞍の距離）	2～4歳／英愛11戦4勝(2100～2400m)。キングジョージ、エクリプスSなど。
父／母（母の父系）	ガリレオ／マグニフィセントスタイル(ロベルト系～ターントゥ系)

5 モンジュー(Montjeu) 欧州型

凱旋門賞でエルコンドルパサーを差し切った馬力とスタミナを武器に、ヨーロッパのGIを6勝した。残した12世代から4頭の英ダービー馬（モティヴェーター、オーソライズド、プールモア、キャメロット）を輩出した。**日本では、重い芝の中長距離限定になる。**

出生国・出生年・毛色	愛国・1996年・鹿毛
競走年齢／競走成績 （勝ち鞍の距離）	2～4歳／英愛仏日16戦11勝(1600～2400m)。凱旋門賞、キングジョージ、仏愛ダービー、タタソールズGC、サンクルー大賞など。欧州最優秀3歳牡馬(1999年)、仏リーディングサイアー(2005年)。
父／母（母の父系）	サドラーズウェルズ／フロリペーデ(マイナー系)

5-1 モティヴェーター(Motivator) 欧州型

36年ぶりに凱旋門賞を連覇した歴史的名牝トレヴの父となり、父モンジューの評価を高めたが、牡馬の大物はまだ出ていない。**日本での好走条件は時計のかかる、重い芝の中長距離に限られる。**

出生国・出生年・毛色	英国・2002年・鹿毛
競走年齢／競走成績 （勝ち鞍の距離）	2～3歳／英愛仏7戦4勝(1600～2420m)。英ダービーなど。
父／母（母の父系）	モンジュー／アウトウエスト(ミスタープロスペクター系)

6 エルプラド(El Prado) 米国型

英ダービー馬×愛1000Gのクラシック配合だが、実績はアイルランド限定の早熟スプリンター。それがサドラーズウェルズ直仔として初めて北米で供用されると、2002年に北米リーディングサイアーとなり、米国型サドラーズウェルズ系の起点となる。成功の要因は、母系から米

[種牡馬事典] ノーザンダンサー系

国の血を取り入れ、**米国のダートで要求されるテンから持続力を産駒に伝えられたことにある。**

出生国・出生年・毛色	愛国・1989年・芦毛
競走年齢／競走成績 （勝ち鞍の距離）	2〜3歳／英愛仏9戦4勝（1200〜1600m）。愛ナショナルSなど。北米リーディングサイアー（2002年）。
父／母（母の父系）	サドラーズウェルズ／レディキャプレット（ターントゥ系）

6-1 メダーリアドロ（Medaglia D'Oro）米国型

　父エルプラド。母系は米国指向が強く、自身や産駒も米国ダート路線で活躍。米GI5勝のレイチェルアレクサンドラ（2009年北米年度代表馬）などを出した。2歳世界最高賞金額のゴールデンスリッパーS（豪州）勝ち馬ヴァンクーヴァーを出すなど、**スプリント適性、2歳戦適性も高い。**2017年のBCターフ（芝2400m）ではタリスマニックがレコード勝ちし、芝適性も示した。日本の芝に適性を見せる系統への発展も期待される。

出生国・出生年・毛色	米国・1999年・黒鹿毛
競走年齢／競走成績 （勝ち鞍の距離）	2〜5歳／米首17戦8勝（1200〜2000m）。トラヴァーズSなど。
父／母（母の父系）	エルプラド／カプチノベイ（マイナー系）

6-2 キトゥンズジョイ（Kittens' Joy）米国型

　父エルプラド。9勝すべてを芝（うちGI2勝）であげた北米芝牡馬チャンピオン。**産駒はほぼ芝専用で、ブリーダーズカップのターフレースに強く、距離の適性も幅広い。**それがダート主体のアメリカでリーディングサイアー・ランキング上位の常連となり、2013年には首位を獲得。米国型ノーザンダンサー系を広げ、日本の芝でも重賞勝ち馬を出している。

出生国・出生年・毛色	米国・2001年・栗毛
競走年齢／競走成績 （勝ち鞍の距離）	2〜4歳／米14戦9勝（1600〜2400m）。セクレタリアトS、ターフクラシック招待Sなど。北米最優秀芝牡馬（2004年）。
父／母（母の父系）	エルプラド／キトゥンズファースト（ロベルト系〜ターントゥ系）

☑ サドラーズウェルズ系の主な種牡馬・活躍馬

シングスピール系
- アサクサデンエン（1999年生：安田記念）
- ローエングリン（1999年生：GⅡ中山記念2回）
- ロゴタイプ（2010年生：皐月賞、安田記念）

オペラハウス系
- テイエムオペラオー（1996年生：ジャパンカップなどGⅠ7勝）
- メイショウサムソン（2003年生：日本ダービー、皐月賞）

ガリレオ系
- フランケル（2008年生：英2000GなどGⅠ10勝）
- ソウルスターリング（2014年生・牝：オークス）
- ナサニエル（2008年生：キングジョージ）
- エネイブル（2014年生・牝：英愛オークス、凱旋門賞）
- ルーラーオブザワールド（2010年生：英ダービー）
- オーストラリア（2011年生：英愛ダービー）
- ファウンド（2012年生・牝：凱旋門賞）

モンジュー系
- ハリケーンラン（2002年生：凱旋門賞）
- モティヴェーター（2002年生：英ダービー）
- トレヴ（2010年生・牝：凱旋門賞連覇）
- オーソライズド（2004年生：英ダービー）
- プールモア（2008年生：英ダービー）

エルプラド系
- メダーリアドロ（1999年生：トラヴァーズS）
- キトゥンズジョイ（2001年生：セクレタリアトS）

その他
- インザウイングス（1986年生：BCターフ）
- カーネギー（1991年生：凱旋門賞）

[種牡馬事典] ノーザンダンサー系

ノーザンダンサー系⑨
その他

世界中を席巻したノーザンダンサーの血も4～5世代目がしのぎを削る時代になり、枝分かれも多くなった。日本でもサトノクラウンが活躍したように、傍流とされているノーザンダンサー系からもGI馬が生まれている。ここでは、そうした傍流となっているノーザンダンサー系を紹介する。

万能さを誇った父の血を個性に変えて生き残る

日本ではノーザンテースト系が勢いを失って久しく、オペラハウス系（テイエムオペラオー、メイショウサムソン）が力を見せる程度だった。**久々に現れたGI馬は、ノーザンダンサー系の中でも傍流の血を引くサトノクラウン。**サトノクラウンの活躍は、ノーザンダンサー系の底力と適応力の高さ、柔軟性を改めて認識させるものだった。

その他のノーザンダンサー系の系統図

※傍流の中でも、とくに日本に影響力がある系統を紹介。

1 ラストタイクーン（Last Tycoon）欧州型

父はスプリンターの2歳チャンピオンであるトライマイベスト。欧州の1000m GIに3勝後、人気薄でBCマイルを快勝。愛豪シャトル種牡馬の草分けとして、ビッグストーン（産駒に宝塚記念のメイショウドトウ）、アローキャリー（桜花賞）を、母の父としてキングカメハメハ（日本ダービー）、サンテミリオン（オークス）を出した。

出生国・出生年・毛色	愛国・1983年・黒鹿毛
競走年齢／競走成績 （勝ち鞍の距離）	2～3歳／英仏米13戦8勝（1000～1600m）。BCマイル、スプリントCS、キングズスタンドSなど。豪リーディングサイアー（1993／1994年）。
父／母（母の父系）	トライマイベスト／ミルプリンセス（ネヴァーベンド系～ナスルーラ系）

1-1 マルジュ（Marju） 欧州型

　母系はセントサイモン系×ハイペリオン系で、半姉サルサビルはサドラーズウェルズの代表産駒の1頭（英仏愛のGI3勝）。

　自身はマイラーだったが、**産駒は2400mまでこなし**、日本ではサトノクラウン（香港ヴァーズ、宝塚記念）が活躍。マルセリーナ（桜花賞）の母の父でもある。

出生国・出生年・毛色	愛国・1988年・黒鹿毛
競走年齢／競走成績 （勝ち鞍の距離）	2～3歳／英7戦3勝（1400～1600m）。セントジェームズパレスS、英ダービー2着など。
父／母（母の父系）	ラストタイクーン／フレムオブタラ（セントサイモン系）

サトノクラウンとキングカメハメハは似てる？

サトノクラウンは5代までにノーザンダンサー、ミスタープロスペクター、バックパサー、サーアイヴァーのインブリードを持つ。

　このうち、ミスタープロスペクターのインブリードは、マキャヴェリアンとミスワキの血によるもので、両系統とも日本の芝でスピードを強化する欧州型ミスタープロスペクター系。こうした母系に、日本でマイルGI馬を出しているラストタイクーン系が配され、ノーザンダンサーの血が覚醒したのだろう。

　このサトノクラウンと同じく、持込馬として日本のGIに勝ったキングカメハメハの母の父もラストタイクーン。**両馬は「欧州型ミスタープロスペクター系×ラストタイクーン系」という同じ血統構成を持つ。**

　このことから、ノーザンダンサー系種牡馬であっても、母系に日本の芝適性が高い欧州型ミスタープロスペクター系を持っていれば、日本での芝適性の高い産駒を出せる可能性が高まりそうだ。

[種牡馬事典] ノーザンダンサー系

2 フェアリーキング（Fairy King） 欧州型

　サドラーズウェルズの1歳下の全弟。**兄よりも仕上がりが早くてスピードがあり、日本への適性も兄より高い。**母の父としても、スズカフェニックス（高松宮記念）を出し、直仔のエリシオも母の父としてサダムパテック（マイルCS）を出している。オセアニアでも発展を遂げており、牝馬やせん馬の活躍馬を多く出す系統。

出生国・出生年・毛色	米国・1982年・鹿毛
競走年齢／競走成績（勝ち鞍の距離）	3歳／愛1戦0勝。仏リーディングサイアー（1966年）。
父／母（母の父系）	ノーザンダンサー／フェアリーブリッジ（ターントゥ系）

2-1 ファルブラヴ（Falbrav） 欧州型

　4歳秋に9番人気でジャパンカップ（中山で実施）に勝ったのを機に、一流馬に脱皮。7ヵ国で8つのGⅠに勝った。母の父スルーピー（米GⅠ2勝）はシアトルスルー直仔で、同父のエリシオと同配合である。**日本での産駒は芝ダートともに1400m以下を主戦場とし、**母の父としてもハープスター（桜花賞）を出した。オーストラリアではスプリント適性が高いノーザンダンサー系種牡馬として活躍している。

出生国・出生年・毛色	愛国・1998年・鹿毛
競走年齢／競走成績（勝ち鞍の距離）	2〜5歳／英愛仏米伊日香26戦13勝（1600〜2400m）。ジャパンカップ、英国際S、香港Cなど。欧州最優秀古馬（2003年）。
父／母（母の父系）	フェアリーキング／ギフトオブザナイト（ボールドルーラー系〜ナスルーラ系）

3 ディキシーランドバンド（Dixieland Band） 米国型

　競走成績は地味だが、ノーザンダンサー直仔で100頭以上のステークスウイナーを出した種牡馬7頭（ニジンスキー、リファール、ダンチヒ、ヌレイエフ、サドラーズウェルズ、ノーザンテースト）の1頭。**日本では母の父としてスピードの持続性を強化する役割を担い、**デルタブルース（菊花賞など）、レッドリヴェール（阪神JF）らを輩出。

272

出生国・出生年・毛色	米国・1980年・鹿毛
競走年齢・競走成績 （勝ち鞍の距離）	2〜4歳／米24戦8勝（1100〜1800m）。マサチューセッツH（米GⅡ）など。
父／母（母の父系）	ノーザンダンサー／ミシシッピマッド（ハンプトン系）

4 アサティス（Assatis） 欧州型

　父トップサイダーは米国ダート6.5F（1300m）のレコードホルダーだったが、自身はヨーロッパの芝2400mを得意とした。日本では、ウイングアロー（フェブラリーSなど）ら、ダートの強豪馬を輩出。

**　アサティスが日本のダート中距離に適性を示したのは、日本のダート中距離レースでは、欧州型のスタミナや馬力を要求されるからである。**

出生国・出生年・毛色	米国・1985年・鹿毛
競走年齢・競走成績 （勝ち鞍の距離）	2〜5歳／英仏伊日16戦6勝（2000〜2400m）。ジョッキークラブ大賞など。
父／母（母の父系）	トップサイダー／シークレットアセット（セントサイモン系）

☑ その他のノーザンダンサー系の主な種牡馬・活躍馬
トライマイベスト系

- ●*ラストタイクーン（1983年生：BCマイル）
- ●マルジュ（1988年生：セントジェームズパレスS）
- ●サトノクラウン（2011年生：宝塚記念、香港ヴァーズ）

フェアリーキング系

- ●*エリシオ（1993年生：凱旋門賞）
- ●*ファルブラヴ（1998年生：ジャパンカップ）

ディキシーランドバンド系

- ●ディキシーユニオン（1997年生：ハスケル招待H）

その他

- ●*アサティス（1985年生：ジョッキークラブ大賞）
- ●*ロドリゴデトリアーノ（1989年生：英愛2000G）　*は輸入種牡馬。

[種牡馬事典] エクリプス～ハンプトン系

大系統❼
エクリプス～ハンプトン系

これまで紹介してきた現在の6大系統は、すべて20世紀初頭のファラリスに、さらにさかのぼるとエクリプスにたどり着く。そのエクリプス系の中には、ファラリス系とは別の発展をとげた父系として、ハンプトン系やセントサイモン系、それ以外のマイナー系がある。ここではハンプトン系について解説する。

長距離中心の時代をリードしたハンプトン系

ダーレーアラビアン系の実質的な父祖エクリプスの系統は子孫のハンプトン（1872年生）を通じて広まり、サンインロウの子孫からエルバジェ、ゲインズボローからファイントップとハイペリオンという名種牡馬が誕生した。

日本では1960～1970年代に**ハイペリオン系のタケシバオーやハイセイコー**、1970～1980年代には**エルバジェ系のシーホーク**、1980～1990年代には**ファイントップ系のディクタスやサッカーボーイ**が活躍した。

ハンプトン系の系統図

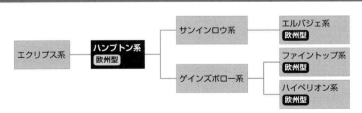

▶ハンプトン系の特徴

- 父系としては残っていないが、母系には残る。
- エルバジェ系は1980～1990年代に優れたステイヤーを数多く出した。
- ファイントップ系の直近の活躍馬は、サッカーボーイ（1985年生）。
- ハイペリオン系は、古馬になってからの成長力が特徴。タフな馬場でもあきらめない根性を持つ。

1 ステイヤータイプが多いエルバジェ系 欧州型

仏ダービー馬エルバジェは、ステイヤー種牡馬として活躍したサンインロウの4代孫にあたり、**仏米で多くのステイヤーを輩出した。**日本では、シーホーク（1963年生）が2頭のダービー馬（ウィナーズサークルとアイネスフウジン）と、2頭の天皇賞春馬（モンテプリンスとモンテファストの全兄弟）を出した。

エルバジェ（1956年：仏ダービー）
- グレイドーン（1962年：仏グランクリテリウム）
  - モーニングフローリック（1975年）
    - バンブーメモリー（1985年：安田記念）
- シーホーク（1963年：サンクルー大賞）
  - モンテプリンス（1977年：天皇賞春）
  - モンテファスト（1978年：天皇賞春）
  - ウィナーズサークル（1986年：日本ダービー）
  - アイネスフウジン（1987年：日本ダービー）

2 ステイヤー系統の源になるファイントップ系 欧州型

第1次世界大戦中の英国3冠馬ゲインズボローは、ハイペリオンの父として知られ、日本でもゲインズボロー産駒のトウルヌソルから6頭のダービー馬が誕生した。

トウルヌソルと直仔クモハタ（1939年ダービー馬）は、父子2代で12回リーディングサイアーとなった。

ゲインズボローの子孫

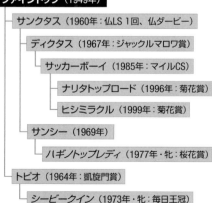

ファイントップ（1949年）
- サンクタス（1960年：仏LS1回、仏ダービー）
  - ディクタス（1967年：ジャックルマロワ賞）
    - サッカーボーイ（1985年：マイルCS）
      - ナリタトップロード（1996年：菊花賞）
      - ヒシミラクル（1999年：菊花賞）
  - サンシー（1969年）
    - ハギノトップレディ（1977年・牝：桜花賞）
- トピオ（1964年：凱旋門賞）
  - シービークイン（1973年・牝：毎日王冠）

であるファイントップ系の種牡馬も日本と相性がよく、ディクタス（ジャックルマロワ賞）やサンシー（仏ダービー2着）が成功。トピオ（凱旋門賞）は、3冠馬ミスターシービーの母の父となった。

2-1 サッカーボーイ 欧州型

　サッカーボーイの父ディクタスはジャックルマロワ賞などに勝ったマイラー。阪神3歳Sのレコード勝ちで「テンポイントの再来」と評され、洋芝の函館記念で樹立した1分57秒8の日本レコードはいまも破られていない。

　サッカーボーイ自身は中距離もこなすマイラーだったが、種牡馬としては産駒に欧州型のスタミナ資質を伝え、条件が合えば人気薄でも激走する反面、人気でもアテにしづらい産駒が多かった。

　父系としての存続は厳しいが、全妹ゴールデンサッシュの産駒ステイゴールド（→ P.206）が多くの活躍馬を出している。

出生国・出生年・毛色	日本・1985年・栗栗毛
競走年齢／競走成績（勝ち鞍の距離）	2～3歳／日11戦6勝(1200～2000m)。マイルCS、阪神3歳Sなど。JRA最優秀2歳牡馬(1987年)、JRA最優秀スプリンター(1988年)。
父／母（母の父系）	ディクタス／ダイナサッシュ(ノーザンテースト系～ノーザンダンサー系)

3 世界中で繁栄したハイペリオン系 欧州型

　ハイペリオン（1930年生）は一流の競走成績（英ダービー、英セントレジャーSなど13戦9勝）に加え、**1940～1954年の間に6度も英リーディングサイアーとなり、一時代を築いた**。それにより、ハイペリオンの血はまたたく間に世界中に広がった。

ハイペリオン系の系統図

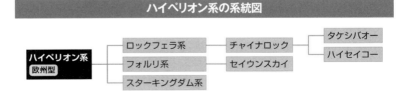

3-1 日本で成功したロックフェラ系 欧州型

ハイペリオン産駒のロックフェラ（1941年生）は母が英2冠牝馬という良血種牝馬で、直仔のゲイタイム（1949年生）やバウンティアス（1958年生）が日本で種牡馬として成功。

もっとも高い適性を示したのはチャイナロック（1953年生）で、**芝ダートの両方でレコードをマークしたタケシバオー（1965年生）、中距離で強さを見せたハイセイコー（1970年生）を出した。**

ロックフェラ（1941年）
- ゲイタイム（1949年：英ダービー2着）
  - メイズイ（1960年：日本ダービー）
- チャイナロック（1953年）
  - タケシバオー（1965年：天皇賞春）
  - アカネテンリュウ（1966年：菊花賞）
  - ハイセイコー（1970年：皐月賞）
    - カツラノハイセイコ（1976年：日本ダービー）
    - ハクタイセイ（1987年：皐月賞）
- バウンティアス（1958年：デューハーストS）
  - バローネターフ（1972年：中山大障害5勝）

3-2 米豪で活躍したその他のハイペリオン系

ハイペリオンの孫フォルリ（1963年生：アルゼンチン4冠馬）はアメリカで種牡馬として成功し、子孫に皐月賞・菊花賞の2冠馬セイウンスカイがいる。

同じくハイペリオンの孫スターキングダム（1946年生）はオーストラリアの2歳スプリントGⅠを3年連続制覇するなど、**仕上がりの早さとスピードを武器に、豪リーディングサイアーを5度、豪2歳リーディングサイアーを7度獲得した。**

[種牡馬事典] エクリプス〜セントサイモン系

大系統❽
エクリプス〜セントサイモン系

セントサイモンは1890年から通算9回、英リーディングサイアーとなり、「エクリプスの再来」と呼ばれた歴史的大種牡馬。日本では、ヒンドスタンが大成功した。イギリスでは優秀すぎる種牡馬成績によって血の飽和が起こり、父系の衰退を招いたが、母系に入って次なる父系の時代を招き寄せた。

後世に大きな影響を及ぼしたセントサイモン系

　セントサイモンは芝1000m〜4000mで10戦10勝の成績を残した「19世紀英国競馬の至宝」。その血は世界中に広まり、**日本では1960年代初頭から導入され、5頭のダービー馬を出したプリンスローズ系、シンザンを出したボワルセル系、リボー系が大きな足跡を残した。**

　シンザンのような往年の活躍馬の名は血統表から消えつつあるが、セントサイモンの血はいまも、さまざまな形で受け継がれている。

セントサイモン系の系統図

▶セントサイモン系の特徴

- プリンスローズ系は種牡馬の数が多く、多様なカテゴリーで活躍。
- 1960年代にボワルセル系のヒンドスタンが日本リーディングサイアーを7回獲得した。
- リボー系はときに大物を生むが、一発屋タイプで傍流に甘んじている。
- プリンスローズ系、とくにプリンスキロ系の血はスタミナ源となる。
- スタミナ、底力を強化する重要な血統。

1 欧米の両方で広がったプリンスローズ系 [欧州型]

☑ 米国競馬の発展に貢献したプリンスキロ系

セントサイモンの５代孫プリンスローズ（1928年生）は第２次世界大戦中に爆死したが、産駒のプリンスビオ、プリンスシュヴァリエらがヨーロッパで、プリンスキロ（1940年生）がアメリカで後継種牡馬として成功。**プリンスキロはアメリカで出走し、ラウンドテーブル、プリンスジョンなどの後継馬を通じて発展した。**母の父としてもセクレタリアト、ミルリーフ、サンサン（凱旋門賞）らを出し、北米ブルードメアサイアーに８度も輝いた。

☑ 日本では５頭のダービー馬を輩出

プリンスローズ系からは、５頭のダービー馬が誕生した。

日本で最後にＧⅠを勝ったのは1992年（メジロパーマーとレッツゴーターキン）で、直系子孫も残っていない。**ただし、プリンスキロ～プリンスジョンの血はリヴァーマンやコジーンら、日本に大きな影響力を持つ種牡馬の母の父として残り、現在もスタミナや持続力の源泉となっている。**

プリンスローズ（1928年：仏LS 1回）
- **プリンスキロ**（1940年：北米LS 2回）
  - プリンスジョン（1953年：ガーデンステートS）
  - ラウンドテーブル（1954年：芝ダートでレコード更新12回）
    - ターゴワイス（1970年）
      - レッツゴーターキン（1987年：天皇賞秋）
- プリンスビオ（1941年：仏LS 1回、仏2000G）
  - シカンブル（1948年：仏LS 1回、仏ダービー）
    - アサデンコウ（1964年：日本ダービー）
    - カブラヤオー（1972年：日本ダービー）
    - タニノムーティエ（1967年：日本ダービー）
  - セダン（1955年：伊LS 1回、伊ダービー）
    - コーネルランサー（1971年：日本ダービー）
- プリンスシュヴァリエ（1943年：仏ダービー）
  - コダマ（1957年：日本ダービー）
  - シャーロッツヴィル（1957年：英LS 1回）
    - メジロパーマー（1987年生：有馬記念）　- - - - は中略。

[種牡馬事典] エクリプス〜セントサイモン系

2 フランスで生き残ったボワルセル系 欧州型

☑ 日本で一時代を築いたヒンドスタン

イギリスで衰退したセントサイモン系は、フランスで生き残り、ボワルセル（1935年生）はセントサイモン系として24年ぶりに英ダービー馬となった。**いまよりもタフな馬場で、長距離レースが多かった1960年代の日本でも、ボワルセル系のヒンドスタン（1946年生：愛ダービー）が7度リーディングサイアーとなった。**

☑ 5冠馬シンザンを出すも父系は残らず

ヒンドスタンの代表産駒は5冠馬シンザン。シンザンは、父としてもミホシンザン（皐月賞、菊花賞、天皇賞春）、ミナガワマンナ（菊花賞）、1800m以下で5度レコードを出したスガノホマレ、2000mで初めて2分を切ったシルバーランドなどを出し、当時のスピード競馬にも対応した。**シンザン産駒は1992年まで24年連続勝利記録を樹立（のちにノーザンテーストが更新）したものの直系父系は残らず、5代までにシンザンを持つGⅠ馬はトロットスター（1996年生：高松宮記念、スプリンターズS）が最後となっている。**

3 フランスで活躍したリボー系 欧州型

セントサイモン産駒のラブレー（1900年生：11戦6勝）はフランスで供用されて、1909〜1926年の間に3度仏リーディングサイアーになるなど、好成績を残した。**ラブレー産駒のうち、イタリアで種牡馬となったアヴルサックの5代孫に無敗の名馬リボーが誕生した。**

3-1 リボー（Ribot） 欧州型

☑ 競走馬に求められるあらゆる能力を備えた名馬

リボーはネアルコの生産者フェデリコ・テシオの最後の傑作で、凱旋門賞連覇、キングジョージなど16戦全勝という成績を残した。スピード、スタミナ、精神力など、競走馬に求められるあらゆる要素に優れ、距離も不問で、重馬場も苦にしなかったオールラウンダーだった。

280

イギリスとイタリアで供用されたのち、渡米。産駒はヨーロッパで好成績をあげたが、後継種牡馬はアメリカで活躍した馬ばかりである。

出生国・出生年・毛色	英国・1952年・鹿毛
競走年齢／競走成績 （勝ち鞍の距離）	2〜4歳／英仏伊16戦16勝（1000〜3000m）。凱旋門賞連覇、キングジョージなど。英愛リーディングサイアー（1963年、1967〜1968年）。
父／母（母の父系）	テネラニ／ロマネラ（マイナー系）

☑ 日本でも大レースの勝ち馬を出す

主な後継馬はトムロルフ（1962年生）、ホイストザフラッグ（1968年生）、グロースターク（1963年生）など。

日本では、ジムフレンチ（1968年生）の系統からダービー馬バンブーアトラス＆菊花賞馬バンブービギン父子が出て、グロースタークの全弟ヒズマジェスティ（1968年生）の系統からタップダンスシチー（ジャパンカップ、宝塚記念）が出た。

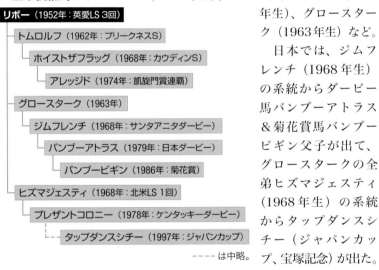

----は中略。

☑ 母系からスタミナと底力を強化するリボー系

日本では父系として定着しなかったが、マンハッタンカフェ（菊花賞、天皇賞春）、ナリタタイシン（皐月賞）、キンシャサノキセキ（高松宮記念連覇）、ナカヤマフェスタ（宝塚記念、凱旋門賞2着）らが母の父からリボー系の血を受け継ぐ。

伝統的に「穴血統」として知られ、14番人気で天皇賞秋に勝ったヘヴンリーロマンス、7番人気でジャパンカップ・ダートに勝ったアロンダイトは、祖母の父にリボーを持っている。

[種牡馬事典] エクリプス〜マイナー系

大系統❾
エクリプス〜マイナー系

エクリプス系の中で、現在ではマイナーになった父系の中にも、日本の競馬史に大きな足跡を残し、その発展に寄与した父系が眠っている。そこで、ここでは取り上げてこなかったエクリプス系のマイナー種牡馬を紹介する。古い時代のリーディングサイアーも、ここに含まれる。

1950年代以前に活躍したエクリプス〜マイナー系

エクリプス系はのちにファラリス（1913年生）を通じて、現在の6大系統（ナスルーラ系、ネイティヴダンサー系、ミスタープロスペクター系、ターントゥ系、サンデーサイレンス系、ノーザンダンサー系）を発展させた。

ナスルーラ系が父系を拡大する1950年代より前の主流はハンプトン系やセントサイモン系だったが、**それ以外にもストックウェル系、スターリング系、ヒムヤー系などの傍流父系が存在した**。

エクリプス〜マイナー系の系統図

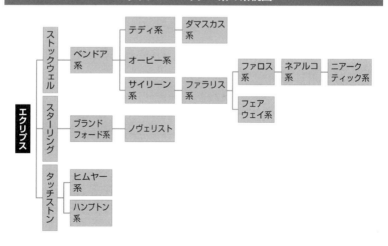

▶エクリプス～マイナー系の特徴

- ●米国発祥のヒムヤー系は、スピードを強化して生き残りを図る。
- ●テディ系は、大種牡馬の母系に入って影響力を及ぼしている。
- ●スターリング系から、久々の新種牡馬ノヴェリストが登場。
- ●ブランドフォード系の分枝は、ドイツのクラシック血統として存続。

1 ファラリスを生み出したストックウェル系 欧州型

英2000Gと英セントレジャーSに勝った2冠馬ストックウェル（1849年生）は、通算7回、英愛リーディングサイアーとなり、孫のベンドア（1877年生）を通じて発展した。**現在の主流につながるファラリス系も、この系統から生まれている。**ベンドアの子孫はテディ系、オービー系、サイリーン系に大別され、オービー系のダイオライト（1927年生）は1940年代の日本で4度リーディングサイアーとなり、3冠馬セントライト（1938年生）を出している。

1-1 アメリカで大繁栄したテディ系 欧州型

テディは仏リーディングサイアーとなったが、**子孫はアメリカで繁栄した。**父系としての勢いは失ったが、テディ系種牡馬を母の父に持つ種牡馬には、ニジンスキー、ノーザンテースト、ストームバード、ダンチヒ、アファームド、レイズアネイティヴなど、そうそうたる名が並ぶ。

1-2 ダートの穴血統であるダマスカス系 米国型

テディ系の拡大に貢献したダマスカス（1964年生：プリークネスS、ベルモントS）の父系はサンデーサイレンスの母の父アンダースタンディングと同じく、テディの孫サンアゲインにさかのぼる。

日本ではオジジアン、キャプテンスティーヴ（ドバイ・ワールドカップ）らが供用されている。オジジアン産駒のエイシンワシントン、バトルラインの系統は父としてだけではなく、**母の父に入ってもダート持続力を強化する大穴血統として、いまも馬券では注目の血統。**とくに前走から距離を延長しての激走が多い。

283

[種牡馬事典] エクリプス～マイナー系

```
ストックウェル（1849年：英LS 7回、英2000G）
  └ ベンドア（1877年：英ダービー）
      └ オーモンド（1833年：英3冠）
          └ オーム（1889年：エクリプスS連覇）
              ├ テディ（1913年：仏LS 1回）
              │   └ サンアゲイン（1939年）
              │       └ ダマスカス（1964年：ベルモントS）
              └ オービー（1904年：英愛ダービー）
                  └ ダイオライト（1927年：日LS 4回）
                      └ セントライト（1938年：3冠馬）
          └ ボナヴィスタ（1889年：英2000G）
              ├ サイリーン（1895年：アスコットGC）
              │   └ ライジングフレーム（1947年：日本LS 3回）
              └ ポリメラス（1902年）
                  └ ファラリス（1913年）    ---- は中略。
```

1-3　数多くの名血を生んだファラリス系

　サイリーン系からは子孫のライジングフレーム（1947年生）が 1958 ～ 1960 年に日本リーディングサイアーとなり、当時の日本にスピードを伝えた。**サイリーンの孫ファラリス（1913年生）は現在の6大系統の起点であり、その他にもネアルコ系、ニアークティック系、フェアウェイ系などの父系を広げた。**

1-4　名ステイヤーを輩出したネアルコ系 欧州型

　ナスルーラやニアークティックの父となるネアルコは、アメリカを中心とした短中距離戦、2歳戦重視の時流に乗り、仕上がりのよさやスタート時の加速力、スピードや闘争心を伝えた。**優れた産駒にはステイヤーが多く、日本でも中長距離戦の活躍馬を多数出した。**

1-5 ノーザンダンサーを生んだニアークティック系 [米国型]

　ネアルコの直仔ニアークティック（1954年生）は、カナダのリーディングサイアーに7度ついた名種牡馬。ノーザンダンサーの父でもある。孫ワイルドアゲイン（1980年生）は第1回BCクラシックの勝ち馬で、母の父としての産駒にジャスタウェイがいる。**後継種牡馬のワイルドラッシュはトランセンド（ジャパンカップダート）を出し、日本への高い適性を示している。**

ニアークティック（1954年：加LS 7回）
- アイスカペイド（1969年）
  - ワイルドアゲイン（1980年：BCクラシック）
    - ワイルドラッシュ（1994年：カーターH）
      - パーソナルラッシュ（2001年：ダービーグランプリ）
      - トランセンド（2006年：ジャパンカップダート）
- ノノアルコ（1971年：英2000G）
  - ダイユウサク（1985年：有馬記念）

1-6 ステイヤー父系のフェアウェイ系 [欧州型]

フェアウェイ（1925年：英愛LS 4回）
- フェアトライアル（1932年：英愛LS 1回）
  - ペティション（1944年）
    - ソルティンゴ（1975年：ミラノ大賞）
      - スズパレード（1981年：宝塚記念）
  - コートマーシャル（1942年：英愛LS 2回）
    - ヴェイン（1966年）　- - - - は中略。

　ファラリスの後継馬であるファロスとフェアウェイは全兄弟で、ファロス系はネアルコを通じて繁栄。フェアウェイは英愛リーディングサイアー4度という名種牡馬となり、**父祖サイリーンから子孫ピットカーン（1971年生）まで、7代連続して英愛リーディングサイアーとなった。**ただし、日本への直接的な影響は乏しい。

　フェアウェイの子孫ヴェイン（1966年生）はオーストラリアで歴史的名馬となるが、25戦全勝の名牝ブラックキャビア（2006年生）はヴェインの3×4を持つ。

[種牡馬事典] エクリプス〜マイナー系

2 王道血統をつなぐスターリング系 欧州型

スターリングはエクリプスの6代孫で、その系統は伝統的なイギリスのステイヤー血統としてブランドフォードにつながる。スターリング産駒のアイソノミー（1875年生）はステイヤーとして活躍し、2頭の3冠馬コモンとアイシングラスを出した。アイシングラスに2代にわたってオークス馬を配して生まれたのがスウィンフォード（1907年生）で、その直仔がブランドフォード（1919年生）である。

2-1 英国王道血統であるブランドフォード系 欧州型

スウィンフォードに凝縮されたステイヤー血脈は、4頭のダービー馬を出したブランドフォードによって広まった。

日本では、プリメロ（1931年生：愛ダービー同着1着、愛セントレジャーS）の産駒が5大クラシックを完全制覇した。

2-2 ノヴェリスト（Novellist）欧州型

祖父は独3冠馬（1976年生）、父は独リーディングサイアー、母の父も独ダービー馬というドイツ血統の結晶。キングジョージでハービンジャーのレコードタイムを2秒以上短縮する大レコードをマークした新世代のブランドフォード系。

ドイツ血統は世界の傍流ではあるが、ノヴェリストの父モンズンはソウルスターリングの母の父であり、モンズン産駒のマンデュロ（2002年生）は欧州芝のチャンピオン

ホースとなった。

　モンズンの母の父ズルムー（1974年生：ハンプトン系）は独リーディングサイアー6度の名種牡馬で、ズルムー産駒プラティニ（1989年生）は、母の父としてエイシンフラッシュ（日本ダービー）を出している。重賞初制覇をもたらしたラストドラフト（京成杯）の母は、桜花賞馬マルセリーナ。

出生国・出生年・毛色	愛国・2009年・黒鹿毛
競走年齢／競走成績 （勝ち鞍の距離）	2～4歳／英仏独伊11戦9勝（1500～2400m）。キングジョージ、サンクルー大賞など。
父／母（母の父系）	モンズン／ナイトラグーン（ニジンスキー系～ノーザンダンサー系）

3　米国育ちの短距離父系のヒムヤー系 米国型

　ヒムヤー系はエクリプス系の傍流。アメリカがまだイギリス式の長距離競馬を実施していた19世紀後半、ドミノ（1891年生）が登場し、新設されたばかりの2歳高額賞金レース・フューチュリティSを勝ち、父系として残るきっかけをつかんだ。中興の祖ブロードブラッシュ（1983年生）は、1994年北米リーディングサイアーとなっている。

ヒムヤー系から久しぶりの大物として、米GⅠ6勝のホーリーブル（1991年生）が生まれ、ホーリーブル産駒のマッチョウノ（2歳牡馬チャンピオン）からダノンレジェンド（JBCスプリント）が出た。

ヒムヤー（1875年）
- ドミノ（1891年：フューチュリティS）
  - ブロードブラッシュ（1983年：北米LS）
    - ブロードアピール（1994年・牝：シルクロードS）
    - ノボトゥルー（1996年：フェブラリーS）
- フリーフォーオール（1942年）
  - ホーリーブル（1991年：トラヴァースS）
    - マッチョウノ（1998年：BCジュヴェナイル）
      - ダノンレジェンド（2010年：JBCスプリント）　----は中略。

[種牡馬事典] ヘロド系

大系統❿
ヘロド系(バイアリータ-ク系)

3大始祖の1つであるバイアリータークの4代孫にあたるヘロドは、18世紀末から急速に勢力を拡大した。その後、イギリスでは衰退したものの、フランスで生き残ったトゥルビヨン系が細々と父系を現在につなぐ。トゥルビヨン系の血を受け継ぐパーソロン系は日本で多くの活躍馬を出したが、直系父系は残っていない。

母系としての影響力は侮れないヘロド系

　ヘロドはバイアリーターク系の実質的な始祖で、孫に初代英国ダービー馬ダイオメド（1777年生）。ダイオメドの5代孫に、アメリカで16度リーディングサイアーとなったレキシントン（1850年生）がいる。**一方、イギリスではヘロド～ハイフライヤー～サーピーターテイルズの父子3代で、リーディングサイアーをほぼ独占（1777～1809年の33年間に31回）**。しかし、その後、急速に衰えた。

　20世紀初頭にザトテラーク系が勃興。孫セフトから、日本では2頭のダービー馬が生まれたが、現在も残るのはフランスのトゥルビヨン（1928年生）系のみで、日本ではパーソロンが多数の活躍馬を送り出した。母系を通した影響力は、エクリプスやセントサイモンを上回るという説もある。

ヘロド系の系統図

ヘロド系 欧州型	ザテトラーク系 欧州型	セフト系 欧州型			
	トゥルビヨン系 欧州型	ジェベル系 欧州型	マイバブー系 欧州型	パーソロン系 欧州型	
			クレイロン系 欧州型	リュティエ系 欧州型	

▶ヘロド系の特徴

- ●パーソロンは、ノーザンダンサー系との配合で多くの活躍馬を出した。
- ●父系としては、ほぼ絶滅。日本にヘロド系に連なる現役種牡馬はいない。
- ●母系に入ったパーソロン系は、いまも一定の存在感を保っている。

1 2頭のダービー馬を生んだザテトラーク系 [欧州型]

18世紀初頭までイギリスで繁栄したヘロド系は急速に衰えたが、芦毛の快足馬として一世を風靡したザトテラーク（1911年生）で復活。**日本では、セフト（1947〜1951年の日本リーディングサイアー）が2頭のダービー馬（トキノミノルとボストニアン）を誕生させた。**

父系子孫は残っていないが、ボストニアンの娘アサマユリ（1959年生）の子孫から、メジロデュレン（菊花賞、有馬記念）＆メジロマックイーン（菊花賞、天皇賞春連覇、宝塚記念）兄弟などが出ている。

----は中略。

2 英国競馬界の規則を変えたトゥルビヨン系 [欧州型]

仏ダービー馬トゥルビヨンは、**後継種牡馬ジェベル（1937年生）と直仔マイバブー（1945年生）、孫クレイロン（1952年生）を通じて父系を広げた**。20世紀初頭のイギリス競馬界には、英国血統書（ジェネラルスタッドブック）に記載のないアメリカ由来の血統を持つ競走馬を排除する「ジャージー規則」があった。トゥルビヨン系産駒もその対象に含まれ、「サラブレッド系種」として扱われていた。ところが、トゥルビヨン系の勢いを無視できなくなった1949年、ジャージー規則が撤廃され、トゥルビヨンは晴れてサラブレッドとして認められるようになった。

2-1 3冠馬を生んだマイバブー系 [欧州型]

ジェベル産駒のマイバブー（1945年生）はスプリンターとして活躍後、渡米して多くの活躍馬を出し、アメリカの名馬ダマスカスの母の父

[種牡馬事典] ヘロド系

となった。マイバブー産駒のマイリージャン（1953年生）は中級スプリンターだったが、1966年に英愛2歳リーディングサイアーとなる。**その産駒パーソロンは無敗の3冠馬シンボリルドルフを生み出すなど、日本競馬に一時代を築いた。**それによりパーソロン系種牡馬が多く導入されたが、父系は残っていない。

マイバブー（1945年：英2000G）
└ マイリージャン（1953年：テトラークS）
　└ パーソロン（1960年：ナショナルS）
　　├ メジロアサマ（1966年：天皇賞秋）
　　│　└ メジロティターン（1978年：天皇賞秋）
　　│　　└ メジロマックイーン（1987年：天皇賞春連覇）
　　│　　　├ オリエンタルアート（1997年・牝：産駒にドリームジャーニー、オルフェーヴル）
　　│　　　└ ポイントフラッグ（1998年・牝：産駒にゴールドシップ）
　　├ カネヒムロ（1968年・牝：オークス）
　　├ ナスノカオリ（1968年・牝：桜花賞）
　　├ タケフブキ（1969年・牝：オークス）
　　├ ナスノチグサ（1970年・牝：オークス）
　　├ トウコウエルザ（1971年・牝：オークス）
　　├ サクラショウリ（1975年：日本ダービー）
　　├ シンボリルドルフ（1981年：3冠）
　　│　└ トウカイテイオー（1988年：日本ダービー）
　　│　　├ トウカイポイント（1996年：マイルCS）
　　│　　└ ヤマニンシュクル（2001年・牝：阪神JF）
　　└ ダイアナソロン（1981年・牝：桜花賞）

2-2 母系で影響力を保つパーソロン系 欧州型

　パーソロン（1960年生）はヒンドスタン系が全盛だった時代の日本に早熟のスピード血統として導入され、1971年にリーディングサイ

290

アーとなった。テスコボーイ（1963年生）とともに、日本競馬にスピードを持ち込んだ種牡馬として記憶されている。

　当初は「牝馬のパーソロン」といわれ、活躍する産駒は牝馬にかたよっていた。しかし、11世代目のサクラショウリが日本ダービーに勝ち、**天皇賞（3200m）を3代続けて制したメジロアサマ〜メジロティターン〜メジロマックイーン、7冠馬シンボリルドルフ〜トウカイテイオーというサイアーラインが生まれた。**

　その後、馬場の改良が進んで高速化し、求められるスピードが変質する中で、そのあとが続かず、父系は断絶した。

　ただし、パーソロン系は母系に入って、現在でも一定の影響力を保てている。**メジロマックイーンは母の父として、ドリームジャーニー＆オルフェーヴル兄弟やゴールドシップ（いずれも父ステイゴールド）を出して、その血を残すことに成功した。**

3　ステイヤー血統のクレイロン系 [欧州型]

　ジェベルの子孫クレイロン（1952年生）は1965年にローレンザッチョ、リュティエという後継馬を出した。

　ローレンザッチョ産駒のアホヌーラ（1975年生）は英ダービー馬ドクターデヴィアス（1989年生）を、母の父としてシンコウフォレスト（高松宮記念）、名種牡馬ケープクロス、ニューアプローチ（英ダービーなどGI5勝）を出し、後世に大きな影響力を残している。

3-1　優れたマイラーを輩出したリュティエ系 [欧州型]

　クレイロンの後継馬リュティエ（1965年生）の系統は日本でマイラー適性を発揮。代表産駒ダンディルートはエイティトウショウとトウショウペガサスで中山記念を姉弟制覇し、母の父としてもシスタートウショウ（桜花賞）を出した。

　ビゼンニシキ（共同通信杯、スプリングSなど）はダイタクヘリオス（マイルCS連覇）〜ダイタクヤマト（スプリンターズS）へと父系をつないだが、いまは途絶えている。

[種牡馬事典] マッチェム系

大系統⓫
マッチェム系(ゴドルフィンアラビアン系)

ゴドルフィンアラビアン系は孫のマッチェム（1748年生）を起点として広まり、英国初3冠馬となったマッチェムの7代孫ウエストオーストラリアン（1850年生）を通じてさらに拡散した。20世紀前半にマンノウォー系とハリーオン系に分かれたが、アメリカで成功したマンノウォー系が生き残っている。

3大始祖の中で最初に繁栄したマッチェム系

　マッチェムは1748年に、3大始祖の主要後継馬の中で最初に誕生し、ヘロドが登場するまでおおいに繁栄した。1772～1774年に英愛リーディングサイアーとなった。その血を現代につないだウエストオーストラリアン（1850年生）は、英国クラシック初の3冠馬となる。

　その子孫は、マンノウォー（1917年生）とハリーオン（1913年生）の2系統に分かれる。 1926年にはハリーオンがイギリスで、マンノウォーがアメリカでそれぞれリーディングサイアーとなり、1930～1933年には日本でもチャペルブラムトン（1912年生）がリーディングサイアーとなっている。だが、その血の継承馬はヘロド系よりさらに少なく、日本でのダービー勝利は1973年のクライムカイザーが最後。

マッチェム系の系統図

▶マッチェム系の特徴

- 芝1200m以下の適性は、サンデーサイレンス系以上。毎年のように父マッチェム系における芝1200m以下の回収率はプラス。
- 1000mのレコードは、マッチェム系が長く保持している。
- スピードと持久力を強化する重要な系統である。

1 日本で牝系として活躍したハリーオン系 [欧州型]

　第1次世界大戦中に活躍したハリーオンは、3頭の英ダービー馬を輩出して父系を広げた。日本ではハリーオンと同じバーカルディン系の分枝チャペルブラムトンが1930年代にリーディングサイアーとなり、母の父としても4頭のダービー馬を出した。日本ではその血を受け継いだ牝系からタケフブキ＆タケホープ姉弟、ビクトリアクラウン、ニッポーテイオー＆タレンティドガール兄妹など活躍馬が出ている。

バーカルディン (1878年)
- マルコ (1892年：ケンブリッジシャーH)
  - マルコヴィル (1903年)
    - ハリーオン (1913年：英LS1回)
      - キャプテンカトル (1919年：英ダービー)
      - コロナック (1923年：英ダービー)
      - コールボーイ (1924年：英ダービー)
- ベッポ (1903年)
  - チャペルブラムトン
  (1912年：日LS3回 カブトヤマ、ガバナー、イエリュウ、クリフジ4頭のダービー馬の母の父)

2 米国で全盛期を築いたマンノウォー系 [米国型]

　ウエストオーストラリアン産駒のオーストラリアン (1858年生) は、当時の大種牡馬レキシントンとニックスがあり、代表産駒スペンドリフト (1876年生：母の父レキシントン) の4代孫に、アメリカの歴史的名馬マンノウォーが誕生した。

　骨量豊かで独特の赤っぽい栗毛のマンノウォーは、「ビッグ・レッド」の愛称で親しま

マンノウォー (1917年：ベルモントS)
- 月友 (1932年：不出走)
  - カイソウ (1941年：日本ダービー)
  - ミハルオー (1945年：日本ダービー)
  - オートキツ (1952年：日本ダービー)
- ウォーアドミラル (1934年：米3冠)
  - ヒカルタカイ (1964年：天皇賞春)
- ウォーレリック (1938年：マサチューセッツH)

---- は中略。

れた。馬主の意向で種付け頭数が制限されたが、多くの活躍馬を出し、アメリカにおけるマッチェム系の全盛期を築いた。日本では、マンノウォー産駒の月友 (持込馬) が3頭のダービー馬を出している。

[種牡馬事典] マッチェム系

3 日本にも適性を示したウォーレリック系 米国型

ウォーレリック（1938年：マサチューセッツH）
└ レリック（1945年：米ホープフルS）
　├ シルバーシャーク（1963年：アベイドロンシャン賞）
　│　└ ホワイトナルビー（1974年・牝：オグリキャップの母）
　├ ヴェンチア（1957年：サセックスS）
　│　├ タカエノカオリ（1971年・牝：桜花賞）
　│　└ クライムカイザー（1973年：日本ダービー）
　　　　　　　　　　　　 ---- は中略。

マンノウォーの後継馬のうち、ウォーアドミラル系はスタミナを、ウォーレリック系はスピードを伝えた。ウォーレリックの後継馬レリックはヨーロッパで成功したが、レリック産駒のヴェンチアは日本競馬に高い適性を示した。また、レリックの孫シルバーシャークは、オグリキャップ（有馬記念など）の母の父となっている。

4 ダート&短距離タイプのインリアリティ系 米国型

インリアリティ（1964年：フロリダダービー）
├ ヴァリッドアピール（1972年：ドゥワイヤーH）
│　└ リトルゲルダ（2009年・牝：GIIセントゥルS）
├ リローンチ（1976年：北米GIIIデルマーダービー）
│　├ シーズティジー（1987年）
│　│　└ ティズナウ（1997年：BCクラシック連覇）
│　├ オナーアンドグローリー（1993年：メトロポリタンH）
│　└ ネームヴァリュー（1998年・牝：帝王賞）
├ ノウンファクト（1977年：英2000G）
└ ウォーニング（1985年：クイーンエリザベスIIS）
　　　　　　　　　　　　 ---- は中略。

ウォーレリック系をつないだのは、名スプリンターのインリアリティ。その産駒のうち、ヨーロッパではノウンファクト、アメリカではヴァリッドアピール、リローンチが後継馬として一定の役割を果たした。

米国型マンノウォー系には、日本のダートや短距離に適性を示す馬が見られ、たとえばリローンチ系ではネームヴァリュー（帝王賞）、ヴァッリドアピール系ではリトルゲルダ（セントゥルS）などがいる。

4-1 名スプリンターを輩出したウォーニング系 欧州型

　ノウンファクト産駒のウォーニング（1985年生）はカルストンライトオ（スプリンターズS）、サニングデール（高松宮記念）らにマンノウォー系らしいスピードを伝えた。ただし、日本での父系の存続は
厳しい。ウォーニングが
欧州に残したディクタット（1995年生）の産駒
ドリームアヘッド（2008
年生）はジャックルマロ
ワ賞勝ちのアルウケア
（2014年生）を出している。

ウォーニング（1985年：クイーンエリザベスⅡS）
- ┬ ディクタット（1995年：モーリスドギース賞）
  - └ ドリームアヘッド（2008年：欧州最優秀短距離馬）
    - └ アルウケア（2014年：ジャックルマロワ賞）
- ├ カルストンライトオ（1998年：スプリンターズS）
- └ サニングデール（1999年：高松宮記念）

4-2 マンノウォー系の存続を担うティズナウ系 米国型

　アメリカのマンノウォー系を牽引するのは、リローンチ系のティズナウ（1997年生：BCクラシック連覇など）のサイアーライン。初期の活躍馬ウェルアームド（ドバイ・ワールドカップ）はせん馬だったが、ティズナウ系はウォーニング系の存続に大きな役割を担っている。

芝短距離とダートのスピード勝負で注目のインリアリティ系

　スピードの絶対値がモノをいう芝1000mのレコードタイムは、カルストンライトオ（父ウォーニング）が2004年のアイビスSDで記録した53秒9（2017年末現在）。2004年のスプリントGⅠは、高松宮記念がカルストンライトオ、スプリンターズSがサニングデール。**両馬は父が同じウォーニングであることに加え、サンデーサイレンスを持たず、母系にブラッシンググルームを持つ点で共通している。**

　近年のスプリントGⅠ馬のうち、キンシャサノキセキ（高松宮記念）は父母母がインリアリティの娘、ロードカナロア（スプリンターズS2回、高松宮記念）は曾祖母がインリアリティの娘で、**インリアリティの血が日本のスプリント戦に大きな影響力を持つことを裏づけている。**

世界から注目を集める オーストラリア血統

オーストラリアは早熟&短距離王国

　現在、2歳戦の世界最高賞金レースは、オール芝競馬のオーストラリアで行われるゴールデンスリッパーS（芝1200m）。早熟性とスプリント適性を追い求めるのが、オーストラリアの競馬だ。

　また、オセアニアは世界中の血統のるつぼでもある。南半球に位置するオセアニアは種付けシーズンが、日本や欧州、米国などの競馬主要国とは約半年ほど異なる。そこで、各国で種付けをした優れた種牡馬が、半年後にシャトル種牡馬としてオセアニアに集まる。いまや世界の主流系統になったデインヒルも、オセアニアでシャトル種牡馬として成功したことが、ブレイクのきっかけになった。

　オセアニア独自の発展をとげている血統は、ハイペリオンの血を引くスターキングダム系、フェアトライアルにさかのぼるヴェイン系、ターントゥの孫サーアイヴァー系など。さらに近年はロベルト系やフェアリーキング系、ストリートクライ系など、欧州型のスピード血統が活躍。シャトル種牡馬の先駆けでもあるデインヒル系も、さらに勢力を拡大している。

遠征馬・移籍馬の活躍で日本への関心がアップ

　日本からも数多くの馬がオーストラリアに遠征・移籍し、結果を残している。遠征馬では、2006年にデルタブルースとポップロックがメルボルンC（芝3200m）でワン・ツー。移籍馬では、2017年にディープインパクト産駒のトーセンスターダムがGⅠ2勝（2000mと1600m）し、短距離戦でもブレイブスマッシュ（父トーセンファントム）が芝の世界最高賞金レースであるジ・エベレスト（新設のため未格付け）で3着になった。ほかにも、アンビシャス、サトノラーゼンなど重賞ウイナーが移籍した。

第5章

血統の歴史と
サラブレッドの未来

いま走っているすべての競走馬は、
たった3頭の馬（3大始祖）にたどり着く。
そこから300年以上の歳月を経て現在に至り、
さまざまな血統が世界のレースシーンを彩っている。
第5章では、3大始祖から競馬史がどうつむがれてきたか、
その中で日本が誇るサンデーサイレンス系がどのように誕生し、
飛躍を果たそうとしているかについて解説する。

[血統の歴史とサラブレッドの未来]

血統は競馬の世界の共通言語

17世紀にイギリスで始まった競馬は、次々に世界各地へと広まった。現在、国際競馬統括機関連盟（IFHA）に60ヵ国以上が加盟。競馬開催国は国際セリ名簿基準委員会（ICSC）によって、パートⅠ・Ⅱ・Ⅲの3つのカテゴリーに格付けされ、日本は2007年からパートⅠ国となっている。

1 血統登録のない競走馬は存在しない

　競馬の世界では、「血統登録証明書」を持たない馬は、絶対に競走馬にはなれず、レースに出走できない。

　血統登録の元祖は1793年にイギリスで発行された『**ジェネラル・スタッド・ブック**』で、その後、各国で刊行されるようになった。日本では1941年に日本競馬会（当時）が出版し、現在は公益財団法人ジャパン・スタッドブック・インターナショナルが実施している。

2 競馬は"ブラッド・スポーツ"

　世界中のすべての競走馬の血統が記録されているため、両親や先祖の名前を見れば、その競走馬のレースぶりを想像することができる。

　とはいえ、どんなに血統を検討し、配合を考え抜いても、思い通りの産駒が生まれるとは限らない。**それでも血統が重要視されるのは、サラブレッドの改良の歴史において、血統と生産が不可分の関係にあったからだ**。それゆえに競馬は、**"ブラッド・スポーツ"**と呼ばれる。

3 世界の中の日本の競馬

　競馬の本場であるイギリスでダービーが始まったのは1780年。**日本ではそれから152年後の1932年、第1回日本ダービー（東京優駿）が行われた**。そして1958年、ハクチカラの米国遠征で初めて海外の競馬に触れ、1969年にはスピードシンボリが世界の最高峰レースとされるフランスの凱旋門賞に挑戦した。**大きな転機が訪れたのは1981年、**

国際招待競走ジャパンカップの創設。これにより、世界が日本の競馬に目を向けるようになった。

4 世界中の競走馬をランクづけするレーティング

　国際化が進んだ現在の競馬界では、**競走馬の能力をレーティングで評価する方法が採られている。**対象は世界のトップホースで、原則として2歳、3歳、4歳以上の年齢別、コース（芝ダート）別、距離別に国際ハンデキャッパー会議で判定し、毎年1月と8月にロンジン・ワールド・ベストレースホース・ランキング（旧ワールド・サラブレッド・ランキング）としてIFHAから公表されている。

　現在の形になった2004年以降における最高レーティングは、2012年のフランケルの140ポンド。日本馬では、2014年にジャスタウェイが130ポンドで年間世界チャンピオンとなった。

　下表は過去5年のデータだが、**こうしたチャンピオン・ホースの血統から、世界的なトレンドはミスタープロスペクター系、ノーザンダンサー系の2系統あることが見てとれる。**

ロンジン・ワールド・ベストレースホース・ランキング（歴代1位）

年	馬名	Rating	国	父名（父系）	主な戦績
2014	ジャスタウェイ	130	日	ハーツクライ （サンデーサイレンス系）	ドバイ・ デューティフリー
2015	アメリカンファラオ	134	米	パイオニアオブザナイル （ミスタープロスペクター系）	米3冠、ブリーダーズ カップ・クラシック
2016	アロゲート	134	米	アンブライドルズソング （ミスタープロスペクター系）	ブリーダーズカップ・ クラシック
2017	アロゲート	134	米	アンブライドルズソング （ミスタープロスペクター系）	ペガサスWC、 ドバイWC
2018	クラックスマン	130	英	フランケル （ノーザンダンサー系）	チャンピオンS、ガネー 賞、コロネーションC
	ウインクス*	130	豪	ストリートクライ （ミスタープロスペクター系）	29連勝 （2018年末現在）

＊＝牝馬、英＝イギリス、豪＝オーストラリア、仏＝フランス、米＝アメリカ
※ 2014年に「ワールド・サラブレッド・ランキング」より改称。

[血統の歴史とサラブレッドの未来]

血統の世界地図

種牡馬の成績は、産駒の獲得賞金や勝利数によってランキングされる。ランキング上位の種牡馬には優れた繁殖牝馬が集まり、さらに成績が上がるという好循環が生まれるが、成績が振るわなければ淘汰される。国ごとで栄える父系は異なり、現在の日本ではサンデーサイレンス系が黄金時代を築いている。

1 長期政権になりやすい日本のリーディングサイアー

　リーディングサイアーの記録は、日本では1924年から残り、約90年間で26頭がリーディングサイアーとなっている。**これは諸外国に比べて少なく、特定の種牡馬による長期政権が続いたことを示している。**

日本の主な歴代リーディングサイアー

種牡馬(産国)	父系	リーディング回数	リーディング獲得年
イボア(英国)	タッチストン系	6回	1924〜1929年
トウルヌソル(英国)	ハンプトン系	5回	1935〜1939年
クモハタ(日本)	ハンプトン系	6回	1952〜1957年
ヒンドスタン(英国)	セントサイモン系	7回	1961〜65・67〜68年
ノーザンテースト(カナダ)	ノーザンダンサー系	10回	1982〜88・90〜92年
サンデーサイレンス(米国)	サンデーサイレンス系	13回	1995〜2007年
ディープインパクト(日本)	ディープインパクト系	7回	2012〜2017年

　クモハタの父はトヌソウル、ディープインパクトの父はサンデーサイレンスと、リーディングサイアーの子がその座を後継するケースもある。

2 ナスルーラ系からノーザンダンサー系へ

☑ 世界的種牡馬となったナスルーラ

　競馬の祖国であるイギリスでは、まずマッチェムとヘロドの時代があり、18世紀末からエクリプス系の種牡馬たちが台頭した。そして、19世紀末にエクリプスの子孫セントサイモンが大ブレイク。**現代のサラブレッドは、すべてセントサイモンの血を引いているといわれるほどだ。**

その中で、**1940 年生まれのナスルーラは史上初めて英愛と北米で
リーディングサイアーとなり、多くの後継種牡馬を送り出した。**とくに
アメリカで繁栄し、現在も子孫のボールドルーラー系が大きな勢力を
保っている。

☑ 日本にも上陸したノーザンダンサー系

　1970 年代になると、1961 年生まれのノーザンダンサーを起点とし
た系統が台頭し、**日本ではノーザンテーストが大成功。**ヨーロッパでは
サドラーズウェルズ〜ガリレオ、ダンチヒ〜グリーンデザート・デイン
ヒルという系統が一大勢力を築いている。アメリカでもノーザンダン
サー系のダンチヒやストームキャットがリーディングサイアーとなり、
一定の影響力を保っている。

3　評価を覆したミスタープロスペクター系

　1970 年生まれのミスタープロスペクターは 1987〜1988 年に北米
リーディングサイアーとなり、急速に勢力を広げた。**当初はダートの短
距離向きと見られていたが、代を重ねてさまざまな才能を開花させ、ア
メリカだけでなくヨーロッパでも主流血統の 1 つとなった。**

　現在はヨーロッパでドバウィ（2002 年生）、オーストラリアでスト
リートクライ（1998 年生）、日本でキングカメハメハ（2001 年生）が
活躍している。

4　主要国のリーディングサイアー

☑ 国・地域でかたよる主流血統

　英愛仏米豪日の近 5 年（2014 〜 2018 年）のリーディングサイアー
上位 3 頭の父系を延べ頭数でカウントすると、次ページのグラフのよう
になる。

　ノーザンダンサー系は英愛仏豪で繁栄し、アメリカではノーザンダン
サー系、ミスタープロスペクター系、ナスルーラ系が 3 強を形成。豪州
のノーザンダンサー系はダンチヒ系で、同じノーザンダンサー系でもサ
ドラーズウェルズ系が強いヨーロッパとは異なる系統が活躍している。

英愛・仏でランクインしたミスタープロスペクター系はドバウィ（シーキングザゴールド系）だけだ。**日本ではディープインパクト、キングカメハメハのワン・ツーをほかのサンデーサイレンスの後継種牡馬が追う構図が続いている。**

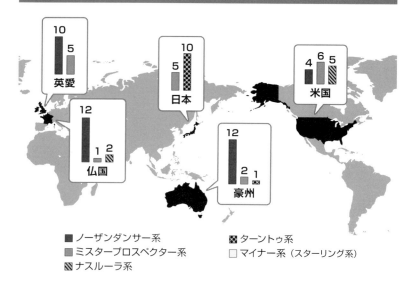

2014〜2018年 主要国のリーディングサイアー（延べカウント）

サンデーサイレンス系やディープインパクト系が属するターントゥ系は、いまのところ、日本でのみ強さを発揮する血統となっている。ただし、ヨーロッパで生まれたディープインパクト産駒のG1馬が現れるなど、日本型血統の世界進出は始まりつつある。

☑ 血統の世界地図はこれからも変化し続ける

　このことからも、活躍する血統は国・地域によってかたよりがあることがわかる。ただし、すべての血統は独立してその国・地域で繁栄しているわけではなく、**母系から別の系統の血を取り入れることで、進化や変化を繰り返し、淘汰のレースを戦い続けている。**

　マッチェム・ヘロドの時代から、セントサイモンの全盛期、そしてナスルーラ・ノーザンダンサー・ネイティヴダンサー・ターントゥという4大血統が活躍する現代へと、主流となる血統が移り変わっていったように、これからも血統の世界地図は絶えず変化し続けていくだろう。

[血統の歴史とサラブレッドの未来]

サンデーサイレンス系の誕生

日本の競走馬生産は長い間、海外からの輸入種牡馬に頼ってきた。ところが現在では、日本生まれの種牡馬たちがリーディングサイアー・ランキングの上位をにぎわし、サンデーサイレンス系という日本生まれのサイアーラインも育っている。私たちはいま、日本競馬の新たな局面に立ち会っているのである。

1 日本競馬の黎明期に生まれた名馬たち

☑ 黎明期を牽引した下総御料牧場と小岩井農場

　1932 年に始まった日本ダービーは当初の 12 回のうち、**下総御料牧場がトウルヌソル（1922 年生：ハンプトン系）の系統で6勝、小岩井農場がシアンモア（1924 年生：マイナー系）の系統で4勝をあげた**（孫世代を含む）。黎明期の日本競馬を牽引したのが、この2牧場である。

☑ 8頭のダービー馬を出したプリメロ

　少し遅れて小岩井農場に導入された**プリメロ（1931 年生：マイナー系）は8頭のダービー馬（孫世代を含む）に加え、クラシック5レース（皐月賞、日本ダービー、菊花賞、桜花賞、オークス）のすべてで勝ち馬を出した**。日本調教馬として海外初勝利（1959 年の米国ワシントンバースデーH）をあげたハクチカラ（1956 年のダービー馬）もプリメロの孫である。

　ただし、プリメロはダイオライト（1927 年生：マイナー系）、セフト（1932 年生：ヘロド系）、クモハタ（1936 年生：ハンプトン系）に阻まれ、リーディングサイアーにはなれなかった。ダイオライトは3冠馬セントライト、セフトは 10 戦 10 勝のダービー馬トキノミノル、クモハタは菊花賞・天皇賞春のメイヂヒカリなどを出している。

2 内国産種牡馬にも道が拓かれる時代に

　1952 年に導入されたライジングフレーム（1947 年生：マイナー系）は、1958 ～ 1960 年にリーディングサイアーとなった。豊かなスピー

ドを伝えたものの、牡馬クラシックとは縁がなく、**「質のヒンドスタン、数のライジングフレーム」**といわれた。

そのヒンドスタン（1946年生：セントサイモン系）は1960年代に7度リーディングサイアーとなり、**代表産駒である5冠馬シンザン（1961年生）は内国産種牡馬の先駆けとなった。**のちにアローエクスプレス（1967年生：ナスルーラ系）が1980〜1981年に、内国産としてクモハタ以来23年ぶりにリーディングサイアーとなったのも、先駆者シンザンの存在が大きい。

3 日本競馬史を書き換えたノーザンテーストの登場

☑ 日本をスピード競馬に転換させたノーザンテースト

1970年代にはパーソロン（1960年生：ヘロド系）、ネヴァービート（1960年生：ナスルーラ系）、テスコボーイ（1963年生：ナスルーラ系）らが活躍。そして、**ノーザンテースト（1971年生）が登場すると、日本競馬は劇的に変わり、本格的なスピード競馬へと転換した。**

当時、すでにノーザンダンサー系の種牡馬が世界の競馬を席巻していたが、日本にはまだノーザンダンサー系種牡馬が導入されていなかった。ノーザンテーストは、そんな世界の潮流から遅れがちだった日本にようやくやってきたノーザンダンサー系だったのだ。

☑ 道産子体型だったノーザンテースト

ところが、この救世主は日本人が理想としてきたサラブレッドの姿形とはほど遠い、小柄でずんぐりした道産子（北海道の在来馬）体型で、待ちかねていた日本の生産者を疑心暗鬼に陥れる。

しかし、初年度産駒が5歳になった1982年に早くもリーディングサイアーとなり、あらゆる種牡馬記録を書き換える大種牡馬となった。ノーザンテーストの成功に誘われるように、ノーザンダンサー系種牡馬の輸入が相次ぐ。

それと時を同じくして、長距離偏重だった日本の競馬界で距離体系の整備が進み、重賞に**グレード制**が導入された。ただ**「重賞」としてひとくくりにされていた大レースが、「GⅠ」「GⅡ」「GⅢ」と格付けされたのである。**これにより短距離戦やマイル戦の価値が高まり、スピード

能力を問われるスプリンターやマイラーの活躍の場が広まったのである。

グレード制が導入された1984年に無敗の3冠馬となったシンボリルドルフ。

4 サンデーサイレンス系の誕生

☑ ノーザンダンサー系繁殖牝馬の増加で生まれたチャンス

ノーザンダンサー系の大成功は、その血を持つ繁殖牝馬の急増という新たな流れを生んだ。その状況をチャンスに変えたのが、ノーザンダンサーの血を持たないミルジョージ（1975年生：ナスルーラ系）、リアルシャダイ（1979年生：ターントゥ系）、ブライアンズタイム（1985年生：ターントゥ系）、トニービン（1983年生：ナスルーラ系）であり、サンデーサイレンス（1986年生：ターントゥ系）である。

☑ 日本初のサイアーラインが誕生しようとしている

日本ではある種牡馬が好成績をあげるたびに、プリンスリーギフト系、ノーザンダンサー系、ミルリーフ系などの輸入ブームが起きたが、それらの父系は尻すぼみとなった。一方、サンデーサイレンスは自身のみならず、**子や孫が種牡馬として成功し、サンデーサイレンス系というサイアーラインを樹立した。**私たちは日本で生まれ育った父系が、初めて太い幹になりつつある瞬間を目撃しているのである。

5 ノーザンテーストとサンデーサイレンス

☑ 最大の違いは輩出したダービー馬の数

サイアーラインの発展という視点で見ると、**サンデーサイレンスの強みは子から6頭、孫から6頭のダービー馬を出し、母の父としても2016年のダービー馬ドゥラメンテ（父キングカメハメハ）を出した**こと。それに対して、先に一時代を築いたノーザンテースト直仔のダービー馬はダイナガリバーのみで、ノーザンダンサー系全体でもメイショウサムソンなど6頭にとどまる。

☑ 次はどの種牡馬が新たな時代を築くのか？

　ノーザンテーストとサンデーサイレンスが長期政権を維持した結果、日本では両馬の血を持つ繁殖牝馬が圧倒的に多くなった。一方、母の父にサンデーサイレンスを持つ活躍馬は、父系がノーザンダンサー系またはミスタープロスペクター系であることが多い。つまり、現在の日本では**サンデーサイレンス牝馬とアウトブリードを実現できる種牡馬（キングカメハメハ〜ルーラーシップなど）に有利な状況となっている**。

ノーザンダンサー系のダービー馬

年	馬名	父馬	母の父（母の父の父系）
1985	シリウスシンボリ	モガミ	パーソロン（ヘロド系）
1986	ダイナガリバー	ノーザンテースト	バウンティアス（ハイペリオン系）
1987	メリーナイス	コリムスキー	シャトーゲイ（ハイペリオン系）
1988	サクラチヨノオー	マルゼンスキー	セダン（セントサイモン系）
1996	フサイチコンコルド	カーリアン	サドラーズウェルズ（ノーザンダンサー系）
2006	メイショウサムソン	オペラハウス	ダンシングブレーヴ（ノーザンダンサー系）

サンデーサイレンス系のダービー馬

年	馬名	父馬	母の父（母の父の父系）
1995	タヤスツヨシ	サンデーサイレンス	カロ（ナスルーラ系）
1998	スペシャルウィーク	サンデーサイレンス	マルゼンスキー（ノーザンダンサー系）
1999	アドマイヤベガ	サンデーサイレンス	トニービン（ナスルーラ系）
2000	アグネスフライト	サンデーサイレンス	ロイヤルスキー（ナスルーラ系）
2003	ネオユニヴァース	サンデーサイレンス	クリス（ネイティヴダンサー系）
2005	ディープインパクト	サンデーサイレンス	アルザオ（ノーザンダンサー系）
2008	ディープスカイ	アグネスタキオン	チーフズクラウン（ノーザンダンサー系）
2011	オルフェーヴル	ステイゴールド	メジロマックイーン（ヘロド系）
2012	ディープブリランテ	ディープインパクト	ルーソヴァージュ（ナスルーラ系）
2013	キズナ	ディープインパクト	ストームキャット（ノーザンダンサー系）
2014	ワンアンドオンリー	ハーツクライ	タイキシャトル（ターントゥ系）
2016	マカヒキ	ディープインパクト	フレンチデピュティ（ノーザンダンサー系）
2018	ワグネリアン	ディープインパクト	キングカメハメハ（ミスタープロスペクター系）

ダービー馬の数はサンデーサイレンス系が上回るものの、その多くは母の父にノーザンダンサー系が入っている。これはノーザンダンサー系が母の父としても優れた力を発揮していることを示しているが、同じことはサンデーサイレンス系にも当てはまる。今後はキングカメハメハやルーラーシップなど、サンデーサイレンス系繁殖牝馬と相性がいい種牡馬に注目が集まっていくだろう。

[血統の歴史とサラブレッドの未来]

３大始祖から現代競馬へ

サンデーサイレンス系の確立に至る歴史は、無数のサイアーラインの登場と衰退の歴史でもある。それは飽きることなく繰り返されてきた「血の交代」の物語でもある。血統がどのよう栄え、衰えたかを知ることは、各血統の特徴を理解することでもあり、いま走っている血統の将来を見通すことにもつながる。

1 サラブレッドの祖先は３頭の馬にたどり着く

現在のサラブレッドの父系をさかのぼると、**ダーレーアラビアン、バイアリーターク、ゴドルフィンアラビアン（またはゴドルフィンバルブ）の３頭にたどり着く**。いずれも 17 世紀末から 18 世紀前半にかけて、アラビア半島からイギリスに輸入されたと見られている。

18 世紀末に成立した『ジェネラル・スタッド・ブック』には 100 頭以上の種牡馬が記載されているが、この３頭以外の父系はすでに絶えているため、この３頭を指して**３大始祖**といわれている。

限られた父系だけが生き残り、発展するという血の淘汰の流れは 300 年以上前から続く、競馬の、血統の基本的なしくみといえる。

2 シンボリルドルフを生み出すヘロド（バイアリーターク）系

☑ 親子孫３代で英愛に君臨したヘロド系

３大始祖の中で、最初に発展したのがバイアリーターク（1680 〜 1705 年）の系統である。バイアリーターク系の実質的な祖は４代孫のヘロド（1758 年生）であるため、ヘロド系とも呼ばれる。

ヘロドとその直仔ハイフライヤー、孫のサーピーターティーズの**３代で 31 回も英愛リーディングサイアーを獲得した**。牝系を通じて後世に大きな影響力を残す一方、父系としては 19 世紀後半から急速に衰退した。

☑ 日本で３冠馬を生み出すも、衰退する

その後、イギリスでザテトラーク（1911 年生）、フランスでトゥル

激走馬を見抜く

血統の基礎知識

血統と馬の能力

レース条件別予想

種牡馬事典

血統の歴史と未来

307

ビヨン（1928年生）が出て一時は息を吹き返したが、かつての勢いを取り戻すことはできなかった。

　日本では戦前にセフト（1932年生）、戦後にパーソロン（1960年生）が導入され、**パーソロンはシンボリルドルフ・トウカイテイオー父子を出した**ほか、メジロアサマ、メジロティターンを経てメジロマックイーン（オルフェーヴルとゴールドシップの母の父）にその血を伝えている。

3　現代のサラブレッドの97%以上がダーレーアラビアン系

☑ まずはハンプトン系やセントサイモン系が発展

　現在に残るダーレーアラビアン（1700〜1730年）の子孫はすべて、4代孫のエクリプス（1764年生）を経ているため、**エクリプス系**ともいわれる。エクリプス自身はリーディングサイアーにはなっていないが、**現代のサラブレッドの97%以上がエクリプス系に属するといわれる**。

　エクリプスの子孫はポテイトーズとキングファーガスを通じて広まり、ポテイトーズからヒムヤー系、ストックウェル系、ハンプトン系、スターリング系などが、キングファーガスからセントサイモン系などが誕生した。

☑ ファラリス系から現在の4大血統が台頭する

　そしてストックウェルの6代孫にあたるファラリスの子孫から、ネイティブダンサー〜レイズアネイティブを経てミスタープロスペクターが、ネアルコを経てナスルーラやノーザンダンサーが誕生し、今日、世界的にもっとも繁栄しているサイアーラインの始祖となった。**その結果、現在のエクリプス系の主流はファラリスの系統となり、それ以外の父系は衰退傾向にある。**

4　マンノウォーの系統が残るゴドルフィンアラビアン系

　3頭の中ではもっとも遅くイギリスに導入されたゴドルフィンアラビアン（1724〜1753年）は孫のマッチェム（1748年生）を経て、18

308

世紀中期に大きな父系を築いた。その後は衰退してしまったが、アメリカでは「ビッグレッド」の愛称で親しまれ、**『20世紀米国の100名馬』(ブラッド・ホース誌)の1位に輝く栗毛馬マンノウォー(1917年生)が中興の祖となった。**

日本では、古くは持込馬の月友(1932年生)が3頭のダービー馬を出し、名牝スターロッチ(オークス、有馬記念)にその血を伝えた。その子孫にサクラユタカオーやウイニングチケットなどがいる。

1970年代には、ウォーレリック(1938年生)の孫ヴェンチアがダービー馬クライムカイザーを出し、母の父としても成功を収めた。オグリキャップの母の父であるシルバーシャークは、マンノウォーの4代孫にあたる。ちなみに日本の芝1000mのレコードはマンノウォー系のカルストライトオーが10年以上保持している(2017年現在)。

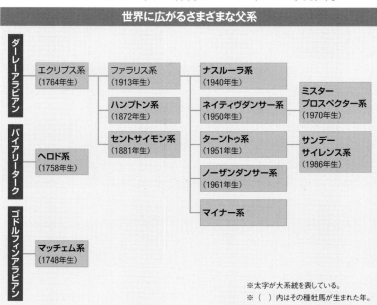

現代のサラブレッドは上記の父系に分けることができるが、そのほとんどがファラリスの系統に属する。とくに現代競馬において世界的な主流をなす4大系統(ナスルーラ系、ターントゥ系、ノーザンダンサー系、ネイティヴダンサー系)はすべてファラリスの子孫。

国・地域によって血統にかたよりが生じるが、もっと大きな視点で見れば、時代によっても大きな血統のかたよりが生じる。それが競馬というスポーツだといえそうだ。

[血統の歴史とサラブレッドの未来]

世界を旅する名馬の血筋

現在のサラブレッドの多くは、ファラリスの血を継いでいる。その直仔のファロス～ネアルコからナスルーラ、ロイヤルチャージャー（サンデーサイレンスの曾祖父）、ノーザンダンサーが生まれ、ファラリス～シックルの系統からネイティヴダンサー（ミスタープロスペクターの祖父）が生まれている。

1 ネアルコの下剋上

イタリアの名馬産家フェデリコ・テシオが手がけた**ネアルコ**（1935年生）が初めて注目を集めたのは、1938年のパリ大賞。二流国と思われていたイタリアからの遠征馬が、英仏ダービー馬を相手に完勝したのだ。**そのネアルコはセントサイモンの4×4のインブリードを持つことから、「セントサイモンの再来」と絶賛された。**

ネアルコはそのまま渡英して種牡馬となり、第2次世界大戦の戦火を避けながら次々と名馬を送り出した。仕上がりが早く、スピードのあるネアルコの血が、晩成のステイヤーにかたよっていたヨーロッパのクラシック血統を一変させたのである。

2 新天地ではじけたナスルーラ

ネアルコの最初の活躍馬である**ナスルーラ**（1940年生）は、オーナーブリーダーのアガ・カーン3世にとっては普通の名馬の1頭に過ぎなかった。そのため、英→愛→米とトレードされ、史上初めて英愛と北米の2地域でリーディングサイアーとなった。

ナスルーラは気性が激しく、それが競走馬としての大成を阻んでいた。**その特徴が強烈な闘争心として産駒に伝わると、小回りのダートの短中距離が中心で、早熟のスプリンターが求められるアメリカ競馬に見事にマッチした。**

そして、ナスルーラからアメリカでボールドルーラー（1954年生）が、ヨーロッパでグレイソヴリン（1948年生）、レッドゴッド（1954年生）、ネヴァーベンド（1960年生）たちが誕生し、それぞれがス

ピード能力を伝えつつ、代を重ねて距離適性を広げていく。日本ではこれらに加え、テスコボーイ（1963年生）に代表されるプリンスリーギフト（1951年生）系が1970年代に大ブームとなった。

3 カナディアンドリームを体現したノーザンダンサー

☑ アメリカ競馬に衝撃を与えたノーザンダンサー

カナダ競馬の振興に熱意を注いだE.P.テイラーの最高傑作**ノーザンダンサー（1961年生）は、カナダ産馬として初めてケンタッキーダービーとプリークネスSを制し、アメリカ競馬界に衝撃を与えた**。カナダを格下と見ていたアメリカはノーザンダンサーの才能の源泉を父ニアークティック（1954年生：父ネアルコ）ではなく、母の父であるアメリカの至宝ネイティヴダンサー（1950年生）に求めようとした。当時の米国競馬の主流はナスルーラ系のボールドルーラーだったことから、カナダの傍流血統を認めようとしなかったのである。

ところがノーザンダンサーは、2年目の産駒ニジンスキーが圧倒的な強さで英国3冠馬となった1970年にイギリスで、翌1971年にアメリカでリーディングサイアーを獲得。ノーザンダンサー系の能力の高さをいとも簡単に証明した。

☑ 一躍、世界の主流血統になったノーザンダンサー系

ノーザンダンサー産駒は卓越した順応性を示して世界の大レースを勝ちまくり、血統のトレンドを劇的に変えた。**各国で煮詰まりつつあった**

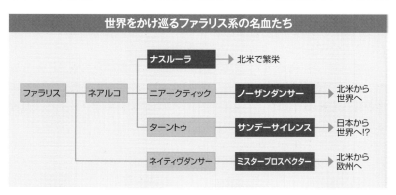

世界をかけ巡るファラリス系の名血たち

ナスルーラの血を取り込んだ成果であり、日本ではノーザンテースト（1971年生）が一時代を築いた。

　そして、ニジンスキー（1967年生）、リファール（1969年生）などの父系は代を重ねるにつれ、個性化・ローカル化を進め、現在はサドラーズウェルズ系（1981年生）とダンチヒ系（1977年生）が、ヨーロッパやオーストラリアの主流系統となっている。

4　日欧の一角を崩すミスタープロスペクター

☑ 快足を活かしてアメリカで広がったネイティヴダンサー系

　2歳と4歳で米年度代表馬に選ばれたネイティヴダンサー（1950年生）は、「グレイゴースト（灰色の幽霊）」と呼ばれたスターホース。

　最良の後継馬レイズアネイティヴ（1961年生）は2歳戦のみ（4戦4勝で最優秀2歳牡馬）で引退し、そのポテンシャルのすべてを見せることはなかったが、ダート1000mのレコードを更新した快足馬である。ただし、**ネイティヴダンサー系を広げたのは、1200mでレコードを2度マークするほどの瞬発力を受け継いだミスタープロスペクター（1970年生）**だった。

☑ 芝適性が高い欧州型ミスタープロスペクター系も現れる

　ミスタープロスペクター系はアメリカのダート専用と思われていたが、キングマンボ系（1990年生）のように芝適性が高く、ヨーロッパの力のいる芝もこなす系統が現れた。これは欧州型ミスタープロスペクター系の誕生であり、その血統の産駒は日本でも適性を示している。

　これは増え続けるノーザンダンサー系の繁殖牝馬と配合できる種牡馬として、世界的にニーズが高まった結果でもある。

　同様に**サンデーサイレンス系（1986年生）の繁殖牝馬があふれる日本にも、非サンデー系であるミスタープロスペクター系を受け入れる環境が整っている**。また、ノーザンダンサー系が根強いヨーロッパも血の転換期を迎えている。

　アメリカからヨーロッパへ勢力を伸ばしたミスタープロスペクター系の、さらなる大進出が始まりつつあるのかもしれない。

5 極東から世界をめざすサンデーサイレンス

ナスルーラ系とノーザンダンサー系のブームは、日本にも訪れた。その後、この2血統に代わり、ブライアンズタイム（1985年生）やトニービン（1983年生）が台頭したが、間髪をおかず**サンデーサイレンス**の時代がやってくる。

日本で繁栄したトニービンは世界のナスルーラ系の中では傍流で、ブライアンズタイムやサンデーサイレンスが属するターントゥ系も、世界の血統地図の上では地味な存在だった。**その成功を支えたのはナスルーラ系やノーザンダンサー系、ミスタープロスペクター系の血を持つ繁殖牝馬たちである。**

サンデーサイレンスの導入で日本産の競走馬は確実にレベルアップし、海外の大レースで通用する場面も増えた。**ネアルコがイタリアから、ノーザンダンサーがカナダから世界を制したように、日本で生まれたサンデーサイレンス系には、世界に飛躍する可能性が潜んでいる。**

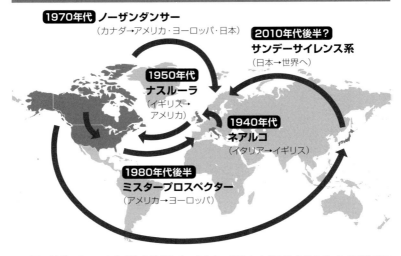

日本から世界へ、サンデーサイレンス系の進出はなるか？

その国・地域で1つの血統が飽和状態になったとき、新たな血統が入り込むチャンスが生まれる。サンデーサイレンス系が飽和した日本では、ミスタープロスペクター系に注目が集まっている。同様に、ノーザンダンサー系が飽和したヨーロッパでは、サンデーサイレンス系が参入するチャンスが広がっているともいえる。

[血統の歴史とサラブレッドの未来]

世界に挑むサンデーサイレンス系

サンデーサイレンス系は日本発祥の父系として、世界に飛躍する可能性を秘めている。すでに欧州で活躍し、ＧＩ馬を輩出しているサンデーサイレンス系種牡馬もいるなど、その評価は高まっている。いずれは欧州の主流血統として、サンデーサイレンス系の活躍を見られる日がくるかもしれない。

1 ステイゴールドが見せた海外適性

　サンデーサイレンス系種牡馬の産駒は、香港、ドバイ、アメリカなどで次々とＧＩに勝ち、フジキセキ、タヤスツヨシ、バブルガムフェローらはシャトル種牡馬として実績を残した。このことは、サンデーサイレンス系種牡馬が海外でも十分に通用することを示している。

　その中でも、注目すべきはステイゴールドだろう。日本国内ではＧＩ２着が４回というシルバーコレクターに終わったが、ラストレースになった香港ヴァーズでＧＩに初勝利し、産駒のナカヤマフェスタとオルフェーヴルは凱旋門賞で２着に好走した。

　チャンピオンサイヤーになるために要求される能力の方向は、国ごとで異なる。そのため、１つの国で圧倒的な成績を収めていない種牡馬のほうが、異なる能力が要求される他国で高い適性を示す可能性を残している。ステイゴールドの活躍は、そのことを証明している。

2 サンデーサイレンス系の世界進出は始まっている

☑ 海外に新天地を求めるサンデーサイレンス系が増えている

　日本にサンデーサイレンス系種牡馬があふれる中、海外に活路を求めたディヴァインライト（1995 年生）は、仏調教馬として 13 年ぶりに英 1000 Ｇを制したナタゴラを出した。

　アメリカで種牡馬となったハットトリック（2001 年生）産駒のダビルシム（仏国産：2009 年生）は、２歳馬ながら 2011 年の仏年度代表馬に選出され、2017 年にデビューした産駒も好成績をあげている。

　国内で飽和状態にあえぐサンデーサイレンス系種牡馬の中には、この

２頭のように種牡馬として生き残る道を海外に求めるケースやシャトル種牡馬、あるいはトーセンスターダム（2011年生：父ディープインパクト）のように、競走馬として海外に移籍して活躍（豪ＧＩ勝利）するケースが増えている。

3　サンデーサイレンス系から世界的名馬が生まれる予感

　たとえば、米国型血統のダンチヒやミスタープロスペクターは欧州適性の高い繁殖牝馬との配合で、キングマンボやデインヒルのように欧州適性の高い種牡馬を送り出した。これと同じように、**日本生まれのサンデーサイレンス系にも欧州進出の素地はできつつあり、それこそが真の進化につながると予想される。**

　ヨーロッパでデビューするディープインパクト産駒も増え、今後は欧州生まれのサンデーサイレンス系産駒が日本から遠征した馬のライバルになる可能性もある。さらにディープインパクト産駒のビューティーパーラー（2009年生：仏1000Ｇ）やアクアマリン（2008年生：仏ＧⅢアレフランス賞）などが登場しているように、いずれ父がサンデーサイレンス系である世界的名馬が誕生するかもしれない。

ヨーロッパにおけるサンデーサイレンス系産駒のGI成績（連対以上）

馬名	生年	母の父	主な戦績
ディヴァインライト			
ナタゴラ	2005	リナミクス	英1000G、チェバリーパークS、カルティエ賞最優秀2歳牝馬（2007年）
ステイゴールド			
ナカヤマフェスタ	2006	タイトスポット	凱旋門賞2着
オルフェーヴル	2008	メジロマックイーン	凱旋門賞2着（2回）
ハットトリック			
ダビルシム（現種牡馬）	2009	ロイヤルアカデミーⅡ	モルニ賞、ジャン・リュック・ラガルデール賞 仏年度代表馬（2011年）
ディープインパクト			
ビューティーパーラー	2009	ジャイアンツコーズウェイ	仏1000G、仏オークス2着
エイシンヒカリ	2011	ストームキャット	イスパーン賞
サクソンウォリアー	2015	ガリレオ	レーシングポストトロフィ
スタディオブマン	2015	ストームキャット	仏ダービー
セプテンバー	2015	デインヒル	英フィリーズマイル2着

11大系統
分類表

ダーレーアラビアン (1700年生)

エクリプス (1764年生)

ファラリス (1913年生)

ナスルーラ系
(1940年生)

グレイソヴリン系 ▶P.116
ジャングルポケット
アドマイヤコジーン
チチカステナンゴ
テレグノシス
Indian Charlie
スターオブコジーン
フサイチホウオー
カンパニー
(トニービン)

プリンスリーギフト系 ▶P.122
サクラバクシンオー
(サクラユタカオー)

ボールドルーラー系 ▶P.126
ボストンハーバー
Vindication

エーピーインディ系 ▶P.127
シニスターミニスター
Bernardini
Majestic Warrior
Tapit
Pulpit
パイロ
Golden Missile
Corinthian

レッドゴッド系 ▶P.130
バゴ
ファンタスティックライト
Cherokee Run
サクラローレル

ネヴァーベンド系 ▶P.134
コンデュイット
(ミルジョージ)

ネイティヴ ダンサー系
(1950年生)

ネイティヴダンサー系 ▶P.142
(Bering)
(Halling)
(Sabrehill)
(Selkirk)
(Diesis)

レイズアネイティヴ系 ▶P.146
Maria's Mon
カコイーシーズ
(リンドシェーバー)
(Affirmed)

ミスター プロスペクター系
(1970年生)

キングマンボ系 ▶P.152
キングカメハメハ
ロードカナロア
ルーラーシップ
(エルコンドルパサー)

フォーティナイナー系 ▶P.158
アドマイヤムーン
サウスヴィグラス
スウェプトオーヴァーボード
プリサイスエンド

ファピアノ系 ▶P.164
エンパイアメーカー
バトルプラン

ミスプロ系 ▶P.168
アグネスデジタル
マイネルラヴ
ウォーエンブレム
アフリート
ケイムホーム
ストーミングホーム
(ティンバーカントリー)

ターントゥ系
(1951年生)

ヘイロー系 ▶P.182
ロージズインメイ
タイキシャトル
メイショウボーラー

ロベルト系 ▶P.186
シンボリクリスエス
タニノギムレッド
ブライアンズタイム
マヤノトップガン
グラスワンダー
タイムパラドックス
アポインテッドデイ
Red Ransom
(リアルシャダイ)

ハビタット系 ▶P.192
(ニホンピロウィナー)

サンデー サイレンス系
(1986年生)

サンデー系 ▶P.196
(サンデーサイレンス)

ディープ系 ▶P.200
ディープインパクト

Tサンデー系 ▶P.206
ステイゴールド
ハーツクライ
スペシャルウィーク

Pサンデー系 ▶P.204
アグネスタキオン
ダイワメジャー
フジキセキ
キンサシャノキセキ

Dサンデー系 ▶P.210
ネオユニヴァース
ゴールドアリュール

バイアリーターク (1680年生)

ヘロド系 (1758年生)

ヘロド系 ▶P.288
アルカング
(ドクターデヴィアス)

マイバブー系 ▶P.289
トウカイテイオー
(メジロマックイーン)

ハンプトン系 (1872年生)

ハンプトン系 ▶P.274
(Acatenango)
(プラティニ)

ハイペリオン系 ▶P.276
Cadeaux Genereux

ファイントップ系 ▶P.275
ヒシミラクル
(サッカーボーイ)

ゴドルフィンアラビアン (1724年生)

マッチェム系 (1748年生)

マッチェム系 ▶P.292
Closing Argument
ディクタット
Tiz Wonderful
Successful Appeal
Tiznow
(ウォーニング)
(Know Fact)

セントサイモン系 (1881年生)

リボー系 ▶P.280
タップダンスシチー
デビッドジュニア
(Law Society)
(アレミロード)

ノーザンダンサー系 (1961年生)

ニジンスキー系 ▶P.226
フサイチコンコルド
ゼンノエルシド
(Caerleon)

ヴァイスリージェント系 ▶P.232
クロフネ
フレンチデピュティ
フサイチリシャール

リファール系 ▶P.236
キングヘイロー
ホワイトマズル
(ダンシングブレーヴ)

ノーザンテースト系 ▶P.240
(ノーザンテースト)

ヌレイエフ系 ▶P.244
ファスリエフ
ストラヴィンスキー
ブラックホーク

ダンチヒ系 ▶P.248
チーフベアハート
Big Brown
ロックオブジブラルタル
Redoute's Choice
(デインヒル)

ストームバード系 ▶P.256
スタチューオブリバティ
ヨハネスブルグ
Tale of the Cat
Discreet Cat
Giant's Causeway
ヘニーヒューズ
カリズマティック

サドラーズウェルズ系 ▶P.262
ローエングリン
メイショウサムソン
オペラハウス
シングスピール

マイナー系 (1913年生)

ストックウェル系 ▶P.283
シルバーチャーム

ダマスカス系 ▶P.283
キャプテンスティーヴ
バトルライン
(オジジアン)

ニアークティック系 ▶P.285
ワイルドラッシュ
(Wild Again)

フェアウェイ系 ▶P.285
(Lord at War)

スターリング系 ▶P.286
(Monsun)
ノヴェリスト

マイナー系 ▶P.287
Flashy Bull
ノボトゥルー

※( )内は母の父として活躍している種牡馬。

種牡馬（系統）さくいん

アイルハヴアナザー … 162	サートリストラム … 193
アグネスタキオン（系）… 208	サウスヴィグラス … 160
アグネスデジタル … 177	サクラバクシンオー（系）… 124,125
アサティス … 273	サクラユタカオー … 124
アドマイヤグルーヴ … 223	サッカーボーイ … 276
アドマイヤドン … 170	ザテトラーク系 … 289
アドマイヤムーン … 161	サトノクラウン … 271
アファームド（系）… 147,149	サドラーズウェルズ（系）… 262,269
アフリート … 177	ザファニック … 171
アメリカンファラオ … 167	サンデーサイレンス（系）… 196
アリダー（系）… 148,149	シアトリカル … 246
アルデバランⅡ … 179	シーキングザゴールド（系）… 172,175
アロゲート … 166	シーザスターズ … 250
アンバーシャダイ（系）… 242,243	シーザリオ … 217
アンブライドルズソング（系）… 165,167	シーバード（系）… 142,145
インリアリティ系 … 294	ジェイドロバリー … 178
ヴァイスリージェント（系）… 232	ジェネラス … 230
ウィジャボード … 250	ジェンティルドンナ … 202
ウォーエンブレム … 179	シニスターミニスター … 128
ウォーニング系 … 295	ジャイアンツコーズウェイ（系）… 259,261
ウォーレリック系 … 294	シャマーダル … 259
ウオッカ … 190	ジャングルポケット … 119
ウッドマン（系）… 169,175	シルヴァーホーク（系）… 188,191
エイシンフラッシュ（系）… 156	シングスピール（系）… 263,269
エーピーインディ（系）… 127,129	シンボリクリスエス … 187
エタン（系）… 143,145	スキャン … 178
エルコンドルパサー（系）… 156,157	スクリーンヒーロー … 188
エルバジェ系 … 275	スターリング系 … 286
エルプラド（系）… 267,269	スティールハート … 194
エンドスウィープ（系）… 159,163	ステイゴールド（系）… 206
エンパイアメーカー（系）… 166,167	ストームキャット … 257
オペラハウス（系）… 264,268	ストームバード（系）… 256,261
	ストックウェル系 … 283
カーリアン（系）… 228,231	ストリートクライ … 173
カーリン … 174	スピニングワールド … 246
カウアイキング … 143	スペシャルウィーク（系）… 216,221
カジノドライヴ … 128	スマートストライク（系）… 173,175
ガリレオ（系）… 265,269	ゼダーン（系）… 118,121
ガルチ … 178	セントサイモン系 … 278
カロ … 117	ゼンノロブロイ（系）… 218,221
キトゥンズジョイ … 268	ソウリンパス系 … 121
キングカメハメハ（系）… 153,157	
キンググローリアス … 176	ターントゥ（系）… 180
キングズベスト系 … 157	タイキシャトル … 184
キングヘイロー（系）… 238,239	ダイワメジャー（系）… 219,221
キングマンボ（系）… 153	タピット … 127
グリーンデザート（系）… 249,254	ダマスカス系 … 283
クリスエス系 … 191	ダンサーズイメージ … 144
グレイソヴリン（系）… 116	ダンシングキイ … 230
クレイロン系 … 291	ダンシングキャップ … 144
クロフネ（系）… 234,235	ダンシングブレーヴ … 237
ケープクロス … 249	ダンスインザダーク（系）… 216,221
ゴールデンホーン … 250	ダンチヒ（系）… 249,254
ゴールドアリュール（系）… 210	チーフズクラウン … 253
ゴーンウエスト（系）… 170,175	チーフベアハート … 253
コジーン … 118	ディープインパクト（系）… 200,202
	テイエムオペラオー … 265
サーアイヴァー系 … 195	ディキシーランドバンド（系）… 273
サーゲイロード（系）… 192	ディスクリートキャット … 260

ディズナウ系	295	
テイルズオブザキャット	260	
ティンバーカントリー	170	
デインヒル（系）	251,254	
デヴィルズバッグ（系）	183,185	
テスコボーイ	123	
テディ系	283	
デピュティミニスター	233	
トウショウボーイ（系）	123,125	
トゥルビヨン系	289	
トニービン	119	
ドバウィ	172	
トライマイベスト系	273	

ナ
ナサニエル	266
ナスルーラ（系）	114
ニアークティック系	285
ニジンスキー（系）	226
ニホンピロウィナー	194
ヌレイエフ（系）	244,247
ネアルコ系	284
ネイティヴダンサー（系）	140,142
ネヴァーセイダイ（系）	138
ネヴァービート（系）	138
ネヴァーベンド（系）	134
ネオユニヴァース（系）	212
ノヴェリスト	286
ノーザンダンサー（系）	224
ノーザンテースト（系）	240

ハ
パーソロン系	290
ハーツクライ（系）	214
ハードスパン	254
バーナーディニ	129
ハービンジャー	252
バーンスタイン	260
ハイペリオン系	277
パイロ	128
バゴ	133
ハビタット系	195
ハリーオン系	293
パントレセレブル	246
ハンプトン系	274
ピヴォタル	247
ヒムヤー系	287
ファイントップ系	275
ファストネットロック	252
ファピアノ（系）	164
ファラリス系	284
ファスリエフ	246
ファルブラヴ	272
フェアウェイ系	285
フェアリーキング（系）	272,273
ブエナビスタ	217
フォーティナイナー（系）	159
フォルティノ（系）	117,121
フサイチコンコルド	229
フジキセキ（系）	204
ブライアンズタイム（系）	189,191

ブラックタイド（系）	220,221
ブラッシンググルーム（系）	131,133
フランケル	266
ブランドフォード系	286
プリンスリーギフト（系）	122
プリンスローズ系	278
ブレイヴェストローマン（系）	136,137
フレンチデピュティ（系）	234,235
ヘイロー（系）	182
ヘヴンリーロマンス	223
ヘクタープロテクター	169
ヘニーヒューズ	258
ヘネシー（系）	258,261
ヘロド系	288
ボールドルーラー（系）	127
ホワイトマズル（系）	238,239
ボワルセル系	280

マ
マイナー系	282
マイバブー系	289
マキャヴェリアン（系）	173,175
マジェスティックウォリアー	129
マジェスティックプリンス（系）	147,149
マッチェム系	292
マリエンバード	230
マルジュ	271
マルゼンスキー（系）	228,231
マンノウォー系	293
マンハッタンカフェ（系）	218,221
ミスタープロスペクター（系）	150
ミスワキ（系）	169,175
ミルジョージ	135
ミルリーフ（系）	135,137
メイショウサムソン	265
メイショウボーラー	184
メジロライアン	242
メダーリアドロ	268
モティヴェーター	267
モンジュー（系）	267,269

ヤ
ヨハネスブルグ	258

ラ
ラストタイクーン	270
ラムタラ	227
リアルシャダイ（系）	189,191
リヴァーマン（系）	136,137
リダウツチョイス	252
リファール（系）	236
リボー（系）	280
リュティエ系	291
ルーラーシップ	155
レイズアネイティヴ（系）	146
レッドゴッド（系）	130
ロイヤルアカデミーⅡ	227
ローエングリン	264
ロージズインメイ	184
ロードカナロア	155
ロックフェラ系	277
ロベルト（系）	186
ロンロ	193

319

著者紹介

亀谷 敬正（かめたに たかまさ）

血統馬券予想理論「血統ビーム」の提唱者。その理論は 20 年以上の長きにわたり、競馬ファン、競馬関係者から支持を集める。また、「血統を通じて楽しむことが最高の娯楽」と信じて、競馬、血統をまだ深く楽しめていないファンへのコンダクト活動に奔走し続けている。競馬と血統の楽しみを伝えるため、TV 番組やインターネット、書籍、雑誌での企画、執筆、出演も多数手がける。本書も、「血統をより楽しむ」活動をコンダクトしたい一心でつくり上げた。主な著書・監修書に『重賞ビーム』シリーズ（KADOKAWA）、『競馬研究所』シリーズ（ガイドワークス）など多数。無料で出走馬の詳細な血統データが見られる「スマート出馬表」、亀谷と実際に会って交流できる「亀谷競馬サロン」も主催。

血統ビームオフィシャルサイト　http://k-beam.com/

■Staff

[執筆協力] 四條たか子
[デザイン] BUENOdesign
[組版] ウエイド
[馬柱提供] 競馬エイト
[写真協力] 日本中央競馬会
[編集協力] バケット

勝ち馬がわかる 血統の教科書

著　者	亀谷敬正	
発行者	池田士文	
印刷所	凸版印刷株式会社	
製本所	凸版印刷株式会社	
発行所	株式会社池田書店	

〒162-0851　東京都新宿区弁天町 43 番地
電話 03-3267-6821（代）／振替 00120-9-60072
落丁、乱丁はお取り替えいたします。

©Kametani Takamasa 2018, Printed in Japan
ISBN978-4-262-14466-5

本書のコピー、スキャン、デジタル化等の無断複製は著作権法上での例外を除き禁じられています。本書を代行業者等の第三者に依頼してスキャンやデジタル化することは、たとえ個人や家庭内での利用でも著作権法違反です。

20069009